Themenzentrierte Interaktion als Pädagogik

Aspekte Themenzentrierter Interaktion

Herausgegeben von

Karin Hahn, Marianne Schraut, Klaus Schütz
und Christel Wagner

Helmut Reiser / Walter Lotz

Themenzentrierte Interaktion als Pädagogik

Matthias-Grünewald-Verlag · Mainz

Die Deutsche Bibliothek – CIP-Einheitsaufnahme
Themenzentrierte Interaktion als Pädagogik / Helmut Reiser ; Walter Lotz. –
Mainz : Matthias-Grünewald-Verl., 1995
(Aspekte Themenzentrierter Interaktion)
ISBN 3-7867-1891-1
NE: Reiser, Helmut ; Lotz, Walter

© 1995 Matthias-Grünewald-Verlag, Mainz
Umschlag: Wagner
Gesamtherstellung: Wagner GmbH, Nördlingen

Inhalt

Vorwort 7

1. TZI unter erziehungswissenschaftlicher Perspektive

1.1 Helmut Reiser: TZI als pädagogisches System 11
   1.1.1 Orientierungsebenen der TZI 11
   1.1.2 Die geistigen Grundlagen der TZI 30
1.2 Walter Lotz: TZI und pädagogische Handlungsorientierung 54
   1.2.1 Pädagogische Handlungsorientierung im
      Professionsfeld der Erziehung 57
   1.2.2 Das Lernkonzept der TZI 68

2. Konzepte und Modelle zur pädagogischen Arbeit mit TZI

2.1 Walter Lotz: TZI im Pädagogikstudium 95
2.2 Helmut Reiser: TZI-orientierte Pädagogik-Vorlesungen –
   ein Beispiel 114
2.3 Helmut Reiser: Ein Modell zur Reflexion von Unterricht
   nach der Themenzentrierten Interaktion 125
2.4 Helmut Reiser: Gruppen- und Teamsupervision
   nach TZI 147

3. Pädagogisch-therapeutische Situationen

3.1 Helmut Reiser: Entwicklung und Störung – Vom Sinn
   kindlichen Verhaltens 177
3.2 Helmut Reiser: Unbewußte Interaktionsthemen im
   Unterricht 192

4. Dialog zur Konzeptualisierung von TZI

4.1 Helmut Reiser: Brief 1
Die innere Systematik der TZI 221
4.2 Walter Lotz: Brief 2
Zum Theorie-Praxis-Dilemma der Pädagogik 225
4.3 Helmut Reiser: Brief 3
Nochmals zum Theorie-Praxis-Verhältnis und zur
Systematik der TZI – Nachfrage nach der methodischen
Haltung 231
4.4 Walter Lotz: Brief 4
Weiterführende Überlegungen zum Haltungsaspekt
der TZI 235
4.5 Helmut Reiser: Brief 5
Bezugnahme und Begegnung 241
4.6 Walter Lotz: Brief 6
Ausblick auf die themenzentrierte Arbeit im
pädagogischen Praxisfeld 245

5. Literaturverzeichnis 249

Vorwort

1993/94 entstanden unabhängig voneinander zwei Artikel, die sich mit der Bedeutung der Themenzentrierten Interaktion (TZI) für die Pädagogik befaßten: Der Beitrag von Helmut Reiser „Die TZI als pädagogisches System", der in einem anderen Kontext für die Zeitschrift Themenzentrierte Interaktion verfaßt worden war, und der Beitrag von Walter Lotz: „TZI und pädagogische Handlungsorientierung", der im Zusammenhang mit Überlegungen zur TZI im Pädagogik-Studium steht.

Als wir beide, Helmut Reiser und Walter Lotz, unsere Artikel gegenseitig zur Kenntnis nahmen, reizte uns der Gedanke, unsere unterschiedliche Vorgehensweise bei der selbstgesteckten Aufgabe, erziehungswissenschaftliche Perspektiven der TZI herauszuarbeiten, zu vergleichen. Wir hatten von unterschiedlichen Ausgangspunkten aus dieselbe Aufgabe angepackt, und das Ergebnis schien auf den ersten Blick auch sehr unterschiedlich zu sein: Wir operierten mit verschiedenen Einteilungen der Theorieebenen und mit unterschiedlichen Begriffen. Und doch schien uns der Kern unserer Aussagen identisch. Wenn es uns gelingt, die Unterschiede und die Gemeinsamkeiten unserer Blickweisen herauszuarbeiten, so war unsere Überlegung, dann könnten wir für uns und für unsere Leser ein noch besseres Verständnis gewinnen, als es unsere Artikel alleine genommen bieten könnten.

Dazu wollten wir nicht nur die beiden Grundsatzartikel heranziehen, sondern auch weitere Beiträge von uns auf der Ebene der Modellbildung nach TZI und der Situationsbeschreibungen mit TZI in pädagogischen Handlungsfeldern. Wir arbeiten seit vielen Jahren in der theoretischen Diskussion wie in der TZI-Gruppenarbeit zusammen; uns eint das Bemühen, die TZI als ein pädagogisches Konzept (Lotz) bzw. System (Reiser) so zu beschreiben, daß sie in der erziehungswissenschaftlichen Diskussion die ihr gebührende Bedeutung einnehmen kann. Gegenüber der Erziehungswissenschaft ist es unser Anliegen, den inneren Zusammenhang des Modells TZI theoretisch zu erfassen und damit die TZI-Systematik in den theoretischen Diskurs einzuführen. Im Gespräch mit denen, die TZI betreiben und weiterentwickeln, ist es unser Anliegen, die theoretische Ebene der Diskussion als unverzichtbares Korrektiv der eigenen Absichten und Praxeologien zu etablieren.

Uns geht es um TZI als Pädagogik. Wir denken, daß die TZI von ihrem Ansatz her „eine Pädagogik" ist, das heißt ein bestimmtes pädagogisches Konzept, bzw. System, das vergleichbar ist mit anderen Pädagogiken und das von der einen Seite aus mit dem Scheinwerfer der Theorie, unter der sie antrat, und von der anderen Seite aus mit dem Scheinwerfer der pädagogischen Praxis, die aus ihr folgt, beleuchtet werden kann. Sie ist deshalb eine Pädagogik, weil sie die Grundelemente jeder Pädagogik ausführt:

eine Vision von Werten, die im Erziehungsprozeß realisiert werden; ein Modell, wie Beziehungen im Prozeß entwickelt werden; eine Vorstellung von Kooperation an einer gemeinsamen Sache, die persönlich und gesellschaftlich bedeutungsvoll ist.

Wie diese Pädagogik strukturiert ist, was ihre Spezifik ist und wie sie von den verschiedenen Perspektiven her beleuchtet werden kann, das wollen wir mit diesem Buch ausarbeiten.

Wenn wir davon ausgehen, daß die TZI eine Pädagogik ist, meinen wir nicht, daß sie darüber hinaus nichts anderes sein könnte: z.B. eine Lebensform oder eine Therapiemethode. Darüber sagen wir nichts aus, weil dieses hier nicht der Gegenstand unseres Interesses ist. Wir sind Erziehungswissenschaftler und Pädagogen; unser Interesse gilt der Frage, die als konstituierendes Grundproblem unserer Wissenschaft und unseres Berufsfeldes gelten kann: der Frage, wie sich erziehungswissenschaftliche Theorie und pädagogische Praxis zueinander verhalten. In diesem Kontext betrachten wir den Beitrag der TZI.

Uns verbindet die Vorstellung, daß Theorie und Praxis in der Pädagogik unter dem Grundgedanken von Einheit *und* Differenz zu betrachten ist. Die Differenz zwischen Theorie und Praxis, das heißt die Autonomie beider Zugänge, muß grundsätzlich akzeptiert sein, damit sie füreinander aussagefähig werden. Unter der Wahrung der

Autonomie kann sich eine Einheit herstellen in der dialektischen Verschränkung, die Cohn für Autonomie und Interdependenz beschrieben hat: Die Interdependenz zwischen Theorie und Praxis der Pädagogik wird umso dichter, je mehr die Autonomie beider Zugänge beachtet wird; und: die Autonomie von Theorie und von Praxis wird umso stärker, je mehr sich beide ihrer gegenseitigen Abhängigkeit bewußt sind.

Nach unserer Auffassung ist diese zentrale Denkfigur der TZI geeignet, das Theorie-Praxis-Problem der Pädagogik zu beschreiben.

Wir haben das Buch nach der Einteilung der Theorie-Praxis-Ebenen gegliedert, die Walter Lotz in seinem ersten Beitrag aufnimmt:

Im ersten Kapitel untersuchen wir die TZI unter der erziehungswissenschaftlichen Perspektive. Hier legen wir zwei Ansätze vor, die zunächst nebeneinander stehen und erst im letzten Kapitel des Buches aufeinander bezogen werden.

Im zweiten Kapitel stellen wir Modelle und Beispiele der methodischen Arbeit in drei Feldern vor: im Pädagogikstudium, in der Unterrichtsdidaktik und in der Gruppen- und Teamsupervision.

Im dritten Kapitel folgen zwei Beiträge, die von spezifischen pädagogischen Situationen ausgehen, in denen TZI als Reflexionshilfe und Handlungsorientierung eingesetzt werden: beim Umgang mit Verhaltenstörungen und bei unbewußten Interaktionsthemen in Schulklassen.

Vom ersten bis zum dritten Kapitel verändert sich die Argumentationsebene von grundlegenden Fragen auf abstraktem Niveau zum praktischen Handeln auf konkretem Niveau. Im zweiten Kapitel binden wir die Berichte, Interpretationen und Handlungsvorschläge an methodische Modelle der TZI-spezifischen Gruppenarbeit. Im dritten Kapitel wird von konkreten pädagogisch-therapeutischen Situationen und Aufgaben berichtet, bei denen die TZI eine von mehreren Orientierungen ist, mit deren Hilfe die pädagogischen Probleme interpretiert und angegangen werden.

Bei dieser Einteilung leisten wir uns eine kleine Inkonsequenz:

Ein Beitrag von Helmut Reiser im zweiten Kapitel schildert ein Beispiel aus einer Vorlesung und müßte für sich allein genommen im dritten Kapitel stehen. Wir ordnen ihn jedoch dem Beitrag von Walter

Lotz über TZI im Pädagogik-Studium unter und schließen ihn direkt an diesen Abschnitt an.

Die einzelnen Beiträge sind in sich abgerundet und können für sich gelesen werden, so daß die Leserin/der Leser an der Stelle in die Lektüre des Buches einsteigen kann, wo es sie/ihn am meisten reizt. Im letzten Kapitel versuchen wir schließlich eine Zusammenführung unserer verschiedenen Herangehensweisen und eine Zusammenfassung des pädagogischen Konzepts der TZI. Hier diskutieren wir das Spezifische der TZI im Vergleich und in der gemeinsamen Verwendung mit anderen pädagogischen Konzepten. Es entspricht unserer Art der Zusammenarbeit, daß wir diesen Dialog in der Form eines Briefwechsels vorlegen. Die schriftliche Sprachform ermöglicht uns die Ausformung unserer eigenen Gedanken und die Aufnahme der Gedanken des Gegenüber. Einiges, was in den Kapiteln zuvor steht, wird dadurch verbessert, modifiziert, präzisiert oder auch genauer eingeordnet werden können. Wir haben diesen Teil ganz zum Schluß geschrieben und an den zuvor stehenden Texten keine Änderungen mehr vorgenommen.

Wir sind uns darüber im Klaren, daß wir mit diesem Buch einen spezifischen Interpretationsversuch der TZI vorlegen. Nicht so klar sind wir uns über die Folgen eines solchen Versuchs für die Gesamtheit der TZI-Kultur: Beschreiben wir damit die Ausprägung der TZI für das Berufsfeld der wissenschaftlich fundierten Pädagogik, neben der es noch andere Ausprägungen geben mag? Oder beschreiben wir unabhängig vom Berufsfeld eine spezifische Interpretation von TZI, die mit anderen Interpretationen konkurriert? Sicher ist, daß unsere Interpretation nicht verträglich ist mit solchen Interpretationen, die beispielsweise esoterische Auffassungen mit aufnehmen, oder solchen, die den wissenschaftlichen Diskurs ablehnen.

Wir hoffen, daß dieses Buch eine Diskussion auch innerhalb der TZI-Kultur auslösen wird und daß diese Diskussion uns ein Stück über den Stand hinausführen wird, den wir mit diesem Buch versuchen mitzuteilen.

Helmut Reiser/Walter Lotz

1. TZI unter erziehungswissenschaftlicher Perspektive

1.1 Helmut Reiser
TZI als pädagogisches System

1.1.1 Orientierungsebenen der TZI

1.1.1.1 Orientierungsebenen pädagogischer Systeme

Ich untersuche im folgenden die Themenzentrierte Interaktion als ein pädagogisches System.

Mit dem Begriff „System" drücke ich aus, daß der TZI eine Systematik unterliegt, die durch die Art der inneren Verbindung ihrer Elemente gekennzeichnet ist. Die Themenzentrierte Interaktion bezieht in ihr System alle Ebenen des Denkens und des Handelns ein und verbindet sie nach den Grundsätzen, die ich im folgenden herausarbeiten will. Sie strebt jedoch keine lückenlose Ausarbeitung der übergeordneten Struktur und keine vollständige inhaltliche Bestimmung ihrer Elemente an. Vielmehr erfordert der bewußt gewollte Systemcharakter das Offenhalten der Strukturen für individuelle Ausfüllungen und Erweiterungen und für Entwicklungen im Dialog derjenigen, die TZI ausüben. Die Identifikation als TZI erfolgt über einen gemeinsamen Kern von Überzeugungen, Denkfiguren und Handlungsmustern.

In der Selbstbeschreibung von Matzdorf/Cohn liest sich das so:

„Der Eigenart von TZI wird eher eine Auffassung gerecht, die in ihr ein ‚Kerngefüge' sieht, eine Art generatives Kernsystem. Dieser ‚Kern' enthält ein explizites und implizites Potential an praktischen und theoretischen Aussagen" (Matzdorf/Cohn 1992, 53). Bei einem Unternehmen, das von existentiellen Aussagen seinen Ausgang nimmt und zu praktischen pädagogischen Anleitungen vorstößt, ist die Konzentration auf die entscheidenden Impulse und operativen Regeln und die Freihaltung des Platzes für die Subjektivität der Handelnden erforderlich. Jede zu weit gehende und zu starre Festlegung würde zu Dogmatik führen.

TZI ist oft als eine „Methode" mißverstanden worden, im engsten Sinne mitunter als eine Methode der Gesprächsführung in Gruppen. TZI enthält ein methodisches Modell der Interpretation von Prozessen in Gruppen, und sie kann als pädagogisches Konzept verstanden werden, nämlich als ein Zusammenhang von Fragen, Überzeugungen und Vorgehensweisen in der praktischen pädagogischen Arbeit.

Sie ist aber auch ein vielgestaltiges Bündel von Wertungen, Überzeugungen, Absichten und Handwerkskünsten der Gruppenarbeit, das in einem sozialen Kontext lebt: dem Dachverband Workshop Institutes for Living Learning (WILL-International). Der Impuls der Gründerin Ruth Cohn führte ihren Überzeugungen gemäß zu einer bunten und lebendigen Organisation, innerhalb derer das, was TZI ist, immer wieder um neue Facetten bereichert wird.

Wenn ich die TZI als pädagogisches System untersuchen will, dann will ich verbindende Linien, die für die Pädagogik bedeutsam sind, herausstellen. Verbindend heißt aber nicht verbindlich für andere. Vielmehr bin ich auf der Suche nach den operativen Regeln, denen ich folge, wenn ich mich in meinem pädagogischen Denken und Handeln an der TZI orientiere.

Pädagogische Systeme als zusammenhängende theoretische, methodische und praktische Vorstellungen über Erziehung können Orientierungen auf verschiedenen Ebenen bieten. Die wohl bekannteste Gliederung dieser Ebenen ist die Unterscheidung in eine Ebene der Theorie, eine Ebene der Methode und eine Ebene der Verfahren oder Techniken. Solche Unterscheidungen sind sehr wichtig, weil mit ihr das Verhältnis von Praxis und Theorie im Erziehungsgeschäft klargemacht werden kann.

Es ist nämlich ein weit verbreiteter Irrtum, daß sich pädagogisches Handeln aus pädagogischen Theorien „ableiten" lasse. Ableiten (deduzieren) heißt hier, daß aus einer theoretischen Einsicht sich eindeutig die Notwendigkeit einer bestimmten Handlung ergäbe und grundsätzlich die Möglichkeit bestünde, praktisches Handeln von obersten Zielen vollständig zu bestimmen. Dynamische Auffassungen des Erziehungsprozesses, seien sie psychoanalytischer, geisteswissenschaftlicher oder systemtheoretischer Herkunft, betonen gegen eine solche normative, deduzierende Auffassung des Theorie-Praxis-Verhältnisses den Bruch zwischen der theoretischen und der praktischen Ebene. Die Praxis ist gegenüber der Theorie vorgängig; die Theorie dient zur Analyse und Reflexion der Praxis, woraus sich ein neuer praktischer und aus der Praxis verantworteter Entwurf der Praxis ableiten kann, jedoch nicht zur Konstruktion von Praxis.

Demgegenüber ist die Kritik der Praxis aus der Theorie möglich: Ausschlußentscheidungen gegen bestimmte praktische Handlungen können durch theoretische Einsichten erfolgen. Handlungen und Handlungsentwürfe können auf ihre Übereinstimmung mit den theoretischen Vorgaben überprüft werden; bei Nichtübereinstimmung können die Handlungen verworfen oder die Theorie geändert werden.

Ich finde es verwunderlich, daß dieser Punkt immer wieder ausführlicher Diskussionen bedarf. Ich denke nämlich, daß es sich bei jeder Anwendung von Wissenschaft ähnlich verhält: Wenn zum Beispiel eine Brücke konstruiert wird, dann kann ich aus dem Gesetz der Schwerkraft oder den Richtwerten der Statik oder den Nutzungszwecken nicht berechnen, wie die konkrete Brücke an diesem konkreten Ort zu bauen ist; selbst in diesem einfachen Beispiel ist nicht nur die Individualität jedes Brückenbaus in bezug auf die lokalen Verhältnisse gegeben, sondern sogar ein gewisser Freiheitsgrad in der Gestaltung des Brückenbauwerks. Die Regeln der Statik dienen jedoch zur Prüfung, ob sich der Bau wie bezweckt verwirklichen läßt.

Damit ist die Aussagekraft dieses Beispiels aber auch schon zu Ende. Wenn die Brücke einmal konstruiert ist, wird der Bau im Idealfall wie geplant durchgeführt. In der Pädagogik dagegen erfolgt die Durchführung nicht mit Hilfe exakt planbarer Arbeitsabläufe, sondern durch Menschen in Beziehungsprozessen.

Das Handeln hat hier eine so hohe Eigendynamik, daß es nicht mehr als Durchführung einer Konstruktion denkbar ist.

Deshalb muß über den Bruch zwischen Theorie und Praxis hinaus auch noch ein Bruch zwischen Methode und spezifischen Techniken festgestellt werden.

Die Methode gibt Grundsätze des Handelns an; diese Grundsätze erfordern in jedem einzelnen Handlungsfall die Auswahl aus verschiedenen möglichen Vorgehensweisen, die ich Techniken nenne.

Wiederum müssen die Techniken vereinbar sein mit den Grundsätzen der Methode und mit der Theorie, können aber nicht im einzelnen von diesen abgeleitet werden. Vielmehr steht an dieser Stelle notwendigerweise immer ein Einfall. Dem Pädagogen fällt in der konkreten Situation etwas ein, was zu machen ist, und dieser Einfall ist Ausfluß seiner theoretischen Kenntnisse, seiner Schulung in der Methode, seinem Repertoire an Techniken und anderer komplexer Eigenheiten seiner Person. Methode läßt sich nicht „durchführen", denn jedes konkrete Handeln in der Pädagogik geht aus von der persönlichen Wahrnehmung und einem Einfall des Pädagogen.

Mit der Ebene der Techniken, die zu Theorie und Methode passen müssen, sind wir nahe an der realen Wirkung des pädagogischen Handelns angelangt, aber noch nicht vollständig bei ihr. Denn die reale Wirkung geht von der soziopsychischen Gestalt der Person aus und von den Beziehungen zwischen den Personen, die weitgehend von unbewußten Anteilen gekennzeichnet sind. Von daher ist zu schließen, daß pädagogische Techniken nur dann die erhoffte Wirkung haben können, wenn die Personen, die sie anwenden, über die dazu passenden persönlichen Qualifikationen verfügen. Ein pädagogisches System, das Theorie, Methode und Technik umgreift, muß also auch Anstalten treffen, daß die Personen, die sich an diesem System orientieren, die geeignete Persönlichkeitsbildung erfahren.

Die Orientierungen, die auf diesen drei Ebenen zu gewinnen sind, unterscheiden sich grundsätzlich, auch wenn sie sich bei persönlichkeitsorientierten Schulungen in einem Vorgang herausbilden lassen.

Bevor ich dies an der TZI herausarbeite, will ich die Richtungen der Orientierungen, wie sie auf den drei Ebenen möglich sind, an einem anderen Beispiel darstellen. Ich wähle hierzu die Didaktik.

Auf der Theorieebene didaktischer Systeme werden allgemeinste Richtziele des Unterrichts entwickelt und begründet. Hierzu werden Grundwerte und Zielperspektiven der gesellschaftlichen Entwicklung diskutiert. Stichworte sind z.b. Humanisierung und Demokratisierung als Grundwerte (Winkel 1980, 84) oder auch Legitimität des Curriculums etc. Die Richtziele werden dann in Begriffen angegeben wie Selbstbestimmungs- und Solidaritätsfähigkeit (Klafki 1980, 12), Kompetenz, Autonomie und Solidarität (Schulz 1980b, 34), Emanzipation (Winkel 1980, 84). Auf dieser Ebene wird auch mit einem Begriff von Klafki die Begründungsproblematik (Klafki 1980, 15) verhandelt (siehe Klafki 1991, 256 ff., Peterßen 1988 und 1989).

Auf dieser obersten Ebene werden grundsätzliche Entscheidungen anthropologischer, philosophischer und politischer Art gefällt und begründet. Die Orientierungen, die hier gewonnen werden können, liegen mehr in der Fragehaltung und Fragerichtung, mit der die Pädagogik betrachtet wird, als in Lösungen.

Die Antworten, wie die obersten Richtziele verwirklicht werden können, sind notwendigerweise komplex, widersprüchlich, von Fall zu Fall und individuell unterschiedlich. Die Einigung und Präzisierung, die auf dieser Ebene hergestellt wird, liegt aber darin, daß bestimmten Fragen Priorität eingeräumt wird und die weiteren Überlegungen unter diese Sichtweise gestellt werden.

Die Orientierungen, die von der Theorie ausgehen, liegen in Problemstellungen und in Fragehaltungen. Dies entspricht ihrer Funktion als oberster Prüfungsinstanz.

Auf der Methodenebene werden in der Didaktik Modelle der Komponenten, der Planung, des Ablaufs, der Reflexion von Unterricht entwickelt. Hier werden Überlegungen zur inhaltlichen Gliederung und Bedeutung von Stoffen, zum Lernvorgang beim einzelnen und in Gruppen, zur Tätigkeit des Lehrers etc. herangezogen. Die Methodenebene betrifft Grundsätze des Vorgehens, die für alle Lerngruppen, Lerninhalte und Lernsituationen gelten. Orientierungen, die aus diesen Modellen und Konzepten gewonnen werden können, betreffen bereits die Handlungskompetenz des Lehrers, sind aber noch ergänzungsbedürftig durch die spezifischen Techniken des unterrichtlichen Vorgehens. Während die Modelle für alle Situationen als Planungs- und Reflexionshilfe benutzt werden können, benötigt die Auswahl und der Einsatz der spezifischen Techniken Einfälle, die auf die konkrete Situation bezogen sind. Brauchbare Modelle helfen, konkrete Situationen zu analysieren, so daß mit ihrer Benutzung konkrete Einfälle möglich werden und voraussehend verschiedene Passungen durchgespielt werden können. In der Didaktik heißen die Techniken oft „Unterrichtsmethoden", was zur Sprachverwirrung des Gebiets „Didaktik und Methodik" beiträgt.

Ich bezeichne als Methode die Ebene der Didaktik, in der es um grundsätzliche Modelle und Konzepte des Vorgehens bei Planung und Reflexion von Unterricht geht.

Die konkrete Unterrichtsvorbereitung ist so ein in hohem Maße auf Intuition und Phantasie angewiesener „chaotischer" Vorgang, wenngleich er durch methodische Modelle strukturiert und durch theoretische Vorgaben geprüft wird. Beim Unterrichten selbst treten dann die oben beschriebenen Persönlichkeitsfaktoren hinzu.

Die Orientierungen, die auf der Ebene der Techniken zu gewinnen sind, betreffen das Repertoire gruppen-, fach- und situationsspezifischer Vorgehensweisen und eigener Einfälle.

Die Theorieebene kann als Speicher für Problemstellungen und Fragen mit Priorität bezeichnet werden, die Ebene der Methode als Speicher für Grundsätze, Modelle und Konzepte des Vorgehens, die Ebene der Techniken als Speicher für einzelne Vorgehensweisen, Gestaltungen, Interventionen, Kunstgriffe.

1.1.1.2 Orientierungen der TZI auf den verschiedenen Ebenen

Ebene der Theorie

Im System der TZI sind auf der Ebene der Theorie die drei Axiome angesiedelt.

Die drei Axiome formulieren Probleme als Gegensatzeinheiten. Sie werden von Ruth Cohn als „Voraussetzungen" und als „Grundsätze" bezeichnet (Cohn 1984, 357).

Bezeichnend ist ihr dialektischer Aufbau: Es wird jeweils eine These und eine Gegenthese formuliert, die in einer Synthese als zusammengehörig bezeichnet werden. Die Synthese gibt jeweils eine

	a) Autonomie ——— b) Interdependenz c) Bewußtheit	
Ebene der **Theorie** **Axiome**	a) Humanität ——— b) Leben c) Notwendigkeit bewertender Entscheidungen	
	a) Freie ——— b) Realität Entscheidung c) Erweiterung der Grenzen	
Ebene der **Methode** **Modell der** **Gruppen-** **arbeit**	a) Einheit ——— b) Unterschiedlich- keiten c) Dynamische Balance a) Innen- ——— b) Außen- perspektive perspektive c) Partizipierende(r) Leiter(in)	**Postulate** a) Subjektbezug b) Realitätsbezug c) Wahrnehmung und Entscheidung
Ebene der **Techniken** **Spezialisie-** **rung nach** **Aufgabe** **und Feld**	– Perspektive der Veränderung – Beachtung der Gegenseite – Ausgang von der subjektiven und konkreten Basis – Thema – Prozeßsteuerung durch Struktur – Hilfsregeln – situationsspezifische Techniken – feldspezifische Variationen und Techniken – aufgabenspezifische Variationen und Techniken	

Abbildung: Orientierungsebenen der TZI

17

Richtung an, in der die Lösung des Problems zu suchen ist, das von dem Axiom angesprochen wird.

Denn keines der Axiome benennt eine Lösung; jedes der Axiome präzisiert eine Frage, der Priorität zukommt.

An der Spitze des Problemspeichers steht mit dem ersten Axiom die Gegensatzeinheit von Autonomie und Interdependenz. Diese Gegensatzeinheit ist Motor der individuellen und kulturellen menschlichen Entwicklung. Sie liegt den bedeutenden entwicklungspsychologischen Theorien zugrunde, deutlich ausgearbeitet z.B. von M. Mahler, Adler, Piaget (vgl. Kegan 1991, 149 ff.).

Stierlin stößt in seinen Gedanken zur systemischen Therapie auf den „ungeheuersten Widerspruch, den der Verstand nicht lösen kann", nämlich auf den Widerspruch zwischen der Perspektive eines entscheidungsfähigen, selbstverantwortlichen Ichs und der Perspektive eines ganzheitlichen, ineinandergreifenden Wirkungsgefüges (Stierlin 1989, 37). Er führt die Problemformulierung auf Hegel zurück, bei dem der Widerspruch sich in der Praxis der Liebe aufhebt, die ihn zugleich hervorbringt und auflöst.

Die Bedeutung von TZI ist nicht zuletzt darauf zurückzuführen, daß Cohn sehr früh (1974 in Cohn 1975, 120) die Gegensatzeinheit von Autonomie und Interdependenz an die Spitze ihres Systems gestellt hat und damit einen Weg vorgezeichnet hat, der heute als „systemische" Sichtweise bezeichnet werden würde.

Cohn löst den Widerspruch zwischen Autonomie und Interdependenz auf klassische dialektische Weise, indem sie die Einheit des Gegensatzes betont und in der Synthese zusammenführt: „Die Autonomie des einzelnen ist um so größer, je mehr er sich seiner Interdependenz mit allen und allem bewußt wird" (Cohn 1984, 357). Damit wird als Richtung, in der die Lösung zu suchen ist, Bewußtheit und Bewußtwerdung angegeben, eine zentrale Kategorie nicht nur der Humanistischen Psychologie, sondern auch der Psychoanalyse (siehe Matzdorf/Cohn 1992, 42).

Die hier gelungene Verschränkung der Gegensatzeinheit durchzieht das ganze System der TZI: Nähe und Distanz, Abgrenzung und Annäherung, Innenperspektive und Außenperspektive, Subjektorientierung und Realitätsorientierung werden nicht als Pole auf einer eindimensionalen Linie gesehen, sondern als sich bedingende und zusammengehörende Gegensätze. Z.B.: Ich kann mich dir annähern, indem ich Distanz zu dir einnehme; ich kann Distanz zu dir gewinnen, indem ich mich dir annähere.

In der systemischen Sichtweise geht es heute um die Gegensatzeinheit von Selbststeuerung der Systeme und dem Austausch von Systemen mit ihrer Umwelt. Vieles von dem, was dort als Neuheit diskutiert wird, ist bei Cohn vorgezeichnet.

Im zweiten, dem ethischen Axiom, ist die dialektische Konstruktion nicht auf den ersten Blick sichtbar. Es heißt:

„Ehrfurcht gebührt allem Lebendigen und seinem Wachstum. Respekt vor dem Wachstum bedingt bewertende Entscheidungen. Das Humane ist wertvoll, Inhumanes wertbedrohend" (Cohn 1984, 358).

Diese Formulierung ist sofort als Problemformulierung zu erkennen: Was ist Human? Was ist Inhuman? Was bedeutet Respekt vor dem Wachstum? In Ausbildungskursen erlebte ich mehrmals bohrende Fragen zu der mitgegebenen Ausführung:

„Human sein bedeutet zum Beispiel, keine Lebewesen zu quälen und nie mehr von ihnen zu töten, als zur Lebenserhaltung und -förderung (speziell der Menschen) nötig ist" (Cohn 1984, 358).

Heißt das, so die grüblerische Frage, es gibt ein erlaubtes und ein nicht erlaubtes Töten?

In der Tat sehe ich in der Formulierung des zweiten Axioms eine Unschärfe der sonst so stringenten Formulierungen Cohns. Denn es ist offenkundig, daß das zweite Axiom keine ethische Anleitung und keine Lösung geben kann, sondern daß es ein Frage aufwirft. Die Quintessenz liegt in der Priorität dieser Frage und in der Erkenntnis, daß Respekt vor dem Wachstum bewertende Entscheidungen bedingt.

Der Mensch, so die Synthese, bedarf der persönlichen Wertentscheidungen; eine Lösung wird nicht mitgegeben.

Die Unschärfe entsteht dadurch, daß – entgegen dem Konstruktionsprinzip des Systems – hier die Gegensätze der Einheit nicht benannt werden. „Humanes" und „Leben" wird in eins gesetzt, bevor beide durch die Wertentscheidung zusammengeführt werden.

Humanität und Leben sind aber auch Gegensätze. Das Leben in der

Natur wird bestimmt von Fressen und Gefressenwerden. Auch das innere Leben des Menschen ist ohne Kultur nicht human. Menschlichkeit ist eine kulturell geprägte Setzung des Menschen, die in dem modernen Menschheitsbegriff gipfelt. Der Mensch hat Bedarf nach Werten, dies zeigt das zweite Axiom prägnant. Aber es läßt das Mißverständnis zu, das Lebenswerte, das heißt das Humane, ergäbe sich hinreichend aus dem Respekt vor dem natürlichen Wachstum.

Dieses Mißverständnis scheint mir die Wurzel zu sein für manche Tendenzen, die in der gegenwärtigen internen TZI-Diskussion beklagt werden, wie z.B. Tendenzen eines schwärmerischen Ökologie-Verständnisses, einer esoterisch-religiösen Überfrachtung und der Verkennung der positiven Bedeutung der Aggression (vgl. Raguse 1993, 274, Rubner/Rubner 1993, 58ff., Hahn u.a. [Hg.] 1994).

Im dritten Axiom, dem pragmatisch-politischen Axiom, zeigen sich die Elemente der Gegensatzeinheit wieder deutlich: Die Freiheit der Entscheidung auf der einen Seite und die bedingenden inneren und äußeren Grenzen andererseits. Die Verschränkung erfolgt in der Denkfigur, daß die Entscheidungsfreiheit auf die genaue Wahrnehmung und Analyse der Grenzen angewiesen ist. In der Synthese wird postuliert, daß die Erweiterung der Grenzen möglich ist. Hier wird in einer optimistischen Aufforderung die im ersten Axiom angesprochene Verschränkung von Autonomie und Verbundenheit verstärkt.

Auf der Ebene der Theorie bietet die TZI für die Pädagogik zwei Arten von Orientierungen an: Orientierungen in der Denkweise und Orientierungen in den Inhalten.

In der Denkweise wird die dialektische Einheit von Gegensätzen betont sowie eine auf Veränderung drängende Perspektive. Das heißt, daß die Theorie von einem Entwicklungsgedanken bestimmt ist. Mit dem ersten Axiom läßt sich Entwicklung definieren als gegenseitige Durchdringung von wachsender Autonomie und wachsender Interdependenz.

Die angebotenen Inhalte sind Bewußtwerdung, Notwendigkeit von persönlichen Wertentscheidungen und Erweiterung innerer und äußerer Grenzen.

Ein Charakteristikum dieses Angebots ist die optimistische Tendenz, mit der die Verwirklichung dieser Inhalte für möglich gehalten wird.

Ich habe den Eindruck, sie werden für möglich gehalten, weil sie notwendig sind: sie sind ein aus der Not geborenes Soll, dessen Alternative nur die Verzweiflung wäre (siehe Ockel/Cohn 1981, zit. nach 1992, 189).

Ebene der Methode

Um auszusprechen, „wie die Axiome im persönlichen Leben und im Gruppenleben zum Ausdruck kommen sollen" (Cohn 1984, 358), formuliert Cohn zwei Forderungen, die sie existentielle Postulate nennt. Sie können theoretisch eingeordnet werden als oberste Lehrziele des Systems und sollen die Funktion erfüllen, die Ebenen der TZI miteinander zu verknüpfen. Sie sind in der Tat ein Teil der Theorie und durchziehen andererseits auch die Ebene der Methode und die Ebene der Techniken wie ein roter Faden. Sie sind in den Darstellungen von Cohn (Cohn 1975, 120ff., und 1984, 358ff.) hinter den Axiomen und vor dem methodischen Modell angeordnet und bei Matzdorf/Cohn 1992 (66ff.) dem Methodenkonzept zugeordnet.

In der Abbildung sind die Postulate aus dem Ebenen-Schema etwas herausgerückt, wenngleich der Methodenebene zugerechnet.

These, Gegenthese und Synthese sind stets als a), b) und c) aufgeführt.

In den Postulaten wird die optimistische Perspektive zum Appell verstärkt. Das erste Postulat („Sei die Chairperson deiner selbst") akzentuiert die Aufforderung zur persönlichen Entscheidung. Das zweite Postulat („Störungen haben Vorrang") betont hingegen die bedingende innere und äußere Realität und die Notwendigkeit, sie wahrzunehmen.

Um den Störungsbegriff hat sich eine fruchtbare Diskussion entzündet (Ockel/Cohn 1981, zit. nach 1992; Raguse 1987, 133ff. und 1992, 273; Rubner u.a. 1992). An ihm wird m.E. sehr deutlich, welche Mißverständnisse auftreten können, wenn einer der zentralen Sätze aus dem Zusammenhang des System gerissen wird und isoliert wird zur Glaubensaussage oder direkt anwendbaren Regel.

Als Beschreibung, als die Cohn das zweite Postulat einführt, besagt es zunächst nichts weiter, als daß auf Verstörungen, aus welcher Quelle sie auch immer kommen, zu achten ist. Wenn vom Wortsinne her

21

daraus gefolgert wird, jedes Stocken und jede Abweichung von dem gemeinsamen Weg und Ziel eines Gruppenarbeitsprozesses sei ein Hindernis, das bearbeitet oder beseitigt werden müsse, so wird damit Störung dem Alltagssprachgebrauch folgend als etwas Negatives gesehen. Dies schließt zwar an das Bild an, das Cohn 1975 für die Störung verwendet (1975, 183), nämlich den Felsblock auf dem Wege des Wanderers; sie drückt aber dadurch nur aus, daß das Prinzip der Psychoanalyse „Widerstand vor Inhalt" „der Weg allen lebendigen Lernens (ist): nicht Lern- und Lebensstörungen zu durchbrechen oder beiseite zu schieben, sondern sie anzuerkennen als Teil der Person" (ebenda, 184).

Gefühle, Phantasien, Empfindungen und Ereignisse in der Gruppe, ja Symptome von Erkrankungen, die vom Wege abzulenken scheinen, sind eben oft keine Ablenkungen, sondern Ausdruck des verdrängten Geschehens, wertvolle Fingerzeige zu den wichtigen Themen.

Gerade deshalb gilt es, sie zu beachten. Aus dieser Sicht gipfelt Raguses Kritik an dem Postulat der Störungspriorität in dem Satz: „Es gibt keine Störungen, es gibt nur noch nicht verstandene Reaktionen" (Raguse 1987, 137).

Cohn verwendet aber nun im Weiteren den Begriff Störung auch für alle möglichen Außeneinflüsse. Störung wird dadurch wieder zu dem alltagssprachlichen vieldeutigen Begriff und müßte in dem zweiten Postulat eigentlich in Anführungszeichen gesetzt werden. Aus der Position dieses Satzes im System der TZI ist nämlich zu schließen, daß er benutzt wird zur Markierung der einen Seite der Gegensatzeinheit: Freie Entscheidung (Chairperson) gegen Abhängigkeit von nicht willentlich entscheidbaren Einflüssen von innen und von außen, womit im Sinne des dritten Axioms umzugehen ist.

Das erste Postulat und das zweite Postulat stellen wieder These und Gegenthese einer Gegensatzeinheit dar, und formulieren gemeinsam die Synthese einer Wahrnehmung von (innerer und äußerer) Realität und persönlicher Entscheidung, wobei ich Wahrnehmung nun im doppelten Sinne als Gewahrwerden und Verantwortungsübernahme verwende.

Nach dem im Aufbau des Systems verwendeten Verfahren, Gegensatzeinheiten über den Dreischritt These-Antithese-Synthese zu definieren, erschiene es an dieser Stelle logisch, die Synthese als drittes Postulat zu formulieren. Dies hat Hoppe mit anderer Begründung versucht und die Formulierung vorgeschlagen: „Setz Dich mit Deiner äußeren Welt, Deinem Globe um Dich herum und seinem Abbild in Dir auseinander. Greife ein und verändere, was Du im Sinne der Humanisierung verändern kannst" (Hoppe 1994, 76). In ihrer Antwort verweist Ruth Cohn auf frühere Veröffentlichungen von ihr, bei denen sie schon von einem dritten Postulat sprach, das sie aber später als nicht notwendig, weil bereits im ersten enthalten, ansah (Cohn 1994, 86). Gegen die Formulierung von Hoppe wendet sie jedoch ein, daß diese zu aktivistisch ist und zu sehr eine Richtung der Entscheidung, nämlich die des Eingreifens, fordert. Da jede Person ihre eigene Art der Entscheidungsmöglichkeit hat und jede Situation verschieden ist, entspricht die Aufforderung einzugreifen nicht der persönlichen Entscheidungsfreiheit. Ein Postulat soll allgemeingültig sein und die individuelle Entscheidungsfreiheit wahren. Sie schlägt jetzt (Herbst 1994) als drittes Postulat, das dem Handeln mehr Inspiration gibt, vor: „Verantworte Dein Tun und Dein Lassen – persönlich und gesellschaftlich" (1994, 86).

Meines Ermessens ist damit die Dreierschritt-Systematik der TZI zu Ende geführt, ohne daß eine inhaltliche Veränderung der Aussagen eintritt. Ruth Cohns Begründung, die auf der persönlichen Freiheit innerhalb bedingender Grenzen besteht, halte ich an dieser Debatte für einen Hinweis auf den Kern der TZI.

Dadurch wird ein weiteres Charakteristikum der Entwicklungsvorstellung der TZI deutlich: Entwicklung geht stets vom Subjekt und vom Konkreten aus. Die persönlichen „leibhaftigen" Empfindungen, Gefühle und Gedanken sind die Basis der Entwicklung. Die Postulate als Leitlinien fordern, daß auch in der Methode und in den Techniken stets diese Basis aufgesucht wird und Lernen sich von ihr aus entwickelt.

Die Postulate als oberste Lernziele des „Lebendigen Lernens" bündeln die Axiome. Die Elemente des Systems, wie hier das zweite Postulat, sind nur in ihrer inneren dynamischen Verbindung sinnhaft. Regelhafte Ableitungen und Anwendungen von Einzelsätzen führen zu Deformationen.

Bei genauerer Analyse erweist sich, daß die zwei weiteren Axiome und die Postulate nichts anderes darstellen als die Entfaltung des ersten Axioms in verschiedenen Perspektiven des Handelns.

Der Entwicklungsgedanke der TZI wird im methodischen Modell, symbolisch durch das Dreieck in der Kugel dargestellt, verwirklicht. Die Eckpunkte des Dreiecks sind „Ich" für den einzelnen, „Wir" für die Gruppe, und „Es" für den Arbeitsgegenstand. Das Gesamt der die Gruppe umgebenden Bedingungen wird „Globe" genannt und in der Kugel symbolisiert, wobei die Bedeutung des Erdballes mitschwingt. Das Thema, das im Mittelpunkt der Arbeit nach TZI steht, soll diese einzelnen Aspekten in sich verbinden, das heißt: die relevanten Globe-Bezüge aufgreifen, den sachlichen Arbeitsauftrag formulieren, Anschlußstellen für die Interessen und Bedürfnisse der einzelnen bieten und den Gruppenprozeß zur Bildung eines „Wir" fördern.

Ich halte es deshalb für ratsam, das „Thema" nicht mit dem „Es" gleichzusetzen, didaktisch gesprochen, Stoff und Thema zu unterscheiden. Es ist nicht so bedeutsam, wie dieses Dreieck im einzelnen gedanklich ausgeführt wird: ob z.B. als Ausgangspunkt des „Ich" die Leiterposition genommen wird, und damit eine Annäherung an das bekannte didaktische Dreieck Lehrer-Schüler-Stoff erfolgt (dann müssen die „Ichs" der einzelnen Schüler/innen ebenfalls ihren Platz finden), oder als Ausgangspunkt des „Ich" die einzelnen Teilnehmer(innen) der Gruppe gewählt werden (dann muß für die Betrachtung der Ich-Perspektive der Leiter/innen Raum sein). Entscheidend ist, daß die verschiedenen Perspektiven zum Thema berücksichtigt werden.

Die zentrale Denkfigur ist die der dynamischen Balance.

Die Schwerpunkte einzelner Sequenzen der Gruppenarbeit liegen zumeist auf einer Verbindungslinie zwischen zweien oder mehreren der genannten Perspektiven, z.B. Globe-Es, Globe-Ich, Ich-Wir, Es-Wir, Ich-Es, Ich-Wir-Es etc. Bei wachsender Verdichtung der Gruppenentwicklung steigt sowohl die Interdependenz, was sich niederschlägt in der intensiveren gleichzeitigen Berücksichtigung mehrerer Perspektiven im Thema, wie auch die Autonomie, was sich zeigt in einer steigenden Ich-Beteiligung. Eine vollständige Balance zwischen den Perspektiven läßt sich aber stets nur für wenige Minuten herstellen: die Konzentration auf eine Verbindungslinie von Perspektiven erfordert das vorübergehende Verlassen der anderen Brennpunkte. So wichtig wie das Herstellen einer Einheit in der Balance ist die Dynamik des Perspektivenwechsels, also das Kippen der Balance, um die Unterschiedlichkeiten, die es zu berücksichtigen gilt, zu ihrem Recht kommen zu lassen.

Im Unterschied zu anderen „humanistischen" Konzepten der Gruppenarbeit gehört auch der Widerspruch zu einer eingepegelten Balance, der Bruch einer Strömung, die sich in der Gruppe herausgebildet hat, zum Konzept der TZI-Methodik. Die Zielvorstellung eines harmonischen Flusses der Gruppenentwicklung behindert m.E. die Entfaltung von Autonomie und Interdependenz und begünstigt harmonisierende Tendenzen und die Verkennung von Gegenseiten, „Schatten", „Störungen".

Im Sinne der „humanistisch-holistischen" Überzeugung und Terminologie wird die Herstellung einer Einheit durch das dynamische Balancieren meines Ermessens über Gebühr betont.

Nach meiner Einschätzung ist sehr oft der Wunsch nach Verbindung die Ursache tiefliegender, da unbewußter Täuschungen und Selbsttäuschungen, wodurch der erste Schritt der Bewußtwerdung versäumt wird: die Formulierung der Gegenseite, die oft als Bruch oder als „Störung" empfunden wird. Die Balance pendelt sich nach solchen „verstörenden" Interventionen als spontane psychische Leistung des einzelnen und der Gruppe auf höherem Niveau und gelungener wieder ein, als wenn sie von der Leitung gesucht wird.

Als operative Regel in dem methodischen Modell der TZI sehe ich die Gegensatzeinheit der Herstellung von Verbindungen und der Berücksichtigung von Unterschiedlichkeiten der Perspektiven. Einheit und Unterschiedlichkeiten sind die Gegensätze, die in der Figur der dynamischen Balance zur Synthese kommen: Je mehr ich der Eigengesetzlichkeit der je eigenen Perspektiven gewahr werde, um so besser kann ich Verbindungen zu den anderen Perspektiven knüpfen. Je mehr ich mir der Interdependenz der Perspektiven bewußt bin, um so mehr kann ich der Eigendynamik der je eigenen Perspektiven gerecht werden.

Ein bedeutsames Kennzeichen der TZI-Methode ist die Figur des partizipierenden Leiters, die zumeist nicht an zentraler Stelle des Methodenkonzepts abgehandelt wird. In der Zusammenarbeit mit Leitern und Leiterinnen mit anderem Hintergrund zeigen sich hier jedoch bedeutsame Unterschiede. Auch in der Denkfigur des partizipierenden Leiters zeigt sich die dialektische Denkstruktur: Der TZI-Leiter hat sowohl die klassischen Leitungsfunktionen der diagnostizierenden Beobachtung der Prozesse und prozeßfördernder Interventionen, wie auch die Aufgabe, sich selbst am Prozeß zu beteiligen und als Mitglied der Gruppe Leitungsfunktionen an andere Mitglieder und die Gruppe als Ganzes abtreten zu können. Deshalb ist mit TZI auch das Modell der rotierenden Leitung praktikabel.

Für die Personen in der Leitung erfordert dieses Modell eine besondere Fähigkeit, in den Prozeß eintauchen zu können und sich von ihm wieder distanzieren zu können. Psychoanalytisch gesprochen benötigen sie die Fähigkeit zur Abstinenz ebenso wie die zur empathischen Beteiligung. In systemischer Sicht kann dies gelingen durch kontrollierte Wechsel zwischen Innenperspektive und Außenperspektive. Ich denke, daß in diesem Modell eine wesentliche Wirkung der Methode verankert ist, da die Leitungspersonen hier als Modell für die „selektive Authentizität" dienen, die den Interaktionsstil der TZI prägt. Auch mit diesem zentralen Begriff benennt Cohn eine Gegensatzeinheit, die letztlich auf das dialektische Verhältnis von Autonomie und Interdependenz zurückzuführen ist.

Techniken

Ein Teil der Widerstände, TZI als ein pädagogisches System zu begreifen und die operativen Regeln dieses Systems zu analysieren, rührt m.E. daher, daß das System der TZI weitgehend gleichgesetzt wird mit einer bestimmten Anwendung der TZI: Mit der Arbeit in persönlichkeitsbezogenen Gruppen der Erwachsenenbildung. Das Standardverfahren der TZI ist die mehrtägige Gruppe von Erwachsenen, die sich freiwillig trifft, um zuvor angekündigte Themen aus dem persönlichen und/oder beruflichen Leben zu bearbeiten. In dieser Gruppenform erfolgt auch die TZI-Fort- und -Weiterbildung.

Obwohl von Anfang an Cohn TZI auch in anderen Zusammenhängen einsetzte und entwickelte, und sie auf andere Zusammenhänge zielte, wird dennoch TZI meist identifiziert mit den speziellen Techniken des Standardverfahrens und mit einer in diesen Gruppen möglichen Intensität und Dichte der Erfahrungen und der Kommunikation. Wenn in anderen Anwendungsgebieten diese Intensität und Dichte nicht angebracht ist, dann entsteht leicht das Gefühl, was hier geschehe, sei eigentlich kein „richtiges" TZI.

Dabei liegt es auf der Hand, daß sich Techniken und Erfahrungstiefe in den breit gestreuten Anwendungsbereichen erheblich unterscheiden müssen: Der Unterricht in einer Grundschulklasse erfordert ein anderes Vorgehen als die pädagogisch-therapeutische Arbeit in einer Kindergruppe, Deutschunterricht im Gymnasium ein anderes als Sportunterricht in der Sonderschule, Beratung von Eltern ein anderes als Lehrerfortbildung, kollegiale Beratung unter Pädagogen ein anderes als Supervision unter Leitung eines externen Supervisors, Leitung einer Lehrerkonferenz ein anderes als Gruppenarbeit in einem Jugendheim usf.

In allen Fällen werden zur Theorie und Methode der TZI feldspezifische Kenntnisse, Hilfsmittel, Kunstgriffe etc. hinzutreten. Jede Aufgabe erfordert eine optimale Passung der Intensität und Dichte der persönlichen Erfahrungen und der Kommunikation. Jede Situation verlangt ein Einschwingen des Interaktionsstils, so daß eine hinreichende Nähe zu den gewohnten Umgangsformen, aber auch ein genügend großer Abstand zur alltäglichen Oberflächlichkeit und die Chance, neu wahrzunehmen, entstehen kann.

Das Gruppenmodell der TZI erlaubt nicht nur diese Variationen in der Anwendung, sondern erfordert es: Die Beachtung der vier Elemente des Modells (Ich, Wir, Es, Globe) stellt immer wieder aufs neue eine optimale Passung her.

Die Grundorientierung an der Theorie und der Methode ist die Konstante in den Unterschiedlichkeiten der TZI-Anwendungen.

Aus ihr ergeben sich durchgehende Gesichtspunkte der Technik, die aber im Gegensatz zur Methode sehr breit gestreut variiert werden. Zusätzlich können in jedem Anwendungsgebiet Einzeltechniken herangezogen werden, die mit dem System der TZI vereinbar sind.

Als Grundsätze der Technik benenne ich ohne Anspruch auf Vollständigkeit:

– Die Perspektive der Veränderung

Alle TZI-Anwendungen zielen auf eine Humanisierung der Lebensverhältnisse. Die der TZI gemäßen Techniken betonen den Willen zur Veränderung, z.B. durch Nennung zukunftsgerichteter Perspektiven im Thema und in Arbeitsaufträgen, durch Blickrichtung auf die Chancen auch der zunächst als negativ empfundenen Situationen und Ereignisse (positive Konnotation). Wie weit und wie tief und in welcher Form diese Veränderungsimpulse gegeben werden können, muß der jeweiligen Situation und Aufgabe überlassen bleiben.

– Die Beachtung der Gegenseite

Das Gegenstück dieser optimistischen Sichtweise ist der Blick auf den „Schatten" (vgl. Stollberg 1992, 207ff.). Dem Denken in Gegensatzeinheiten entsprechen Techniken, die Raum geben für die Wahrnehmung des Gegensatzes und die Artikulierung des Widerstandes. Techniken, bei denen zwiespältige Empfindungen, innere Gegenpositionen und Minoritäten anhaltend und nachhaltig durch Gruppendruck oder Gruppensog unterdrückt werden, passen nicht zu TZI.

– Ausgang von der subjektiven und konkreten Basis

Damit ist gemeint, daß die Arbeit nach TZI immer wieder auf die unmittelbaren Empfindungen der einzelnen und das unmittelbare Erleben in der Gruppe zurückkommt. TZI-Arbeit erfordert Techniken, die das Empfinden der einzelnen zur Sprache kommen lassen, die das Erleben in der Gruppe verdeutlichen lassen, die die Sinne und Versinnbildlichungen mit einbeziehen. In diesem Bereich besteht die enge Verwandtschaft mit anderen Verfahren aus der humanistischen Psychologie, v.a. Gestalt und Psychodrama, und die Möglichkeit, Techniken aus diesen Konzepten zu verwenden.

– Thema

Themafindung, Themaeinführung, Themasetzung und die Frage nach dem Thema der aktuellen Interaktion sind die charakteristischen Techniken der TZI. In welcher Form dies geschieht, ist jedoch nach Anwendungsgebiet sehr verschieden. Z.B. kann auch die Suche der Gruppe nach dem Thema das Thema einer Sequenz sein, wie es z.B. in der Teamsupervision nicht selten vorkommt.

– Prozeßsteuerung durch Struktur

Das Prinzip der dynamischen Balance erfordert eine aktive Technik der Steuerung des Prozesses. Dies kann geschehen durch die Themaeinspeisung und durch Strukturangebote. Strukturangebote müssen ebenso wie Themenangebote auf einen Fokus zentriert sein, um die Gruppenaktivitäten bündeln zu können, und zugleich Raum geben für individuelle Bearbeitungen, damit der Prozeß sich entwickeln kann. Strukturvorgaben, die zu eng führen oder zu lange binden, sind für die TZI ebenso ungeeignet wie Strukturen, die keine Verknüpfung mit dem Thema bieten. Deshalb scheint mir in der TZI-Arbeit große Zurückhaltung gegenüber vielen sogenannten Interaktionsspielen oder Interaktionsübungen am Platze, die als „instant-Ware" auf dem Markt sind. Große Sorgfalt wird in der TZI auf die sozialen Gruppierungen (einzeln, zu zweit, Kleingruppen, Halbgruppe, Plenum usf.) und ihre Wechsel gelegt. Für das Tempo und die Tiefung des Prozesses sind oft Techniken erforderlich, die eine Gegensteuerung ermöglichen.

– Hilfsregeln

Manches von dem oben Ausgeführten ist in den „Hilfsregeln" der TZI-Gruppenarbeit angesprochen. Sie enthalten Anleitungen für das Verhalten im Gruppengespräch. In der Fassung von 1974 sind es neun Anleitungen (Cohn 1975, 124ff.); 1993 nennen Matzdorf und Cohn vier; sie betreffen: Zurückhaltung mit Verallgemeinerungen; Selektivität und Authentizität in der Kommunikation; Zurückhaltung mit Interpretationen und statt dessen Aussprechen persönlicher Reaktionen; Beachtung von Signalen aus der Körpersphäre (Matzdorf/Cohn 1992, 76f.).

Auch für sie gilt die operative Handhabung. Sie geben Grundsätze der Technik an, die je nach Situation, Aufgabe und Feld modifiziert werden müssen. Sie sind keinesfalls mit *der* Technik der TZI zu identifizieren, auf keinen Fall mit der Methode. Sie helfen als Orientierung dafür, wie ein förderlicher Interaktionsstil aufgebaut und gepflegt werden kann.

1.1.2 Die geistigen Grundlagen der TZI

1.1.2.1 Humanismus, Werte, Holismus, Gesellschaftstherapie: eine kritische Bestandsaufnahme

Humanistische Psychologie

Meine kritischen Anmerkungen zur Formulierung des zweiten Axioms, zu Mißverständnissen des zweiten Postulats und zum Balance-Begriff machen deutlich, daß ich bei der Betrachtung der TZI als eines pädagogischen Systems Vorbehalte anmelde gegen die Tradition der TZI, die sich auf „humanistisch-holistische" Sichtweisen beruft.

Zweifelsohne betrachtet sich Ruth Cohn selbst als eine Vertreterin der humanistisch-holistischen Sichtweise (Cohn 1984, 434ff.) und wird deshalb zurecht als eine Pionierin der Humanistischen Psychologie bezeichnet (vgl. Quitmann 1985, insbes. 175-204). Der Impetus der neuen psychologischen Sichtweise, die sich humanistisch nannte, richtete sich auf die kreative und soziale Potenz der menschlichen Entwicklung. Die Grundidee besteht meines Ermessens darin, daß es möglich ist, die Entfaltung der individuellen Kräfte und des individuellen Glücks in eins zu bringen mit der Entfaltung der Verantwortung für die Mitmenschen und für die Schöpfung. Sie postuliert, daß Psychologie und Pädagogik auf die positive Sichtweise der menschlichen Fähigkeiten im innerpsychischen und sozialen Zusammenspiel setzen sollen. Darüber hinaus wird die Verbindung mit den natürlichen Wachstumskräften in den mannigfachen Erscheinungsformen des Lebens sowie eine transzendierende Sicht, das heißt ein Bezug auf eine unerkannte, aber als Gewißheit empfundene Seinsordnung, gesucht.

Diese Grundorientierung zieht sich durch die Theorie der TZI. TZI bleibt jedoch durch die weise Beschränkung auf eine klare Axiomatik in sich konsistent und zugleich offen für die verschiedenen weltanschaulichen und religiösen Füllungen wie auch für wissenschaftliche Diskurse, die mit dieser Grundorientierung kompatibel sind, aber über sie hinausgehen. Ein übergreifendes und über diese Axiomatik hinausgehendes Denkgebäude würde sowohl die Klarheit der eigenen Struktur wie ihre Offenheit zerstören. Es wäre auch nur um den Preis zu errichten, daß exaktes und differenziertes Denken zugunsten von spekulativem verlassen wird.

Quitmann (1985) unternimmt den Versuch, die psychologischen Grundannahmen der „Humanistischen Psychologen" Goldstein, Rogers, Cohn, Bühler, Maslow und Fromm daraufhin zu überprüfen, ob sie den philosophischen Grundannahmen der „existentialistischen Philosophen" Kierkegaard, Buber, Jaspers, Heidegger, Sartre entsprechen.

Als Begriffe der Existenzphilosophie arbeitet er heraus:

a) Angst und Freiheit b) Wahl, Entscheidung und Verantwortlichkeit c) Gegenwärtigkeit d) In-der-Welt-Sein.

Als wichtigste Begriffe der Humanistischen Psychologie stellt er heraus:

a) Wahl, Entscheidung, Verantwortlichkeit b) Ganzheit c) Selbstverwirklichung d) Hier-und-Jetzt (1984, 285-293).

Er findet die Entsprechung im Vergleich dieser Aspekte, vor allem in der Zuspitzung des philosophisch-existentialistischen sowie des humanistisch-psychologischen Interesses auf die Entscheidung und die Gegenwärtigkeit.

Die Leistung dieser Zusammenschau besteht darin, die Synchronizität (gleichzeitiges voneinander unabhängiges Auftreten ähnlicher oder identischer Ideen) einer philosophisch-psychologischen Zeitströmung herausgearbeitet zu haben, in der sich die humanistische Psychologie formierte.

Die Abhandlung Quitmanns macht aber auch deutlich, wie verschieden die hier zusammengebündelten Philosophien im einzelnen sind; der Versuch, sie in einem Bodensatz zu konzentrieren, verschüttet ihre je eigenen Essenzen.

Nicht ganz so ausgeprägt wie die Philosophen zeigen sich auch die PsychologInnen bei näherem Hinsehen als sehr unterschiedlich, wenngleich es Quitmann hier gelingt, die Einzelbeiträge der PionierInnen und ihre Übereinstimmungen nachzuzeichnen. Die philosophische Begründung von Wahl, Entscheidung und Verantwortung verliert m.E. bei ihnen an begrifflicher Prägnanz und gerinnt zu einer weltanschaulichen Grundstimmung; diese Begriffe wie auch der

Begriff der Gegenwärtigkeit erfahren durch die Übernahme in die Psychologie eine Einschmelzung, in der die Feinheiten und Schärfen untergehen und die Philosophie konturlos wird.

Als Prinzip des Hier-und-Jetzt verflacht der philosophische Begriff der Gegenwärtigkeit zum Therapieprinzip, das in der Abkehr von der Psychoanalyse dogmatisch gefaßt wurde und dementsprechend wieder revidiert werden mußte.

Die psychologisch zentrale Kategorie der humanistischen Psychologen ist wohl die der Selbstverwirklichung. Sie geht aus von der Beobachtung der organismischen Selbstregulierung bei Goldstein und – bezogen auf die Entwicklung der Werte – bei Charlotte Bühler, die den Aufbau des Selbst und die Selbstregulation des psychischen Systems exakt herausarbeitet (1962, zit. nach 1975, 72ff., siehe auch 56-58). Doch im weiteren nimmt die Idee der Selbstverwirklichung höchst spekulative Züge an und zwischen einzelnen Exponenten, zum Beispiel zwischen Perls und Cohn, treten grundsätzliche Differenzen auf.

Die Strömung der Humanistischen Psychologie formiert sich um eine weltanschauliche Grundstimmung, die als „existentialistisch" betrachtet wird, kann aber in den psychologischen Grundlagen keine Konsistenz entwickeln, die hinreichen würde, eine psychologische Theorie zu fundieren.

Dieser Mangel wird dann besonders schmerzlich, wenn auf ihr eine humanistische Pädagogik aufgebaut werden soll. Pädagogik ist ohnehin stets etwas anderes und mehr als die Anwendung einer Psychologie; sie kommt aber völlig ins Schwimmen, wenn der Anteil der erziehungswissenschaftlichen Analyse des Bedingungsgefüges von Erziehung zurücktritt gegenüber redlichen aber wenig differenzierten weltanschaulichen Grundstimmungen.

Die Betrachtung der Strömung der Humanistischen Psychologie macht vor allem eines deutlich: daß sie eine historische ist. Sie formiert sich in den USA als „dritte Kraft" zwischen einer erstarrten Psychoanalyse und einem festgefahrenen Behaviorismus und formuliert die schöpferische Potenz des Menschen und der Psychologie. Viele ihrer Ansätze und Ideen sind aufgegriffen worden. Auch die Psychoanalyse ist wieder in Bewegung geraten und es formieren sich neue Ansätze, z.B. in der psychoanalytischen Selbst-Theorie. Der systemische Ansatz in der Therapie hat viele dieser Aspekte aufgegriffen und ganz neue Akzente gesetzt. In dem oben erwähnten Buch von Charlotte Bühler stehen z.b. Gedanken und Formulierungen, die sich heute wiederfinden in der psychoanalytischen Selbst-Psychologie nach Kohut sowie in systemischen Entwicklungsvorstellungen. Die Werte-Frage ist von der ökologischen Bewegung neu gestellt worden.

In einem geistigen Umbruch, der sich in den letzten Jahrzehnten auf verschiedenen Gebieten anbahnte, betrachte ich die Humanistische Psychologie als einen wichtigen historischen Beitrag, der auf die Psychotherapie und – in geringerem Maße – auf die Pädagogik ausstrahlte. Sie bietet aber keinesfalls ein theoretisch konsistentes Fundament, auf das TZI aufgebaut werden könnte.

Werte und Selbstverwirklichung

Der Impuls von Ruth Cohn in der Entwicklung der Humanistischen Psychologie zielt von Anfang an grundsätzlich und vordringlich auf die Ethik.

In der Rückschau auf ihre Arbeit schreibt Cohn: „Durch meine Arbeit an der begrifflichen Klärung entdeckte ich, daß meine humanistischen Überzeugungen die persönlich wichtigste Grundlage für die Entstehung und Entwicklung der TZI gewesen sind" (1984, 437f.). Sie bezieht sich dabei auf Abraham Maslow und seine Sichtweise, vom Wachstumspotential der Person auszugehen, die ganzheitlich „im psycho-somatischen und sozialen Sinn" gesehen wird. Zentral ist für sie die „humanistische Wertaxiomatik " (1984, 438f.), die sie im Modell der TZI verwirklicht sieht.

Ihre rückblickenden Reflexionen zur Humanistischen Psychologie (1984, 437ff.) kreisen um die Frage nach ethischer Begründung und axiomatischer Verankerung von Werten. Ihre persönliche Begründung aus ihrer Lebensgeschichte, der Erfahrung der Bedrohung durch die Naziherrschaft, endet mit den Sätzen: „Es geht in der Humanistischen Psychologie und der angewandten humanistischen Pädagogik um das Wie der Lebensförderung und Liebe gegen Mord und Grausamkeit. Alles andere ist recht nebensächlich" (ebenda, 467).

Damit ist freilich das wichtigste Thema jeder Pädagogik angesprochen, das vielen pädagogischen Entwürfen zentrales Anliegen ist, auch solchen, die nicht der Humanistischen Psychologie zuzurechnen sind. Die allgemeine Bedeutung des Anliegens der Lebensförderung und Liebe schmälert seine Eignung, als Kriterium zu dienen zur Kennzeichnung einer bestimmten pädagogischen Richtung; es sei denn, man gibt vor, den Stein des Weisen gefunden zu haben, wie diese allesüberragende Aufgabe zu bewältigen sei. Eine solche Attitude wäre Ruth Cohn sicherlich völlig fremd. Sie spricht oft davon, daß TZI *eine* Möglichkeit unter mehreren ist.

Als Abgrenzungsmerkmal der Humanistischen Psychologie und Pädagogik taugt dieses Anliegen also nicht.

Wir können aber festhalten, daß es ein Charakteristikum der TZI, das zur inneren Notwendigkeit ihres Systems gehört, ist, daß die Frage nach den Werten und das Ziel der Förderung von Leben und Liebe axiomatisch als Grundlage des Systems gesetzt wird. Damit kann TZI aber – genausowenig wie irgend ein anderes pädagogisches System – nicht für sich in Anspruch nehmen, die damit aufgeworfenen ethischen Fragen lösen zu können. Für das System der TZI ist ausschlaggebend, daß diese Fragen mit Priorität bearbeitet werden und zwar nach dem jeweiligen Stand der Entwicklung der Subjekte, der gesellschaftlichen Diskussion und der wissenschaftlichen Erkenntnisse, nicht aber, daß eine globale Lösung bereitgehalten wird.

In der Formulierung des zweiten Axioms wird der Einfluß eines historisch bedingten globalen Lösungsversuchs deutlich, nämlich des Versuchs, natürliches Wachstum und Humanum, Leben und Menschlichkeit gleichzusetzen, *bevor* sie als These und Antithese einer Gegensatzeinheit bewußt gemacht werden.

Dieser Versuch ist m.E. ein zentraler und kritikwürdiger Punkt an den Konzepten der humanistischen PsychologInnen. Nach ihrer Überzeugung wohnt dem menschlichen Organismus eine Tendenz inne, sich in die Richtung einer der Schöpfung und den Mitmenschen verantwortlichen Verwirklichung selbst zu entfalten. Eine solche (organismische) Ausstattung würde über die Selbstentfaltungstendenz der Tiere hinausgehen, da diese jenseits von Gut und Böse dem ökologischen Prinzip der Selbsterhaltung unterliegen. Diese angenommene Selbstverwirklichungstendenz des Menschen zum Guten setzt eine auch biologisch-organisch höhere Evolutionsstufe des Menschen voraus. Diese optimistische Sichtweise beruht auf der therapeutischen Erfahrung, daß die Entfaltung der Wachstumskräfte eines Menschen auch seine Verantwortungsfähigkeit und seine Mitmenschlichkeit steigern. Historisch und soziologisch ist gegen die Verallgemeinerung dieser Prämisse jedoch höchste Vorsicht angebracht. Sie ist die Idee einer bestimmten kulturellen Situation, in der sie einen – vielleicht den einzigen – Rettungsanker in der sich dramatisch zuspitzenden globalen Krise darstellt.

Von heute aus rückblickend gesehen kann diese Idee als ein früher Beitrag zum Paradigma der Selbstorganisation gesehen werden, das heute in der Systemtheorie seine Ausprägung findet, etwa in der biologischen Systemtheorie von Maturana und Valera (1984, zitiert nach 1987) oder der Theorie der Selbstorganisation des Universums bei Jantsch (1979 zitiert nach 1992). Freilich geht die Idee, daß die Selbstverwirklichung des Menschen die Entwicklung zum Guten bedeute, weit über die Theorie der Selbstorganisation hinaus und ist mehr genährt von Hoffnungen als von Erfahrungen und mehr auf Spekulationen als auf Wissen aufgebaut.

Nach heutigem Wissenstand können wir von der Tendenz zur Selbstregulierung psychischer und sozialer Systeme ausgehen; eine Tendenz von Systemen, sich auf wertorientierte Weise selbst so zu regulieren, daß ihre Umwelt einen bestimmten Nutzen davon habe, ist nicht ersichtlich. Die spezifische Entwicklung des Menschen, wie sie von der Säuglingsforschung nachgezeichnet wird, führt unter bestimmten Umweltbedingungen zur „Fähigkeit zur Besorgnis" (Winnicott) nach vorgegebenen kulturellen Mustern.

Die Idee einer „humanistischen Bewegung", die über Psychotherapie und Pädagogik hinausgreift und die Menschheitsfragen anpackt, ist bei Ruth Cohn unterlegt mit der Hoffnung auf den Quantensprung in der menschlichen Evolution und mit der Hypothese des organismischen Werte-Sinns des Menschen (1984, 467 ff., vgl. Jantsch 1992, 357f und 411ff.)

Ich teile diese Hypothese nicht.

Unverzichtbar ist im axiomatischen System der TZI jedoch die anthropologische Grundannahme, daß der Mensch zu bewertenden Entscheidungen gezwungen ist, und daß ihm die Anlage dafür mitgegeben ist.

Postulativ, das heißt als praktische Forderung, die auch gegen vordergründige Fakten aufrecht erhalten wird, geht TZI davon aus, daß der Mensch in der Lage ist, unbedingte Werte intuitiv zu spüren und Annäherungen zu suchen, auch wenn die praktische Verwirklichung unklar und ungesichert ist. Dabei bewahrt TZI strikt die Priorität und Dignität der subjektiven Entscheidung: Deine moralische Empfindung respektiere ich als etwas, was zu dir gehört, auch wenn ich mit dir über die Entscheidung streite. Paradoxien und Unsicherheiten gehören zum Prozeß der Suche nach Wertentscheidungen (Cohn 1984, 468). Ich fordere dich aber zu einer ethischen Entscheidung auf.

Für das Überleben der Menschheit besteht die Notwendigkeit, daß menschliche Selbstentfaltung und Entfaltung des natürlichen Lebens vereinbar werden – als existentielles Soll, aber nicht als psychologisch-empirisches Ist, das heißt als Wahl und Zwang zur Entscheidung, nicht als Zwangsläufigkeit.

Leben als natürlicher Wachstumsprozeß wird nur durch eine bewertende Entscheidung des Menschen zum schutzwürdigen Gut des Menschen, und nur durch sie wird die Förderung des Lebens – auch in der Natur – zum Ziel von Menschlichkeit; allerdings unterliegt diese wertende Entscheidung zahllosen unaufhebbaren Widersprüchen, die in der konkreten Praxis der Lebenssförderung Einzelentscheidungen von hoher Komplexität und Widersprüchlichkeit erfordern.

Wenn Humanität und natürliches Leben unvermittelt gleichgesetzt werden, werden die Schwierigkeiten und Brüche in der ethischen Diskussion eingeebnet und verflacht. Der aktuelle philosophische Diskurs um die Lebensfrage in der Naturphilosphie und um den Präferenzutilitarismus, in dem das Lebensrecht schwerbehinderter Menschen bestritten wird und das Lebensrecht von Affen höher bewertet wird, zeigt beispielhaft die eminenten Probleme, die auftreten, wenn der Anthropozentrismus des Gattungsbegriffs zugunsten des Mitleidens mit der nichtmenschlichen Natur verlassen werden soll. Durch die Gleichsetzung von Menschlichkeit und guter Natur wird die Freudsche Gleichstellung von menschlichem Trieb und amoralischer Natur durch das entgegengesetzte Extrem beantwortet und zugleich die Zivilisation als Träger des Bösen ausgemacht. Es entsteht leicht eine romantisierende Ökologie-Vorstellung, in der Natur und Liebe gleichgesetzt werden und in der zum Beispiel die Figur des edlen Wilden, der mit der Natur im Einklang lebt, ihren unbestreitbaren Platz hat, auch wenn sie sich als Kunstprodukt entpuppt. Verbunden mit kosmischen Evolutionsspekulationen entwickelt sich der Ökospiritualismus, der die Errettung der Erde durch den Neuen Menschen, dem historischen Gegenstück zum edlen Wilden, erhofft. TZI kann dann als Medium gedacht werden, diesen Neuen Menschen zu bilden.

Wir stoßen damit auf das Anliegen der Gesellschaftstherapie, das m.E. bei Cohn der Selbstverwirklichungsidee übergeordnet ist.

Gesellschaftstherapie

TZI ist zweifellos ein vorzügliches Instrument zur Entwicklung von politischer Bewußtheit, von persönlichem Verantwortungsgefühl, von Stärke im Ertragen von Widersprüchlichem und Unlösbarem, eine Schule von Lebensfreude, von Verstand und von Intuition.

Sie ist und bleibt aber ein pädagogisch-therapeutisches System, das auch zur politischen Bildung taugt; sie ist weder ein gesellschaftspolitisches noch ein philosophisch-ethisches Konzept. Sie ist „nur" einer von mehreren möglichen Beiträgen der Pädagogik, um die Bildung von Subjekten zu fördern. Diesen bedeutsamen Beitrag kann TZI aber nur dann leisten, wenn es sich seiner begrenzten Reichweite bewußt ist und diese Reichweite professionell, das heißt mit den Erkenntnissen und Methoden, die aus der eigenen Profession überprüfbar sind, gestaltet.

Die gesellschaftspolitischen Ambitionen der TZI verwirklichen sich in der Bildung verantwortungsbewußter und gemeinschaftsfähiger Subjekte, die an politischen und ökonomischen Lösungen arbeiten, nicht aber in der Erarbeitung bestimmter politischer und ökonomischer

Lösungen selbst; TZI zielt auf die Streitkultur, die den notwendigen Streit um die besten Lösungen auszeichnen soll, nicht auf die machtpolitische Durchsetzung ausgearbeiteter Lösungen.

Dieser kleine aber bedeutsame Unterschied markiert die Differenz von Pädagogik und Politik. Pädagogik soll politikfähig machen.

Dies zeigt ganz deutlich der Sammelband zu den gesellschaftspolitischen Perspektiven der TZI-Gruppenarbeit von Standhardt und Löhmer (1994) in der Reihe, in der auch dieses Buch erscheint. In ihm sind hervorragende Beispiele guter Gruppenarbeit innerhalb und außerhalb von TZI versammelt. Bei zwei mit aufgenommenen Beiträgen aus ökospiritueller Sicht wird für mich aber auch deutlich, wie schmal der Grat zwischen der fruchtbaren pädagogischen Arbeit in kleinen Schritten und der spekulativen Himmelsstürmerei ist, die nicht verstehen kann, wie „klein und systemimmanent die kleinen Schritte sind", die TZI anbietet (Breidenstein 1994, 181).

Helmut Johach wirft die Frage auf, wieweit TZI die Gesellschaft verändern kann (Johach 1994, 77) und bestätigt m.E. durch die Art, wie er diese Frage beantwortet, meine Hypothese, daß gesellschaftsverändernde Inhalte aus dem Theoriekorpus und der Praxis der TZI alleine nicht zu erschließen sind: Er verwendet für den Kern seiner Begründungen soziologische Theorien, insbesondere die Kritische Theorie in der Fassung von Fromm.

Im Gegensatz zu Ruth Cohn (1984, 334) glaube ich deshalb nicht, daß TZI ein Programm einer humanistischen Gesellschaftstherapie bietet. TZI bietet ein Programm einer Arbeitsweise in Gruppen, mit dem Menschen ihre persönlichen Zugänge zu gesellschaftspolitischen Themen entwickeln und sich ihnen gemeinsam vertieft zuwenden können. Nicht mehr; aber das ist viel.

Ganzheit, Transzendenz, Entwicklung

Die Hypothese des organismischen Werte-Sinns verweist auf das philosophische Problem, wie das Sittliche in die materielle Welt kommt. Sie ist eine Fortführung des Einheitsgedankens der humanistischen Psychologie, wonach die Selbstverwirklichung des Menschen auf einer Synergie (Energiezusammenfluß) mit den Schöpfungskräften beruht. Dies bedeutet, daß letztlich eine kosmische Einheit darin besteht, daß eine außerhalb des Menschen bestehende Seins-Ordnung sich in der Selbstentfaltung des Menschen auswirkt. Die außerhalb des Menschen bestehende Seins-Ordnung wird hier in den innersten Kräften des Lebens geortet, in den Wirkungsprinzipien der Schöpfung, die sich auf noch nicht erkannte Weise – als Strahlen oder Kleinst-Wellen – in direkter Weise mit dem psychischen System des Menschen verbinden.

Ruth Cohn deklariert ihre Vorstellung eines organismischen Werte-Sinns ausdrücklich als Hypothese und ihre Ausführungen dazu bedienen sich sprachlich eher Metaphern als theoretischer Begründungen. Entwicklungspsychologisch ist diese Hypothese nicht haltbar, weil sie letztlich nicht psychologisch argumentiert, sondern philosophisch. Sie ist ein Hinweis auf die Suche nach Transzendenz in der menschlichen Entwicklung und markiert damit ein bedeutendes Merkmal der Axiomatik der TZI; ich will sie deshalb auf dieser Ebene mit der Vorstellung von „Ganzheit" diskutieren.

Ruth Cohn erwähnte öfters den Einfluß, den das pantheistische Denken Goethes auf sie gehabt hat. Ihr Ganzheitsbegriff geht von Anfang an über die individualistische Vorstellung, der Mensch könne in sich selbst ganz sein, was mit der Einheit von Körper, Geist und Seele umschrieben wird, hinaus. Nach ihren Worten kann sich der Mensch nie „selbst" erfahren, sondern nur sich selbst mit anderen bei einer gemeinsamen Aufgabe. Damit ist sie in Übereinstimmung mit der Definition des klassischen deutschen Humanismus. Nach Wilhelm von Humboldt ist der wahre Zweck des Menschen die Bildung aller seiner Kräfte zu einem Ganzen – bei diesem Satz blieb die Rezeption des klassischen Humanismus zumeist stehen; aber dieses Ganze ist nie individuell ganz: Das Ideal der Menschheit kann nach Humboldt nie anders erscheinen als in der Totalität aller Individuen (zit. nach 1960, 339f.). Damit konstituiert sich der klassisch- humanistische Gattungsbegriff.

Der klassische Humanismus stellt seit Cicero die Gattung Mensch in den Mittelpunkt der Schöpfung. Die existentialistische Philosophie entdeckt die Differenz zwischen Mensch und Schöpfung, zwischen dem Einzelnen und dem Sein, und postuliert so den einzelnen, der hineingeworfen ist in das Sein. Bei Kierkegaard, der die Position des einzelnen radikal entfaltet, wird das Selbst des Menschen definiert als ein Verhältnis, das sich zu sich selbst verhält, und, indem es sich zu sich selbst verhält, sich zu einem Anderen verhält (zit. nach Haeffner 1989, 167). Die Grundsituation des Menschen ist charakterisiert durch Zerissenheit, Angst, Tod, durch den existentiellen Abgrund. Bei Sartre und Fromm, die nicht religiös sondern historisch und gesellschaftlich argumentieren, erscheint die existentielle Differenz als gesellschaftlich bedingte Entfremdung.

In der Strömung, die sich selbst als humanistische Psychologie charakterisierte, ist eine undifferenzierte Vermischung dieser doch sehr verschiedenen Denkfiguren des Humanismus und des Existentialismus auffällig. In der Praxis wird so sowohl der Individualismus von Perls, wie der Holismus von Cohn unter derselben Überschrift subsumiert.

Holismus zielt auf die Einheit der Bewegungsgesetze von Schöpfung und Mensch. In der existentialistischen Philosophie ist diese Einheit jedoch von einem Abgrund an Trennung gekennzeichnet: Das Getrennt-Sein des Menschen von der Schöpfung, so bei Kierkegaard, ist keine heilbare Fehlentwicklung, sondern der existentielle Grund des Menschengeschlechts.

Ruth Cohn spricht in diesem Zusammenhang von einem Pessimismus der europäischen existentialistischen Philosophie, der bei der Entwicklung der humanistischen Psychologie nicht Pate gestanden habe. Sie beziehe sich mehr auf den lebensfreudigen optimistischen amerikanischen Existentialismus. Die philosphischen Bezüge der humanistischen Psychologie verweisen aber alle zurück auf die europäischen Philosophen, die Quitmann nennt.

Den direktesten Einfluß hatte wohl die Philosophie Martin Bubers (vgl. den Dialog Buber/Rogers 1957, publiziert 1960), der in den Annalen der humanistischen Psychologie auch zu den „Existentialisten" gerechnet wird. Mit ihm kann ich die Idee der Ganzheit am leichtesten beleuchten.

Ganz ist der Mensch nach Buber nur in der Begegnung. Die Ganzheit in der Begegnung entsteht aber nicht durch den sozialen Akt oder durch das Gefühl, sondern durch die Gegenwart und das Gewärtigsein eines Hauchs der Ganzheit der Schöpfung, der den

Bereich des Zwischen-Menschlichen auszeichnet. Bei Buber ist die unfaßbare Ganzheit der Schöpfung Gott. Die Begegnung kann für gegenwärtige, Gegenwart gewährende, Momente die Trennung aufheben, die zwischen Gott und den Menschen gesetzt ist. Auch in der Religionsphilosophie Martin Bubers ist die Trennung des Menschen von der Schöpfung das existentielle Faktum: Gott bleibt gewiß aber verborgen. Der Funke Gottes lebt in der Schöpfung und wird dem Menschen in der Ich-Du-Beziehung (die auch mit der Natur erfahrbar ist) für Augenblicke der Sinnerfüllung gewärtig.

Die Differenz des Menschen von der Schöpfung, bzw. in der säkularisierten Form die historisch entstandene Entfremdung des Menschen von sich selbst, ist das wesentliche Faktum aller existentiellen Philosophie.

Dieser philosophisch-anthropologische Ausgangspunkt macht deutlich, daß die Erfahrung der Ganzheit immer die Erfahrung von Einheit und Differenz ist. Das dialektische Grundmuster wird deutlicher, wenn ich Einheit und Differenz in eine Klammer setze: Erfahrung von Ganzheit ist das Zusammenfallen der Erfahrungen von (Einheit und Differenz).

Am dialogischen Prinzip Martin Bubers wird diese Formel in ihrer interaktionellen Bedeutung noch deutlicher werden.

An dieser Stelle meiner Gedankenführung bleibt zu konstatieren, daß die Akzeptanz der Trennung die Voraussetzung der Ganzheitserfahrung ist.

Das System der TZI stellt in seinem dialektischen Aufbau und seinem striktem Realitätsbezug die Ganzheit immer in den Kontext der Gegensatzeinheit von Einheit und Differenz. Allein von der Idee des Lebens her läßt sich das Leben nicht bewältigen. Die menschliche Existenz stellt als unumgängliche Aufgabe zur Bewältigung des Lebens die Bewältigung des Todes. Der Tod als die unumstößliche Erfahrung der Trennung steht zwischen dem Mensch-Sein und der Einheit mit der Schöpfung:

Ökologisch steht das Leben unter dem Rhythmus von Wachsen und Sterben; der Mensch aber stellt sich mit dem Wunsch des Weiterbestehens seiner individuellen Existenz über dieses Prinzip. Die Einheit kann er nur in der Bewußtheit seines Getrennt-Seins wiederfinden.

Ganzheitserfahrungen entstehen nicht durch Verschmelzung und nicht durch Vermischung von Unterschiedenem, sondern nur auf dem Boden der Akzeptanz der Differenz. Die Erfahrung des Eins-Seins ist eingebunden in die Erfahrung des Für-Sich-Seins. Interdependenz (Allverbundenheit) und Autonomie (menschliche Individualität) sind durch Bewußtheit und Entscheidungsfähigkeit, durch Anstrengung des Denkens und des Fühlens, aufeinander zu beziehen. Entwicklung ist nach TZI ein Prozeß, in dem wachsende Bewußtheit der Interdependenz sich durchdringt mit dem Wachstum von Autonomie.

Diese Beschreibung von Entwicklung hat sich mittlerweile unabhängig von TZI und Ruth Cohn etabliert, z.B. in der psychoanalytisch-systemischen Entwicklungstheorie von Robert Kegan (1991).

1.1.2.2 TZI und der Horizont der dialogischen Philosophie

Es mag als weiteres Beispiel von Synchronizität gelten, daß die Gegensatzeinheit von Autonomie und Interdependenz in verschiedenen Formulierungen als Grundlage der Entwicklung neu entdeckt worden ist (vgl. auch Stierlin 1989, 93-109). Die genaueste Beschreibung dieser Gegensatzeinheit finde ich bereits bei Martin Buber. Die strukturelle Ähnlichkeit des Systems der TZI mit der dialogischen Philosophie Martin Bubers verblüfft mich stets aufs neue, denn Ruth Cohn hat während ihres Studiums und auch in ihrer Zeit in den USA die Schriften Martin Bubers nicht kennengelernt.

Cohn ist m.E. den Gedanken Bubers näher als Rogers, der sich auf Buber beruft. Was Cohn mit Buber verbindet und was sie abhebt von anderen Richtungen der Humanistischen Psychologie ist die dialektische Denkstruktur in Gegensatzeinheiten und letztlich – und das sehe ich als das Prägende – dieselbe Vorstellung von Transzendenz. Sie gelangt daher zu fast identischen Vorstellungen des Dialogs, des Wir, der Authentizität, der Interaktion.

Die Dialektik von Transzendenz und historisch-materieller Konkretion ist bei Buber gegründet auf die Zwiefältigkeit der Grundworte, die der Mensch sprechen kann: Das Grundwort Ich-Du und das

Grundwort Ich-Es. „Die Welt ist dem Menschen zwiefältig nach seiner zwiefältigen Haltung... Somit ist auch das Ich des Menschen zwiefältig" (1923, zit. nach 1984, 7).

Das Grundwort Ich-Du ist das Grundwort der Interdependenz im Sinne von Cohn, es erhebt sich aus der naturhaften Verbundenheit (ebenda 28). Das Grundwort Ich-Es ist das Grundwort der Autonomie im Sinne von Cohn, es erhebt sich aus der naturhaften Abgehobenheit. In der Rede über das Erzieherische (1925) konkretisiert er den Trieb nach Verbundenheit und als Gegenstück den Urhebertrieb (zit. nach 1986).

Beides gehört zur menschlichen Entfaltung. Doch bei Cohn wird der Sachauftrag, die Beziehung zum Es, deutlicher als bei Buber. Den „Miniteil der Welt, auf den der Mensch, oder die Menschen in einer Gruppe, ihre Aufmerksamkeit lenken" (Cohn 1986, siehe Reiser 1987, 41), nennt sie Es – eine auffällige Begriffswahl für eine Psychoanalytikerin. Im Nachdenken über Erziehung gibt es auch bei Buber Passagen, in denen dem Es, der Welt, entscheidende Bedeutung zukommt und die Welt mit der Ich-Du-Beziehung verschränkt wird: „Die Welt zeugt im Indivduum die Person... Was wir Erziehung nennen, die gewußte und gewollte, bedeutet *Auslese der wirkenden Welt* (Hervorhebung i. Orig.) durch den Menschen; bedeutet, einer Auslese der Welt, gesammelt und dargelegt im Erzieher, die entscheidende Wirkungsmacht verleihen" (1925, zit. nach 1986, 24).

Das Grundwort Ich-Du ist nach Buber dem Menschen eingeboren. Aus der naturhaften Allverbundenheit bleibt die Sehnsucht „nach der welthaften Verbundenheit des zum Geiste aufgebrochenen Wesens mit seinem wahren Du" (1923, zit. nach 1984, 29), womit bei Buber die Verbindung zu Gott gemeint ist. Buber besteht auf einer naturhaften Bewegung des Menschen hin zu Gott, denn die wahre Natur der Entwicklung sei kosmisch-metakosmischen Ursprungs. Cohns Hypothese vom organismischen Werte-Sinn bildet hierzu – ausgedrückt mit anderen Metaphern – eine Analogie.

Für Buber wie für Cohn gibt es keine Spaltung zwischen Interdependenz und Autonomie im Sinne von einander ausschließenden Polen. Nach Cohn kann Allverbundenheit ohne Autonomie nicht positiv gesehen werden, sondern bedeutet ja auch Abhängigkeit und Regression.

Buber lehnt eine psychologische Erklärung des „eingeborenen Du" (vgl. 1923, zit. nach 1984, 30ff.) ab, da er von dem religiösen Gedanken ausgeht, daß der Mensch auf die Aufhebung der Entfernung von Gott angelegt sei: Die Allverbundenheit sieht er als die reine Verwirklichung dieses Prinzips. Cohn behält dagegen die Erkenntnisse der Psychoanalyse über die unbewußten und verschlungenen Pfade der Psyche bei. Gegenüber Buber sieht sie die Störungen und Schatten auf dem Wege der Menschen nüchterner und realistischer.

In ihrem Postulat der bedingten Fähigkeit zur Entscheidung ist die Transzendenz der menschlichen Existenz jedoch erhalten. Das Element der Wahl, die aus der menschlichen Freiheit erwächst, prägt auch Bubers religiöse Vorstellung der Umkehr des Menschen.

Der Vergleich zeigt, daß beide mit verschiedenen Metaphern ausdrücken, daß die Entwicklung des Menschen zur Verantwortlichkeit keine Zwangsläufigkeit ist, sondern ein Ergebnis seiner Entscheidung. Aber seine Entscheidungsmöglichkeit ist auf ein Prinzip außerhalb seiner selbst gegründet.

Nach Buber besteht die Entdeckung des Dialogischen darin, daß die Ich-Du-Relation nicht in der Sphäre des Subjektiven angesiedelt ist, nicht *in* den Personen erzeugt wird, sondern Realität sei *zwischen* den Wesen, Transzendenz *innerhalb* der Welt.

Deshalb ist es möglich, daß in der Umfassung eine Person einen gemeinsamen Vorgang zugleich von der Seite der anderen Person aus erlebt, „ohne irgendetwas von der gefühlten Realität ihres eigenen Tätigseins einzubüßen" (Buber 1925, zit. nach 1986, 38). Diese „Erfahrung der Gegenseite" ist mehr als Einfühlung, weil in ihr das Zwischenmenschliche als ein Drittes, die Personen Übergreifendes, aktualisiert wird. Es konstituiert die Wirklichkeit der Interaktion.

„Es kommt nicht darauf an, daß einer dem anderen alles sage, was ihm einfällt, sondern darauf allein, daß er zwischen sich und den andern keinen Schein sich einschleichen lasse. Es kommt nicht darauf an, daß einer sich vor dem anderen ‚gehen lasse‘, sondern daß er dem Menschen, dem er sich mitteilt, an seinem Sein teilzunehmen gewähre. Auf die Authentizität des Zwischenmenschlichen kommt es an; wo es sie nicht gibt, kann auch das Menschliche nicht authentisch sein" (Buber 1953, zit. nach 1984, 280).

Diese Beschreibung entspricht der von Cohn geforderten „selektiven Authentizität". In beider Konzepte wird realistisch gesehen, daß in der pädagogischen bzw. therapeutischen Beziehung der Umfassungsakt ein einseitiger sein muß: Das dialogische Verhältnis konstituiert sich vom Pädagogen zum Zögling/Klienten, aber nicht notwendigerweise umgekehrt. Der zweiseitige Umfassungsakt konstituiert nach Buber nicht das erzieherische Verhältnis, sondern die Freundschaft.

Im Dialog zwischen Buber und Rogers von 1957 (zit. nach 1960) wird m.E. ein Mißverständnis von Rogers offenbar: Buber spricht von der Bestätigung der Person als Geschöpf, in der sich das Grundwort Ich-Du realisiert, und hebt davon die konkrete Individualität des Menschen in seiner historischen und materiellen Bedingtheit, in der sich das Grundwort Ich-Es realisiert, ab. Dementsprechend sieht er bei voller Akzeptanz auf der Ich-Du Ebene ein Gefälle und eine Einseitigkeit in der therapeutischen Beziehung. Rogers geht auf diese Dialektik nicht ein, sondern besteht auf der Akzeptanz des realen Individuums, das ihm gegenüber ist, und auf der Unmittelbarkeit eines gleichseitigen Kontakts.

Cohn hat sich zu den in der humanistischen Psychologie aufgetretenen „Kinderkrankheiten" der radikalen Offenheit, der zurücktretenden Verantwortung des Therapeuten für den Klienten, der Gleichwertigkeit der Beziehung stets unmißverständlich im Sinne der auch von Buber vertretenen Einsichten geäußert.

Ihr Angelpunkt ist die Ethik. „Gefühle und Gedanken sind dem ethischen Grund zugeordnet, werden als lebendige Mitte und nicht als Selbstzweck gesehen, auch nicht in der Gruppenarbeit" (Cohn 1986, siehe Reiser 1987, 42). Hierzu ein Buber-Zitat:

„... die wahre Gemeinde entsteht nicht dadurch, daß Leute Gefühle füreinander haben (wiewohl freilich nicht auch ohne das), sondern durch diese zwei Dinge: daß sie alle zu einer lebendigen Mitte in lebendig gegenseitiger Beziehung stehen und daß sie untereinander in lebendig gegenseitiger Beziehung stehen" (Buber 1923, zit. nach 1984, 47). Die lebendige Mitte ist die – dem Wechsel von Latenz und

Aktualität unterworfene – zentrale Gegenwart des Du, also des Zwischenmenschlichen, das Cohn den ethische Grund nennt. So bestimmt Buber das Wir in Abhebung von „geläufigen soziologischen Kategorien" als eine „besondere Verbindung mehrerer zum Selbst und zur Selbstverantwortung erwachsener Personen" (1942, zit. nach 1949, 15).

Cohn ist bei der Bestimmung des Wir auf derselben Fährte, aber wieder ein gutes Stück nüchterner und realistischer, indem sie die Zielrichtung teilt, aber die Störungen akzeptiert.

In der dialogischen Philosophie Martin Bubers finden sich die Grundüberzeugungen nicht nur Ruth Cohns, sondern der TZI wieder, und zwar an verschiedenen Stellen präziser als in den allgemeinen Aussagen der Humanistischen Psychologie oder sogar im Widerspruch zu ihnen.

Offensichtlich hat die humanistische Psychologie Buber nicht voll rezipiert. Sie verbucht ihn als „Existentialisten".

Buber selbst grenzt sich scharf gegen die „freie Philosophie" ab, die „keinem Wurzelgrund einer Glaubenswirklichkeit mehr verhaftet ist" (1954, zit. nach 1984, 313) und wendet sich gegen die Existentialisten.

Ruth Cohn hat zu der existentialistischen Philosophie von z.B. Heidegger oder Jaspers keinerlei Bezug; im Gegenteil: Heidegger lehnte sie wegen dessen Stellung zum Nationalsozialismus politisch ab (1986, siehe Reiser 1987, 41).

Ihr Anliegen ist die Ethik; sie will die intuitive Fähigkeit des Menschen, das unbedingt Gute zu suchen und anzustreben, schulen, damit Lebensförderung und Liebe nicht durch Mord und Grausamkeit erdrückt werden. Der Kompaß des Zwischenmenschlichen, von dem sie überzeugt ist, ist bei Martin Buber ausformuliert.

Wichtiger noch als die Formulierungen ist, daß in der Praxis der TZI durch die methodischen Anleitungen die Chance besteht, daß die in der dialogischen Philosophie beschworenen Ziele in der zusammenarbeitenden Gruppe erreichbar werden. Das in der Gruppe Erfahrene kann sich aber nur weiter auswirken durch die Menschen, daß heißt durch die Bewußtheit und Entscheidungsfähigkeit der einzelnen: durch die Bildung der Subjekte. So kann TZI beschrieben werden als eine Konzeption der dialogischen Pädagogik.

1.1.2.3 Grundlagen aus der Psychoanalyse und der Systemtheorie

Psychoanalyse

Der Vergleich mit Martin Buber zeigte, daß Ruth Cohn eine realistische Sichtweise der Grenzen hat, die in der menschlichen Psyche begründet sind. Ihr Optimismus gründet sich auf die grundsätzliche Fähigkeit, Bewußtheit und damit Entscheidungsfähigkeit zu erlangen, setzt jedoch die Akzeptanz der Einschränkungen und Grenzen voraus, die aus der Macht des Unbewußten kommen. Im Gegensatz zu anderen Vertretern der Humanistischen Psychologie lehnt sie die Psychoanalyse nicht vollständig und pauschal ab, sondern behält die zentralen psychoanalytischen Konzepte des Unbewußten und der Übertragung bei.

Aus historischer Sicht ist hier anzumerken, daß in den USA die Psychoanalyse eine noch rigidere Dogmatisierung und Medizinalisierung erlitten hat, als in Europa (vgl. Kernberg 1994).

Es ist in zweierlei Hinsicht bemerkenswert, daß der Keim der TZI in einem psychoanalytischen Ausbildungsseminar zum Thema Gegenübertragung lag, das Ruth Cohn leitete (Cohn 1984, 265-271). Der institutionelle Rahmen verweist auf die Starrheit der American Psychoanalytic Association, die Nichtmedizinern den Eintritt verwehrte, und auf die daraufhin erfolgten Gegengründungen. Inhaltlich wird deutlich, daß Cohn einen erweiterten Begriff von Übertragung und Gegenübertragung entwickelte, wie er sich bis heute ganz langsam auch in der traditionellen Psychoanalyse durchsetzte (siehe Kernberg 1994, 499).

In der Praxis und den methodischen Begründungen der TZI sind psychoanalytische Theoreme sehr verbreitet, nicht nur zur Wirkung von Übertragung und Gegenübertragung, sondern auch zur individuellen Persönlichkeitsentwicklung, zu Persönlichkeitskrisen, zu Gruppenprozessen usf. Die empathische akzeptierende Grundhaltung der TZI steht im Gegensatz zu manchen streng abstinenten psychoanalytischen Anschauungen, findet aber auch eine Entsprechung in anderen Auffassungen der Psychoanalyse, z.B. in der Selbst-Psychologie.

Ein entscheidender Gegensatz zwischen der TZI und therapeutischen

Anwendungen der Psychoanalyse besteht in der Handhabung der Übertragung (vgl. Cohn/Herrmann/Kroeger 1994b, 47f.). In der TZI werden Übertragungs- und Gegenübertragungsprozesse als Phänomene betrachtet, die in allen Interaktionen auftreten und die eine reale gleichseitige Beziehung zwischen Personen beeinträchtigen. So ist es notwendig, sie in der Gruppenarbeit zu erkennen, zu akzeptieren und sie allmählich durch reifere Beziehungsformen, die an der gemeinsamen Aufgabe und nicht an der Wiederholung frühkindlicher Muster orientiert sind, zu ersetzen. Von der Warte der therapeutischen Psychoanalyse aus ist dies ein hoher Anspruch, und es kann mit Recht gefragt werden, wie dies geschehen soll, ohne daß – wie in der Psychoanalyse – die Übertragungen durchgearbeitet werden. Kern der psychoanalytischen Arbeit sind Übertragungsdeutungen. Übertragungsdeutungen sollen in der TZI jedoch unterlassen werden, sowie überhaupt mit Interpretationen zurückhaltend umgegangen werden soll.

Dieser Gegensatz zwischen TZI und Psychoanalyse kann gesehen werden unter dem Gesichtspunkt einer Auseinandersetzung zwischen dem psychoanalytischen Therapiekonzept und humanistischen therapeutischen Konzepten, die ohne Übertragungsdeutungen arbeiten. Unter diesem Blickwinkel wird TZI dann als eine Form der Gestalttherapie vereinnahmt.

Ich halte diesen Blickwinkel jedoch nicht für zutreffend. Der Unterschied zwischen TZI und psychoanalytischer Therapie ist nicht ein Unterschied zwischen konkurrierenden therapeutischen Konzepten, sondern der Unterschied zwischen Therapie und Pädagogik. Ich will im ersten Schritt diesen Unterschied weiter ausführen, obwohl ich dann im zweiten Schritt diesen Gegensatz wieder zurücknehmen muß.

In der psychoanalytischen Literatur besteht eine Kontroverse darüber, unter welchen Bedingungen „korrigierende emotionale Erfahrungen" eine heilende Wirkung haben. In therapeutischer Sicht können positive Erlebnisse die Macht des Wiederholungszwanges nur dann brechen, wenn die frühkindlichen Beziehungsmuster wiederbelebt und durchgearbeitet wurden.

Annelise Heigl-Evers setzte für die therapeutische Behandlung von frühgestörten Patienten neben das „analytische Prinzip Deutung" das „interaktionelle Prinzip Antwort". Sie entwickelte mit anderen für diese Patientengruppe die „psychoanalytisch-interaktionelle Methode" der Gruppentherapie (Heigl-Evers/Ott 1994). In den ersten Jahren, in denen Ruth Cohn in Deutschland bekannt wurde, hatte Heigl-Evers deren Impulse aufgegriffen, aber TZI dann nicht weiter verfolgt. In einer neueren Publikation zeichnen sie und Bernd Nitzschke die Traditionslinie der Psychoanalyse nach, die seit Beginn der Psychoanalyse nicht nur mit „Deutung" sondern auch mit „Antwort" operiert (in Heigl-Evers/Ott 1994, 53-108). Der Therapeut gibt dabei „selektive authentische Rückmeldungen über das Erleben ... des Beziehungsverhaltens" des Patienten und thematisiert unbewußte Phantasien und deren Bedeutungen nicht (ebenda 100).

Bei Heigl-Evers bleibt die interaktionelle Methode innerhalb der Therapie für eine bestimmte Patientengruppe, von der angenommen wird, daß sie sich entwicklungspsychologisch in einem sehr frühen Stadium befindet.

Das Prinzip Antwort ist darüber hinaus aber auch ein Prinzip der Pädagogik. Ein weiteres Prinzip, das in der therapeutisch-interaktionellen Methode noch nicht enthalten ist, ist in der Pädagogik das Thema als verbindendes Drittes.

In der Pädagogik und Heilpädagogik gelten korrigierende emotionale Erfahrungen zweifelsfrei als wirksam, ja als Königsweg im fördernden Umgang, auch wenn keine sprachliche Benennung (Verbalisierung) der aus dem Wiederholungszwang resultierenden Muster erfolgte. Die pädagogischen Erfahrungen zeigen auch, daß der Übertragungsdruck, der auf der Interaktion lastet, unter drei Bedingungen zurückgeht: Wenn eine reale Person-zu-Person-Beziehung aufgenommen werden kann; wenn eine „Dritte Sache", eine gemeinsame Zielsetzung von Aktivitäten bedeutsam wird; wenn sich ein Gruppen-Wir bildet, das an diese Aufgabe geknüpft ist.

Diese Kompenenten sind Grundlagen der TZI, die sich damit als ein pädagogisches, nicht als ein therapeutisches Konzept erweist.

Ruth Cohn selbst verweist darauf, daß TZI keine Therapie ist, was in zweierlei Hinsicht bedeutsam ist: einerseits betont sie, daß für individuelle Problemlagen, die Therapie erfordern, andere und dafür besser geeignete Konzepte zur Verfügung stehen; andererseits geht es ihr um mehr als um Therapie, nämlich um Bewußtseinsänderung breiter Schichten, um politische Pädagogik.

Wenn auch so eine Abgrenzung zwischen therapeutischem und pädagogischem Anspruch beschrieben werden kann, ist damit das Problem des Umgangs mit Übertragung und Gegenübertragung nicht gelöst. Unbewußte Prozesse werden durch Ignorieren nicht zum Verschwinden gebracht, und ein Verbot von Deutungen und Interpretationen in der Gruppenarbeit würde die Anläße nicht beseitigen, die Deutungen und Interpretationen erforderlich machen, um verzerrende unbewußte Prozesse in Interaktionen aufzuklären oder zu mildern.

Die Wirksamkeit von TZI beruht ja gerade darauf, daß sie auch die unbewußten Momente der Interaktion im Auge behält, und ihr Ziel, in der Zusammenarbeit an einer gemeinsamen Aufgabe Bewußtheit und Entscheidungsfähigkeit zu fördern, verlangt, Störungen auf diesem Weg vorrangig zu beachten.

Deshalb ist die Polarisierung zwischen Therapie und Pädagogik, die ich eben eingeführt habe, so nicht aufrecht zu erhalten. Vielmehr müssen wir uns pädagogische und therapeutische Aspekte in der TZI als eine Gegensatzeinheit vorstellen, deren Synthese der Kontakt zu den anderen und zur Aufgabe ist. Das methodenleitende Interesse bleibt die verändernde Tätigkeit, das heißt die Entwicklung des Subjekts und seiner Umwelt, also ein pädagogisches Interesse.

In dieser Dialektik ist der therapeutische Anteil der Methodik und der Effekte der TZI-Gruppenarbeit erheblich. Er zeigt sich zum Beispiel in Sequenzen der Störungsbearbeitung, in der auch Übertragungen einzelner angegangen werden müssen, wenn sie die Mitarbeit erheblich behindern; Gruppenübertragungen bilden oft die Schiene für Gruppenprozesse, welche wiederum mit Themenvorschlägen aufgegriffen werden.

Manche Themenvorschläge sind Gruppeninterpretationen oder gar Deutungen. Charakteristisch aber und darin wieder der Pädagogik verwandt sind die Verarbeitungsangebote, die in der TZI für tiefgreifende Emotionen angesetzt werden: Verbale Verarbeitungsangebote beziehen sich bevorzugt auf das Hier und Jetzt der Gruppeninteraktion; Erinnerungen werden stets auf das Hier und Jetzt in der Gruppe zurückgeführt. Im Bereich der nonverbalen Bearbeitungsangebote schöpft TZI aus dem reichen Spektrum kreativer Gestaltungsformen, die mit präsentativer (darstellender) Symbolik arbeiten (siehe Lotz 1987).

Obwohl das Spektrum der Anwendungen von TZI so bis zur Therapie reicht und obwohl in jeder TZI-Gruppe Passagen möglich sind, in denen frühe Erlebnismuster wiederholt, durchgelebt und bearbeitet werden, bleibt der methodenleitende Anspruch ein pädagogischer, kein therapeutischer. Personen, die mehr als diesen dosierten Umgang mit Selbsterfahrungsaspekten benötigen, werden auf die Möglichkeit von Therapie verwiesen.

Für die Leiter von TZI-Gruppen bedeutet dies jedoch, daß sie unbewußte Prozesse in Gruppen erkennen müssen und mit ihnen umgehen müssen, auch wenn sie ihre Einsichten nicht in Interpretationen oder Thematisierungen umsetzen. Für die TZI-Ausbildung bedeutet dies für mich, daß eine psychoanalytische Selbsterfahrung und Schulung angehender TZI-Gruppenleiter unerläßlich ist.

Im Gegensatz zur Psychoanalyse bedient sich TZI gemäß seiner pädagogischen Zielsetzung jedoch vorwiegend eines pädagogischen Instrumentariums, das durch direkten Kontakt, Arbeit an einer gemeinsamen Aufgabe, Strukturierung, Vertiefung des Erlebens und Entwicklung von Zukunftsperspektiven gekennzeichnet ist. Bei seinen therapeutischen Interventionen schöpft TZI vorwiegend – ohne die Einsichten der Psychoanalyse zu vergessen – aus den Erfahrungen therapeutischer Konzepte außerhalb der Thematisierung von Übertragungen.

Mit dem Begriff eines „pädagogisch-therapeutischen" Verfahrens wird TZI deshalb m.E. richtig bezeichnet, weil es die Vorrangigkeit pägagogischer und die Beteiligung therapeutischer Aspekte ausdrückt (vgl. Reiser 1987).

Systemische Therapie

Die Betonung der Zukunftsperspektiven führt zu der lebensbejahenden optimistischen Perspektive, mit der Themen in der TZI angegangen werden. Auch „Symptome", „Rückfälle", „Störungen" werden zuallererst als Ausdruck von subjektiven Empfindungen, die ihren subjektiven Sinn haben, genommen. Hier liegt eine Parallele zur „positiven Konnotierung" vor, wie sie in systemischen Konzepten empfohlen wird.

Parallelen zwischen systemischen Therapiekonzepten und der TZI sind nicht zufällig, obwohl die TZI vor dem systemischen Ansatz entwickelt wurde. In ihr wurde manches, was die systemische Sichtweise auszeichnet, vorweggenommen.

Dies liegt bereits im ersten Axiom begründet, das als eine Exemplifizierung des Individuum-Umwelt-Verhältnisses der Systemtheorie gelesen werden kann. Der Kern systemischen Denkens richtet sich auf den Austausch von relativ autonomen, in sich operativ geschlossenen (dies meint: sich nur nach den eigenen internen Regeln selbst steuernden) Systemen mit ihrer Umwelt. Die operativen Regeln von Systemen und die Bedingungen der gegenseitigen Einflußnahme von System und Umwelt stehen im Mittelpunkt des Interesses der systemischen Sichtweise. Die Sichtweise von TZI, die sich als „holistische" versteht und die ich als dialektische charakterisierte, ist hierzu parallel. Bezeichnend ist die Bedeutung, die TZI dem „Globe", der „Umwelt" in systemischer Terminologie, für die Gruppenarbeit zuweist. In der TZI wie in der systemischen Sichtweise wird aus dem Gedanken der Autonomie – in systemischer Terminologie: der operationalen Geschlossenheit – der Eigentätigkeit des Systems ein entscheidender Stellenwert zugeschrieben.

Der systemische Ansatz ist ein vielgestaltiges Konglomerat, zu dem sehr verschiedenartige, auch sich widersprechende Konzepte gezählt werden.

Die älteren systemischen Ansätze entsprangen noch der Psychoanalyse und gingen mit ihr eine Verbindung ein. Bei neueren Konzepten wird diese Verbindung vollständig gekappt. In manchen Therapie-Theorien wird auch die soziologische Systemtheorie Luhmannns herangezogen, in dessen Konsequenz vom Subjekt im Sinne des humanistischen Gattungsbegriffs nicht mehr gesprochen werden kann, sondern nur noch von einzelnen Individuen.

Auf der anderen Seite wird die Idee der Selbstorganisation mit Denkfiguren und Methaphern der humanistischen Psychologie und mit derselben Begeisterung verfochten, wobei dann auch Martin Buber als Ahnherr systemischen Denkens reklamiert wird (Hagemann 1990, 35-37). Girgensohn-Marchand hat gegen die Konstruktion einer „systemischen Pädagogik" (Huschke-Rhein 1998, 1990) eine bedenkenswerte „Streitschrift" vorgelegt (Girgensohn-Marchand 1992, insbesondere 107-138), in der der Neuigkeitsgehalt der Begeisterung für den systemischen Ansatz in der Pädagogik zurecht relativiert wird.

Unter der Flagge des systemischen Ansatzes reisen auch neue experimentelle Ansätze, die mit suggestiven und manipulativen Techniken operieren.

Für TZI bleibt das Konzept der persönlichen ethischen Verantwortung und die Zielsetzung der Bewußtwerdung und Entscheidungsfähigkeit bestimmend. Deshalb wird sich TZI stets absetzen müssen gegenüber Therapiekonzepten, die mit manipulativen Interventionen arbeiten, und sich vom Konzept der Bewußtwerdung, das sie mit der Psychoanalyse verbindet, nie abwenden.

Mit der systemischen Therapie teilt sie die Überzeugung, daß Veränderungen innerhalb eines Systems von kleinen Schritten ausgehen können, die das Wachstum wieder anstoßen, so daß das System seine selbstschöpferischen Kräfte in positive Entwicklungsbahnen lenkt.

1.1.2.4 Fazit

TZI ist auf dem Boden einer psychologisch-therapeutischen Strömung entstanden, die sich als humanistische Psychologie formierte. Sie hat sich zu einem eigenen System mit vorwiegend pädagogischer Praxis entwickelt. Für die erziehungswissenschaftliche Diskussion scheint es mir angemessen, TZI zu rezipieren als ein System der pädagogisch-therapeutischen Gruppenarbeit, das den Grundlinien der dialogischen Philosophie folgt und eine psychoanalytisch-systemische Interaktionstheorie in die Gruppenpädagogik umsetzt.

1.2 Walter Lotz
TZI und pädagogische Handlungsorientierung

Im ersten Kapitel hat Helmut Reiser die essentiellen Bestandteile der Themenzentrierten Interaktion einer pädagogischen Systematik zugeordnet und die ideellen Grundlagen der TZI in ihren philosophischen, psychologischen, soziologischen und pädagogischen Zusammenhängen dargestellt.

Auf dieser Grundlegung aufbauend, beschäftige ich mich im Kapitel 1.2 mit der Frage, inwiefern Grundannahmen, inhaltliche Aussagen und methodische Vorgehensweisen der Themenzentrierten Interaktion geeignet sind, pädagogische Handlungsorientierung zu fundieren und zu entwickeln. Es soll dabei insbesondere untersucht werden, ob das Lernkonzept der Themenzentrierten Interaktion zur Entwicklung pädagogischer Handlungsorientierung und damit u.a. zur Verbesserung der Qualität der Lehre im Pädagogikstudium geeignet ist.

Meiner Fragestellung gehe ich in zwei Gedankengängen nach; zunächst beschäftige ich mich mit Strukturmerkmalen pädagogischer Berufstätigkeit und den Möglichkeiten zur Entwicklung pädagogischer Handlungsorientierung. Ich frage dabei nach, woran pädagogisches Handeln seine Orientierung gewinnen und mit Hilfe welcher „Bausteine" es entwickelt und gefördert werden kann. Bei diesen Überlegungen hilft mir eine Systematisierung des pädagogischen Handlungsfeldes, in der drei Abstraktionsebenen unterschieden werden: Die „Ebene pädagogischer Situationen" erfaßt alle konkreten Handlungsweisen, in denen sich die Beteiligten mit Hilfe ihrer lebenspraktischen Alltagskonzepte (und Alltagstheorien) orientieren und verständigen. Zu dieser Ebene gehören auch alle Arbeitstechniken, die den Handelnden unmittelbare Vorgehensweisen anbieten bzw. vorschreiben.

Eine Abstraktionsstufe höher erfaßt die „Ebene pädagogischer Konzeptionen" alle fachspezifischen Sichtweisen, Deutungs- und Reflexionshilfen, mit denen die pädagogische Fachdisziplin als

„Kunstlehre" das berufliche Handeln orientiert. Auf dieser Ebene wird zwar vom aktuellen Erleben abstrahiert, die entsprechenden Fachbegriffe enthalten aber noch so viel Unmittelbarkeit, daß sie gut mit subjektiven Momenten (Lebenserfahrungen, Intuition u.a.) verbunden werden können. Diese Ebene enthält u.a. auch methodische Elemente, die im pädagogischen Praxisfeld ja nicht wie Techniken einfach angewendet werden können, sondern sinndeutend und situationsbezogen gehandhabt werden müssen.

Noch einen Abstraktionsschritt höher liegt die „Ebene (erziehungs-) wissenschaftlicher Theorien". Zu dieser Ebene zählen alle axiomatischen und wissenschaftlichen Aussagen, mit deren Hilfe allgemeine und grundlegende Organisationsprinzipien der Erziehung erfaßt werden. Der Preis dieser abstrahierenden Systematisierung ist ihre geringere Anschaulichkeit und nur indirekte Tauglichkeit für die unmittelbare Orientierung des Handelns.

Die begriffliche Kennzeichnung dieser drei Ebenen ist nicht identisch mit der von Helmut Reiser im ersten Kapitel vorgenommenen Differenzierung der Orientierungsebenen pädagogischer Systeme, sie ist aber damit kompatibel: Die von ihm unterschiedenen Ebenen der Theorie, der Methode und der Technik entsprechen den gleichen Abstraktionsstufen der von mir unterschiedenen Ebenen pädagogischer Situationen, Konzeptionen und wissenschaftlicher Theorien. Der Unterschied liegt meines Erachtens in der Bandbreite der jeweils damit erfaßten Phänomene, die dem im Mittelpunkt des Interesses stehenden Blickwinkel entsprechen muß.

In einem zweiten Gedankengang stelle ich das Lernkonzept der Themenzentrierten Interaktion vor und erarbeite als dessen Hintergrund essentielle Annahmen und Aussagen der TZI, die den im Kapitel 1.2.1.3 ausgeführten Abstraktionsebenen zugeordnet werden können. Hierbei interessiert mich vor allem die Ebene mittlerer Abstraktion (Ebene pädagogischer Konzeptionen), da mir diese hinsichtlich der Organisation pädagogischer Handlungsorientierung am grundlegendsten zu sein scheint.

Vergleiche ich dabei Helmut Reisers und meine Zuordnung der TZI-Bestandteile zu den drei Abstraktionsebenen, so fällt mir zunächst unsere weitgehende Übereinstimmung auf, auch wenn wir uns in einigen Details unterscheiden: Auch in meiner Sichtweise gehören Techniken wie z.B. die „Hilfsregeln" auf die unterste Ebene (Ebene pädagogischer Situationen), ich sehe aber „Thema" und „Struktur" als methodische Elemente und daher zur mittleren Ebene (Ebene pädagogischer Konzeptionen) zugehörig an. Thema und Struktur sind methodische Arbeitsprinzipien, die im Lernprozeß gehandhabt werden müssen. Sie sind keine nur anzuwendende Technik; als Technik mißverstanden, führen sie zu einem gewohnheitsmäßigen banalen Gebrauch, bei dem ihr grundlegender Sinn als prozeßsteuernde methodische Kraft verloren geht. Als Bestandteile der Methode betrachtet, sind sie dagegen essentielles Handwerkszeug, und zwar weniger in dem Verständnis, daß sie ständig und zwanghaft von der Leitung explizit benannt werden müssen, sondern indem sie den Arbeits- und Beziehungsprozeß einer Gruppe organisieren. Dies kann auch implizit dadurch geschehen, daß LeiterIn und Gruppe im Arbeitsprozeß immer wieder Thema und Struktur reflektieren und daraus Hinweise zur gemeinsamen Weiterarbeit gewinnen.

Axiomatische Aussagen sind theoretische Ausgangspunkte einer pädagogischen Konzeption und gehören insofern – wie in Reisers Systematisierung – zur höchsten Abstraktionsebene. Sie enthalten aber in ihrer ethisch-wertenden Ausrichtung auch allgemeine Leitideen einer pädagogischen Konzeption und sind daher auch auf der zweiten Abstraktionsstufe relevant. Diese feinen Differenzen zwischen unseren Systematisierungen können u.U. das Lesen erschweren; aber sie sind ja vielleicht auch Anstöße zu eigenen Überlegungen, wenn Leserinnen und Leser die Nützlichkeit solcher Systematisierungen im Hinblick auf ihr eigenes Aufgabenfeld und ihre eigenen Interessen überdenken.

Wenn ich die Konsequenzen meiner beiden Gedankengänge überblicke, dann meine ich dabei zu folgenden Schlußfolgerungen zu kommen:

– Themenzentrierte Interaktion bietet durch die Besonderheiten ihres Lernkonzepts (insbesondere die Verbindung von Subjektbezug und Gegenstandsorientierung sowie die Berücksichtigung des interaktiven Zusammenhanges bei Lernprozessen) spezifische Möglichkeiten bei der Entwicklung pädagogischer Handlungsorientierung, die andere Wege hochschuldidaktischer Vermittlung entweder unberücksichtigt lassen oder nur als uneingelösten Anspruch formulieren; diese besonderen methodischen Möglichkeiten der TZI entsprechen der Struktur pädagogischer Handlungsorientierung und schaffen dadurch effektive Aneignungsmöglichkeiten im Sinne einer Verbesserung der Qualität der Lehre im Pädagogikstudium.

– Themenzentrierte Interaktion stellt in ihren konzeptionellen Annahmen und Aussagen ein System differenzierter Inhalte bereit, das wesentliche Sinnbezüge, die pädagogischer Handlungsorientierung zu Grunde liegen, veranschaulicht und gleichzeitig offen für (kompatible) sozialwissenschaftliche Theorieansätze ist.

Im Kapitel 2.1 dieses Buches führe ich meine beiden Gedankengänge fort mit Überlegungen zur Arbeit mit TZI im Pädagogikstudium.

1.2.1 Pädagogische Handlungsorientierung im Professionsfeld der Erziehung

Im ersten Gedankengang geht es um grundlegende Fragen zum Professionsfeld der Erziehung und zum pädagogischen Handeln. Ich gehe von einigen Überlegungen zur Struktur pädagogischer Berufstätigkeit aus (Kap. 1.2.1.1) und arbeite, daran anknüpfend, drei Elemente sinnbezogener pädagogischer Handlungsorganisation heraus (Kap.1.2.1.2). Diese drei Elemente fasse ich als „pädagogische Konzeption" zusammen.

In der Weiterführung dieses Gedankengangs ordne ich die drei Elemente einer pädagogischen Konzeption einer spezifischen Abstraktionsebene zu und unterscheide diese von zwei anderen Ebenen höherer bzw. niedrigerer Abstraktion (Kap.1.2.1.3).

Den ersten Gedankengang abschließend versuche ich verschiedene Wege aufzuzeigen, von denen aus bzw. aus deren Verbindung heraus pädagogische Handlungsorientierung entwickelt werden kann (Kap. 1.2.1.4).

1.2.1.1 Strukturmerkmale pädagogischer Berufstätigkeit

Der Begriff Erziehung benennt, zunächst einmal allgemein betrachtet, die Art und Weise, in der erwachsene und heranwachsende Mitglieder einer Gesellschaft sich zueinander in Beziehung setzen, wie sie miteinander leben, was sie voneinander erwarten, wie sie miteinander umgehen. In dieser allgemeinen Betrachtung bleibt der Begriff weitgehend formal und inhaltsleer; er nimmt Bezug auf die Tatsache, daß Menschen auf Grund ihrer „Imperfektheit" erst durch ihre Lebenspraxis die eigene Bestimmung finden (Benner 1983, 285ff.); ein Bereich dieser sozialen Lebenspraxis ist Erziehung.

Eine nähere inhaltliche Bestimmung der Erziehung verliert zwar die Abstraktion und die Formalität des Begriffs, gewinnt aber einen kulturspezifischen Blick auf jeweils historisch vorfindbare gesellschaftliche und private Verhältnisse zwischen den erwachsenen und heranwachsenden Mitgliedern eines Gemeinwesens[1].

Auch wenn ein – damit angedeutetes – interaktionistisches Verständnis der Erziehungspraxis die Wechselseitigkeit der Beeinflussungen hervorhebt, ist es im Zusammenhang der Entwicklung pädagogischer Handlungsorientierungen bei Studierenden der Sozialpädagogik – also der einen Seite pädagogischer Interaktion – wichtig zu fragen, mit welchen Betrachtungsweisen und Einstellungen, Haltungen und Handlungsstrategien sie erzieherische Verhältnisse gestalten wollen, und welche spezifischen Lebensentwürfe, welche Menschenbilder und pädagogischen Leitvorstellungen ihnen naheliegen.

Dies ist im Entwicklungsprozeß pädagogischer Kompetenzen wichtig zu berücksichtigen, da sich Erziehung nicht als technologisches Tätigkeitsfeld beschreiben läßt:

a) auf Grund des Fehlens fester „Wenn-dann-Zusammenhänge" entfällt in der Erziehung weitgehend die Möglichkeit einer eindeutigen, am regelhaften Einsatz von Arbeitstechniken orientierten Vorgehensweise. Der Erfolg einer bestimmten pädagogischen Maßnahme

---

[1] Auf mögliche inhaltliche Bestimmungsmomente des Erziehungsbegriffs werde ich im Verlauf der Darstellungen der Themenzentrierten Interaktion noch zurückkommen.

ist nicht prognostizierbar und bleibt letztlich unsicher: Ob der flüchtige Jugendliche wegen oder trotz der Maßnahme des Erziehers am Abend wieder ins Heim zurückkommt, läßt sich nicht mit technologieorientierter Bestimmtheit sagen. Luhmann/Schorr (Stuttgart 1979, 118ff.) haben auf dieses „Technologiedefizit" der Erziehung aufmerksam gemacht. Danach ist eine technologische Anwendung erziehungswissenschaftlichen Theoriewissens nicht möglich, weil eine weitestgehende Kontrolle über die Effekte pädagogischen Handelns auf Grund der Subjekt-Subjekt-Beziehung entfällt. Es besteht die Gefahr, daß gerade dann, wenn das „Technologiedefizit" ausgeblendet oder durch die Anlehnung an enge Verfahrensweisen technizistisch „überwunden" wird, die pädagogische Tätigkeit ihre eigentliche Aufgabe verfehlt, da nun der auf technologische Anforderungen reduzierte Einzelfall die Einmaligkeit und Vielfältigkeit der jeweils individuellen Lebenswirklichkeit aus den Augen verliert.

b) Pädagogische Arbeit findet in hochkomplexen Zusammenhängen statt; die gleichzeitig zu berücksichtigenden Aspekte umfassen die verschiedensten Aufgabenbereiche einer Rolle: Wenn z.B. der Lehrer gleichzeitig Lernstoff vermitteln, sozial erwünschte Verhaltensweisen in der Gruppe unterstützen, einen einzelnen Schüler besonders fördern, institutionelle Regeln aufrechterhalten... usw. soll, dann drängen vielfältige Aufgabenbereiche auf ihn ein, deren Wichtigkeiten nicht eindeutig und sicher hierarchisiert werden können. Pädagogische Aufgabenfelder und Rollen sind vielperspektivisch angelegt; gerade in Zeiten schnellen gesellschaftlichen Wandels – in „heißen Kulturen" (Erdheim 1982, 296ff.) – kann Erziehung nicht eindimensional und widerspruchsfrei konzipiert werden.

Auch die Kategorien wissenschaftlicher Reflexion zum Erziehungsgeschehen sind, bedingt durch die heterogenen fachwissenschaftlichen Hintergründe, sehr vielfältig und vermitteln keinen einheitlichen Überblick. Das bedeutet, daß auch die Reflexion pädagogischer Ereignisse mit Hilfe wissenschaftlicher Theorien nicht aus dem Dilemma der Mehrdeutigkeit herausführt.

c) Die paradoxen gesellschaftlichen Anforderungen an professionelle Erziehung, die zugleich Auslese und Förderung betreiben, Hilfe anbieten und reglementieren, unterstützen und kontrollieren, alle gleich behandeln und individualisieren ... usw. soll, schlagen sich im Erziehungsalltag vor allem angesichts des Handlungsdrucks als nur schwer ausbalancierbare Belastungen nieder. Wenn die sozialpäd- agogische Hilfeleistung mit ihrer Förderungsintention die Gefahr der Entmündigung des Klienten bereithält, wenn durch das demonstrier- te Mehrwissen des Lehrers dessen Überlegenheit für den Schüler lernhemmend wirkt, wenn die gutgemeinte Initiative der So- zialpädagogin dazu führt, daß ihre Klientin sie als Kontrollinstanz erlebt ..., dann stellt die Berufspraxis Handlungsanforderungen, die sich nicht durch Hinwendung an technologische Vorgehensweisen bewältigen lassen.

1.2.1.2 Merkmale pädagogischer Handlungsorientierung und Handlungs- kompetenz

Wenn pädagogisches Handeln nicht an feste Regelwerke und Gesetzmäßigkeiten gebunden sein kann, wenn es nicht als Anwen- dung einer technologischen Erziehungswissenschaft konzipierbar und statt dessen eher als „hypothetisches Tun, dessen Wirkungen im Einzelfall niemals voll und zuverlässig abgeschätzt werden können" (Meinberg 1988, 6) aufzufassen ist, dann stellt sich die Frage, woran es – jenseits von Willkür und Dilettantismus – seine Orientierung und Begründung finden kann. Diese Frage ist besonders im Zusammen- hang pädagogischer Berufsarbeit und der Qualifizierung der päd- agogischen Professionals von Bedeutung.

Wahrnehmen und Interpretieren, Bewerten und Erklären, mit beson- derer Aufmerksamkeit verfolgen und vernachlässigen, einschreiten und ignorieren ... usw., alles das, was pädagogisches Handeln im Konkreten ausmacht, ist nicht willkürlich und zufällig, sondern hat eine Organisation, die allerdings von technologischer Organisations- weise unterschieden ist. Die Organisationsstruktur des pädago- gischen Handelns ist – statt auf Regelwerke und Gesetzmäßigkeiten – auf Sinnbezüge hin ausgerichtet, die die Grundthemen pädagogischer Arbeit veranschaulichen: Entwicklung, Persönlichkeit, Anpassung und Auseinandersetzung, Leistung, kulturelle Umgangsweisen und Lebensentwürfe, soziale Bezogenheit und Selbständigkeit ... usw. sind solche Themenbereiche, deren jeweilige inhaltliche Grundfiguren das Handeln an zentralen Sinnbezügen, die das Aufwachsen von Kindern und Jugendlichen betreffen, orientieren können. Erst die an Sinnbezügen ausgerichtete pädagogische Arbeit ermöglicht eine dialogische Erziehungspraxis, die kein festgeschriebenes Regelwerk sucht, nach dem der Mensch auszurichten ist, sondern die auf die offene Bestimmung des Menschen vertraut und erst dadurch Begegnungen zwischen (erwachsenen und heranwachsenden) Menschen möglich macht.

Wie sind diese Sinnbezüge aber organisiert, so daß sie handlungsorientierend wirksam sein können? Drei Organisationselemente lassen sich m.E. hierbei unterscheiden: Sinnbezogene Orientierungen basieren zum einen auf anthropologischen Annahmen, ethischen Grundüberzeugungen, Vorstellungen, Wertmaßstäben und Fragestellungen im Hinblick auf das „gute Leben"[2]; diese sind – umfassender als ein „pädagogisches Ethos"[3] – als Gesamtgestalt sinnbildhafter Konstrukte zu verstehen, die allgemeine Vorstellungen über den Menschen und sein Eingebundensein in nähere und weitere Lebenskontexte konturieren. Auf erzieherische Handlungsanlässe bezogen bildet die Gesamtgestalt einer *pädagogischen Vision* die erste Grundschicht des Handelns.

Ein zweites Organisationselement stellen gleichmäßig sinnbezogene Handlungsbereitschaften in Bezug auf Personen und Sachen dar, die, auf die pädagogische Vision aufbauend, Grundeinstellungen des Handelns „in Beziehung zu ..." konturieren; das Gesamterscheinungsbild dieser Einstellungen im Hinblick auf das Thema der Erziehung läßt sich als *pädagogische Haltung* auffassen.

Als *pädagogische Methode* verstehe ich die auf Vision und Haltung bezogenen Deutungsmuster zur Aufschlüsselung pädagogischer Si-

---

2 Vgl. hierzu z.B.: Aristoteles: Die Nikomachische Ethik. Hg. von O. Gigon. München ³1978; Tugendhat, Ernst: Antike und moderne Ethik. In: R. Wiehl (Hg.): Die antike Philosophie in ihrer Bedeutung für die Gegenwart. Heidelberg 1981; Frankena, William K.: Analytische Ethik. München ³1981.
3 Vgl. Koring, Bernhard, Weinheim 1989, der, auf Ulrich Oevermann zurückgreifend, pädagogisches Handeln von den drei Bereichen „Professionsethos", „professioneller Habitus" und „professionelle Semantik" aus konzipiert.

tuationen. Sie zeigen Wege zur Aufgabenbewältigung und Problem-lösung auf und sind – als Reflexionsmodelle – auf die situationsorientierte Ausgestaltung durch sinnbezogenes Handeln ausgerichtet. Diese drei Organisationsmodi pädagogischen Handelns bilden zusammengenommen und aufeinander bezogen eine *pädagogische Konzeption*, die das Handeln sinnbezogen gleichbleibend organisiert, ohne unmittelbar praktische regelhafte Anweisungen vorzugeben. Die pädagogische Vision ist pädagogischen Zielen ebenso vorgeordnet, wie die pädagogische Haltung einem daraus generierten Habitus oder die pädagogische Methode einer spezifischen Arbeitstechnik.

Die drei Organisationsbereiche , die das pädagogische Handeln in gleichsinniger und nicht zufälliger oder willkürlicher Weise ausrichten, müssen einerseits so konturiert sein, daß sie Kindern und Jugendlichen ein erwachsenes „Gegenüber" vermitteln und Handlungen nachvollziehbar und verstehbar machen, andererseits so offen sein, daß sie den Handelnden frei machen können zu Begegnungen, die „das Andere" im Gegenüber belassen können und nicht ausmerzen oder verdrängen müssen. Gerade in sich pluralistisch verstehenden Gesellschaften können Orientierungsmuster nicht fundamentalistisch-normativ gefaßt sein, sondern müssen als tendenziell universalistische Rahmen-Wertorientierungen mehrperspektivische Sichtweisen innerhalb eines verbindlichen Sinnhorizontes anbieten[4].

Indem der Handelnde in seinen pädagogischen Orientierungen keine allgemein gültigen Rezepte vorfindet, die er nur noch in der Praxis

---

[4] Ich stelle mir z.B. den Haltungsaspekt einer solchen pädagogischen Konzeption in Anlehnung an Andreas Flitner als kategoriales Diagramm vor, das wesentliche sinnbezogene Einstellungen und Haltungen eines Erziehenden für seine pädagogische Arbeit z.B. mit Kindern im Vorschulalter als aufeinander bezogenen Begrifflichkeiten formuliert:

behüten   – **sorgen**   – freigeben
gegenwirken – **mitwirken**   – lassen
herausfordern– **unterstützen** – respektieren

Damit könnten Einstellungen und Haltungen im Hinblick auf die pädagogischen Aufgaben ausgerichtet werden; die jeweilige Reihe formuliert die Balance eines Aufgabenbereichs, die jeweilige Spalte beschreibt unterschiedliche „Aktivitätsgrade" und Nähe–Distanz-Verhältnisse. Vgl. dazu Flitner, Andreas: Konrad, sprach die Frau Mama... Über Erziehung und Nicht-Erziehung. München [3]1988.

des Einzelfalles anwenden müßte, kommt es – im Unterschied zu technologischen Vorgehensweisen – stärker auf ihn selbst an: Er muß die sinnbezogenen Orientierungen situativ handhaben (und kann sie nicht einfach anwenden) – und damit kommt seine „Alltagspersönlichkeit" deutlicher ins Spiel. Denn die Themen seiner beruflichen Tätigkeit weisen unmittelbare Bezüge zur Person des Handelnden selbst auf: für ihn ist „Kindheit und Entwicklung" Teil seiner Lebensgeschichte, er kann „Persönlichkeit" nur durch die Brille seiner eigenen Person sehen, die Gestaltung von sozialen Beziehungen ist auch sein Alltagsthema, Leistungsanforderungen sind ihm nicht unbekannt, auch er ist von psychischen und sozialen Problemen betroffen ...

Der enge subjektive Bezug des Handelnden zu den berufsspezifischen Aufgaben und Problembereichen, seine Involviertheit in die Themen, mit denen er sich in seiner Arbeit befasst, das ist ein weiteres wesentliches, konstitutives Merkmal pädagogischer Handlungsorientierung. Damit wird verständlich, warum die spezifisch pädagogische Fachlichkeit im Unterschied zu anderen Professionen so allgemein und alltagsbezogen bleiben muß: „... zu nah – näher als bei allen anderen Berufen und Wissenschaften – scheint das allgemein Menschliche mit dem spezifisch Pädagogischen verbunden zu sein" (Lauff 1981, 250).

Damit aber sind pädagogische Orientierungsmuster nicht nur funktional auf die Aufgaben und Probleme, die sich im Erziehungsfeld ergeben, bezogen, sondern sie müssen – zumindest immer wieder – die Identität des Erziehenden in seinem Handeln sichern (Gruschka 1985, 58ff.). Der persönliche Anteil im Handlungsentwurf des Erziehenden ist ein wesentlicher Bestandteil seiner Handlungsfähigkeit, private und rollenspezifische Handlungsmuster sind eng aufeinander bezogen, fachliche und personale Identität nicht voneinander zu trennen; die sachbezogene Problembearbeitung durch den pädagogisch Berufstätigen kann nur im Rahmen des Einbringens und Aufrechterhaltens seiner authentischen Handlungsfähigkeiten erfolgen.

Von pädagogischer Handlungskompetenz könnte man in der Konsequenz dieser Sichtweise dann sprechen, wenn zumindest der wesentliche Teil der Probleme und Aufgaben, die sich im Entwicklungsprozeß von Kindern und Jugendlichen ergeben, in der Handlungsorientierung des Erziehenden sinnstrukturell verankert ist und er aus dieser Verankerung situationsbezogene Lösungsfähigkeiten generieren kann; damit sind a) instrumentelle Vorgehensweisen und Arbeitstechniken, b) die eher allgemein handlungsorientierenden Bestimmungsmomente einer pädagogischen Konzeption, c) die tiefer in der Persönlichkeit verankerten allgemeinen Beziehungskompetenzen des Handelnden sowie d) dessen Reflexionsmöglichkeiten mit Hilfe wissenschaftlicher Theorien gemeint.

1.2.1.3 Überlegungen zur Differenzierung des pädagogischen Professionsfeldes

Auf die vorangegangenen Überlegungen aufbauend und die weiteren Gedanken vorbereitend möchte ich nun das pädagogische Professionsfeld hinsichtlich dreier Abstraktionsebenen[5] differenzieren:

a) die Ebene pädagogischer Situationen
Diese Ebene enthält alle das Verhältnis zwischen Erwachsenen und Heranwachsenden betreffenden Ereignisse, stellt also eine pädagogische Phänomenologie dar. Im Rahmen dieser Arbeit interessieren besonders Szenen aus der pädagogischen Berufstätigkeit, die von den Beteiligten unmittelbar erlebt, reflektiert und hinsichtlich eigener Handlungsmöglichkeiten abgeschätzt werden. Die Sprache dieser Ebene ist die Alltagssprache, die hier verwendeten Begriffe artikulieren lebenspraktische Annahmen[6], „ihre *Bedeutung* ist jeweils *kontextgebunden, individuell (mit-) geprägt* (....) und einem *System* zugehörig, das durch den soziokulturellen Verständnishorizont der *individuellen Lebensgeschichte* determiniert ist" (Schmidt-Hellerau 1993, 6). Theoretisch ist diese Ebene insofern, als sie Reflexionen des unmittelbar

---

5   Bei dieser Gliederung lehne ich mich an einen Aufsatz zur Unterscheidung verschiedener Theorieebenen für die Psychoanalyse an. Vgl. Schmidt-Hellerau, Cordelia in: „Psyche" 47 (1993), Heft 1.
6   Vgl. den Begriff der „lebenspraktischen Vorannahmen" bei Alfred Lorenzer; z.B. Lorenzer, Alfred, Frankfurt 1976, 112ff.

Erlebten enthält, allerdings im „Status lebensgeschichtlicher *Rekonstruktionen*, deren Verknüpfungen als Erklärungen fungieren" (ebd. 6).

b) Die Ebene pädagogischer Konzeptionen

In dieser Betrachtungsebene geht es um die fachspezifischen Verarbeitungsweisen pädagogischer Praxiserfahrungen; hier werden zentrale Aufgaben und Probleme pädagogischen Handelns in einer Fachsprache gefaßt, die nicht mehr unmittelbar auf die Erlebensweise der Handelnden bezogen ist; „ihre *Begriffe* (sind) Namen für *Konstrukte*, die sich auf wahrgenommene Prozesse, Strukturen und Beziehungskonfigurationen" (ebd. 6) der pädagogischen Phänomenologie beziehen. In ihnen sind die Erfahrungen pädagogischen Handelns „kondensiert" enthalten; der Verständnishorizont der im Kapitel 1.2.1.2 dargestellten Konzeptionselemente *(pädagogische Vision, pädagogische Haltung und pädagogische Methode)* ist auf pädagogische Ereignisse bezogen, die sie konzeptualisierend zu erfassen versuchen.

c) Die Ebene (erziehungs-) wissenschaftlicher Theorien

Diese Ebene erfaßt keine erzieherischen Einzelereignisse, sondern systematisiert die fachspezifischen Sichtweisen pädagogischer Erfahrungen. Sie ist nicht auf pädagogische Phänomene, sondern auf die *„allgemeinen Organisationsprinzipien* ausgerichtet..., mit denen ... Prozesse oder Phänomene dargestellt werden können. Die *Hypothesen* und *Konstrukte* ... haben *axiomatischen* und primär *logischen Status...*" (ebd. 7). Diese Ebene bringt ein vertieftes Verständnis und genauere Erkenntnis erzieherischer Zusammenhänge aus distanzierter Betrachtung ein; von hier aus sind aber keine direkten Orientierungen für das pädagogische Handeln zu erwarten – allenfalls über die Wirkung axiomatischer Aussagen auf die pädagogische Vision oder im Kontext der mit sozialwissenschaftlichen Theorien „transportierten" Menschenbilder auf die pädagogische Haltung.

Die Unterscheidung des Professionsfeldes der Erziehung in pädagogische Phänomene (erste Ebene), die Konzeptualisierung dieser Phänomene im Hinblick auf pädagogisches Handeln (zweite Ebene) und die Darstellung und Begründung der Organisationsprinzipien der Konzeptualisierung (dritte Ebene) ergibt eine Hierarchisierung in Bezug auf den jeweiligen Abstraktionsgrad – nicht aber im Hinblick auf jeweilige Wertigkeiten. Der Schwerpunkt meiner weiteren Ausführungen wird, der Fragestellung folgend, auf der Ebene pädagogischer Konzeptionen liegen.

Den Zusammenhang der drei dargestellten Ebenen möchte ich an einem Beispiel verdeutlichen: Während der großen Pause beobachten zwei Lehrerinnen eine größere Rangelei auf dem Schulhof. Es geht so richtig „zur Sache" und die beiden Beobachterinnen kommentieren und interpretieren die Aktionen; sie vermuten, daß „sicher der ‚dicke Müller' dahintersteckt" und sind ganz überrascht, als sich beim Auflösen des Knäuels kein ‚Müller' zeigt. „Ach, der fehlt dann sicher heute wieder einmal!" ist ein abschließender Kommentar, als es zur nächsten Stunde schellt. Die Szenerie „Blick aus dem Lehrerzimmer auf das Geschehen im Schulhof" gehört zur ersten Ebene; mit Hilfe lebenspraktischer Annahmen interpretieren die beiden Lehrerinnen das, was sie unmittelbar wahrnehmen. Auf dem Weg nach Hause kommen sie noch einmal auf die große Pause und den 'dicken Müller' zu sprechen; sie sehen ihre eigenen Reaktionen differenzierter mit Hilfe des Konzeptionsbegriffs der „Außenseiterrolle"[7] und reflektieren damit die Beziehungsproblematik, in die der Schüler verwickelt ist. Auf der Ebene (erziehungs-) wissenschaftlicher Theorien könnten sie aber auch das Problem als „Etikettierung" und „Stigmatisierung" mit Hilfe des soziologischen Theorieansatzes des „labeling approach" (Brusten und Hurrelmann 1973) ansprechen und damit auf einem höheren Abstraktionsniveau die Vorgänge interpretieren.

1.2.1.4 „Bausteine" zur Entwicklung pädagogischer Handlungsorientierung und Förderung pädagogischer Handlungskompetenz

In den vorangegangenen Überlegungen wurde pädagogische Handlungsorientierung und -kompetenz als eine sinnstrukturell verankerte generative Organisation mit funktionalen und identitätssichernden

---

7 „Außenseiterproblematik" könnte ein Methode-bezogener Konzeptionsbegriff sein. Vgl. Klafki, Wolfgang u.a., Frankfurt 1970, Bd. 1, 123f.

Anteilen konzipiert. Im folgenden möchte ich sechs „Bausteine" anführen, von denen aus die Entwicklung und Förderung einer solchen Organisation möglich erscheint:

a) Aneignung wissenschaftlicher Erkenntnisse
Wissenschaftliche Theorien geben kaum unmittelbare Handlungsanweisungen für die pädagogische Praxis ab, aber sie sind als wissenschaftlicher Begründungshintergrund für pädagogische Konzeptionen, als „Transportmittel" für Menschenbilder und Lebensentwürfe, als systematisierte Reflexionsbasis für Einstellungen, Haltungen und Grundüberzeugungen unverzichtbar.

b) Verinnerlichung pädagogischer Konzeptionen
Fachspezifische Deutungs- und Handlungsentwürfe können Intuition, Empathie und generative Problemlösefähigkeiten gleichzeitig freisetzen und ausrichten. Die begrifflichen und sinnbildhaften Orientierungen dienen einer fachlich kompetenten Entschlüsselung lebenspraktischer Probleme im Erziehungsfeld und „liegen" zwischen den Handlungsbegründungen wissenschaftlicher Theorien und der „privaten" Deutung mit Hilfe von Alltagstheorien.

c) Einübung in hermeneutisches Fallverstehen
Erzählende Darstellungen können eine eigenständige Quelle für die Entwicklung pädagogischer Handlungsorientierung sein, wenn die Bearbeitung den Zusammenhang von (Nach-)Erleben, Erkennen und (hypothetischem) Handeln herstellt; dabei lassen sich zwei Bearbeitungsweisen aufzeigen: Zum einen das Fallverstehen in der Sprache des Alltagserlebens und – daran anknüpfend – die Übertragung des Verstandenen in die Fachsprache pädagogischer Konzeption.

d) Themenbezogene Persönlichkeitsbildung
Der Einfluß „privater" Persönlichkeitsmerkmale auf das berufliche Handeln macht eine Entfaltung pädagogischer Kompetenzen ohne die Persönlichkeitsentwicklung des Erziehenden fraglich; darum muß im Pädagogikstudium der Lerngegenstand auch als „innere" Frage- und Problemstellung angenommen und bearbeitet werden.

e) Ausbildung instrumenteller Fertigkeiten

Die Tätigkeiten im beruflichen Erziehungsfeld machen instrumentelle Fertigkeiten erforderlich; diese sind Hilfsmittel, die aber keine methodische Eigendynamik entwickeln dürfen, sondern im Gesamt-rahmen der pädagogischen Konzeption – besonders ihrer methodi-schen Elemente – zur Geltung kommen sollen. Die Ausbildung instrumenteller Fertigkeiten (z.B. didaktisches Vorgehen, Gesprächs-führung) ist im Studium möglichst im Zusammenhang der Reflexion pädagogischer Konzeptionen zu betreiben.

f) Praxiserfahrung und Praxisreflexion

Erst in der unmittelbaren Auseinandersetzung mit Aufgaben und Problemen der erzieherischen Praxis wird die generative Handlungs-orientierung pädagogischer Konzepte „abgerufen"; gerade der Wech-sel von unmittelbarer Erfahrung pädagogischer Situationen, Reflexion im Kontext fachspezifischer Konzeptaussagen und theorieorientierter Argumentation ermöglicht eine Weiterentwicklung im Sinne pädago-gischer Professionalisierung.

Mit diesen Darstellungen zur Differenzierung des Professionsfeldes der Erziehung, zu Merkmalen pädagogischer Handlungsorientierung sowie ihrer Entwicklung habe ich eine Ausgangsbasis für Über-legungen zur Bedeutung der Themenzentrierten Interaktion (TZI) für die Förderung pädagogischer Handlungsorientierung/-kompetenz gewonnen. Bevor ich der Frage nach dem Stellenwert der TZI im Pädagogikstudium nachgehe, möchte ich im nächsten Kapitel das Lernkonzept dieses Ansatzes erarbeiten.

1.2.2 Das Lernkonzept der Themenzentrierten Interaktion (TZI)

In diesem Teil meines Gedankenganges möchte ich wesentliche Merkmale der Themenzentrierten Interaktion (TZI), die für meine Überlegungen zur Synthetisierung der Konstitutionsmerkmale pädagogischer Handlungsorientierung und -kompetenz wichtig sind, herausarbeiten. Ich stütze mich dabei auf die einschlägige Fachliteratur und auf meine TZI-Erfahrungen; es geht im folgenden nicht um eine aktuelle Literaturübersicht, sondern – ganz im Sinne des Gesamtrahmens der vorliegenden Arbeit – um die Herausarbeitung der Essenz der Themenzentrierten Interaktion.

Im Verlauf meiner Beschäftigungen mit dieser Aufgabenstellung fiel mir auf, daß dazu ein eher naives und distanziertes Betrachten theoretischer Aussagen und praktischer Erfahrungen geeignet ist; dementsprechend möchte ich in einem ersten Annäherungsschritt fragen: „TZI – was ist das?". In einer zweiten Fragestellung werde ich mich mit einem idealtypischen Verlauf des Lernvorganges beschäftigen: „TZI – wie läuft das ab?" und in einer abschließenden Darstellung von Überlegungen zu Grundlagen und zentralen Annahmen der TZI frage ich: „TZI – was steckt dahinter?"

1.2.2.1 TZI – was ist das?

Nähert man sich dieser Fragestellung in der o.g. Weise, dann steht im Mittelpunkt der Antwort das Lernen: TZI will Lernprozesse anregen, initiieren und gestalten, wobei der spezifische Begriff des „Lebendigen Lernens" – so der ursprüngliche Name der TZI (Matzdorf und Cohn 1992, 39) – darauf verweist, daß es hierbei nicht um Auswendiglernen, um Eintrainieren oder technisches Üben geht. Unter „Lebendigem Lernen" wird ein Lernvorgang verstanden, der den ganzen Menschen umfassen soll, also „ganzheitlich" angelegt ist. Verdeutlicht wird dieser Anspruch z.B., indem auf „Kopf und Herz " Wert gelegt wird (Stollberg 1982, 9), der Körper zu seinem Recht kommen (ebd. 32) und Körpersignale beachtet werden sollen[8]. „Lebendiges Lernen" wird als Verbindung von Intellekt und Gefühl, von Geist, Seele und Körper (Matzdorf und Cohn 1992, 39) gesehen, als „gemeinsame Bemühung ... um wechselseitige Verständigung im Blick auf ein gemeinsames Ziel..." (Stollberg 1982, 9). Wichtige Merkmale dieses Lernbegriffs sind die selbstbestimmte Aktivität des Lernenden, seine subjektive Bezugnahme zum Lerngegenstand, seine

---

[8] „Beachte die Körpersignale..." ist der Titel eines Buches der Reihe „Aspekte Themenzentrierter Interaktion" (Mainz 1991).

innere Beteiligung am Lernprozeß sowie der soziale Kontext, in den der Lernvorgang einbezogen ist.

Neben dem Begriff des „Lebendigen Lernens" veranschaulicht das bildhafte Modell eines gleichseitigen Dreiecks in einer Kugel das Lernkonzept der TZI: Die Eckpunkte dieses Dreiecks markieren eine personale (das ICH), eine soziale (das WIR) und eine sachbezogene Dimension (das ES), die umfassende Kugel symbolisiert das Einbezogensein der drei Dimensionen in die Metadimension des GLOBE, die den Bezug des aktuellen Geschehens in der Gruppe zum engeren und weiteren Umfeld andeutet.

Damit sind Elemente eines Lernkonzeptes skizziert, die ich im folgenden an Hand des „Dreiecks in der Kugel" näher betrachten möchte. Einen ersten Zugang zum Arbeitsmodell der TZI gewinnt man bei der Betrachtung der Verbindung der personalen (ICH-) und der sachbezogenen (ES-) Dimension. Im Unterschied zum schulischen Lernen, das in der Regel nicht nach Bezügen und Bedeutungen der Sachen für die Lernenden fragt, wird in der TZI der subjektive Bezug zum Lerngegenstand und die persönliche Betroffenheit des Lernenden ernst genommen (Langmaack 1991, 7), werden seine bei der Beschäftigung mit der Sache auftauchenden Gefühlseinstellungen, Phantasien und Einfälle als Mitteilungen über den Lerngegenstand betrachtet (Raguse 1992a, 265).

Dies darf man nicht als subjektivistische Willkür oder Verkürzung der Sachen verstehen. Einerseits will die TZI „wegführen vom positivistischen Wissenschaftsansatz, der davon ausgeht, daß nur die sogenannten objektiven Wahrnehmungen glaubwürdig seien ... TZI geht davon aus, daß auch innere subjektive Phänomene, solche, die nur von der Person selbst wahrgenommen und bezeugt werden, glaubwürdig sind und Wirklichkeit enthalten" (Langmaack 1991, 7). Aber auch die Dimension der Sachen muß zu ihrem Recht kommen, so daß der Lernprozeß als intendiertes Gleichgewicht von Subjektivität und Sachlichkeit gesehen wird: „Eine alte Hoffnung bekam damit neue Konturen: die Hoffnung, Texte einerseits wissenschaftsgerecht, in einer mitteilbaren Weise zu verstehen und andererseits alle Gefühle, Assoziationen, Einfälle daraufhin zu befragen, was sie über die Textbedeutung aussagen" (Raguse 1992a, 265). Damit wird deutlich, daß der subjektive Bezug zur Sache deren Objektivität nicht verleugnen, der Lerngegenstand seinen Eigenwert nicht verlieren darf, daß aber über den subjektiven Zugang zum Gegenstand ein spezifischer Aneignungsweg beschritten wird, der ein besonderes Verhältnis zwischen Lernendem und Lernstoff konstituiert, das Sachangemessenheit und Personbezogenheit zusammenführt.

Die Wechselwirkung von Subjektivität und Sachlichkeit wird durch die soziale Dimension des WIR, d.h. konkret durch die Dynamik des Interaktionsgeschehens in einer Gruppe erweitert. Denn durch das Lernen in der Gruppe werden sich die jeweiligen subjektiven Bezüge zum Lerngegenstand in der Zusammenarbeit mit anderen Lernenden spezifisch entfalten. Interaktion bedeutet ja nicht nur, daß im sozialen Zusammenhang der Gruppe gelernt wird und dabei spezifische soziale Beziehungen entstehen, sondern auch, daß durch die entstehenden Beziehungen die Sachen neue Bedeutungen erhalten, z.B. wenn sie zum symbolischen Ausdruck der Beziehungen benutzt werden. Denn auch die Gefühlsbeziehungen und Einstellungen untereinander, die Dynamik des Geschehens in der Gruppe gibt den Sachthemen Bedeutungen (Raguse 1987a, 140). Die Lerngegenstände erhalten also zum einen besondere Akzentuierungen durch die jeweils spezifischen subjektiven Bezüge der einzelnen Lernenden und zum anderen durch die Dynamik der Gruppeninteraktion.

In dieser Sichtweise sind Inhaltsaspekte und Beziehungsaspekte nicht mehr voneinander zu trennen; die Lerninhalte wirken auf die Beziehungen in der Gruppe, die Beziehungen gehen symbolisiert in die Bearbeitung der Sachen ein. Damit akzentuiert einerseits die Beziehungsdynamik die Art und Weise der inhaltlichen Arbeit und andererseits akzentuieren die Gegenstände das Geschehen in der Gruppe, so daß das Subjektive, das Sachbezogene und das Interaktionelle als drei wechselseitig aufeinander bezogene und einwirkende spezifische Momente zu betrachten sind.

Die Thematisierung des GLOBE bringt zwar einen neuen Zusammenhang, aber keine veränderte Betrachtungsweise der Dynamik des Lernvorganges ein. Denn die hiermit angesprochenen Einbindungen und Überschreitungen der Gruppeninteraktion im Hinblick auf politische, kulturelle, religiöse u.a. Zusammenhänge des ICH, WIR und ES erweitern die Blickrichtungen der „im Hier und Jetzt" arbeitenden Gruppe auf umfassende Kontextbindungen (Kroeger 1992, 117ff.), sie bringen neue Perspektiven und Inhalte für die gemeinsame Arbeit, setzen damit aber keine qualitativ anderen Wechselwirkungen als die zwischen Subjektivität, Sachbezogenheit und Interaktion in Gang.

Aus den vorausgegangenen Überlegungen folgt, daß TZI nicht einfach da stattfindet, wo Lerngegenstände in einer Gruppe – wie auch immer – angeeignet werden, sondern erst dort, wo ein „neutraler" Sachverhalt zu einem „formulierten Anliegen" (Matzdorf und Cohn 1992, 78) gemacht wird, wo dieses als THEMA formulierte Anliegen Beziehungen in der Gruppe schafft und sich dadurch – im Medium der Interaktion – Perspektiven der Bearbeitung eröffnen (Kroeger 1992, 113ff.). ES und THEMA sind keineswegs identisch; während ersteres den Lerngegenstand von seiner sachlich-neutralen Seite her betrachtet, intendiert das THEMA bereits die Bezugnahme der Gruppe, macht aus nüchternen Sachverhalten also ein Interessen-bezogenes Anliegen.

Damit ist ein erster Zugang zur TZI mit Hilfe ihres Leitbegriffs des „Lebendigen Lernens" und des „Dreieck-Kugel-Modells" gewonnen. Es dürfte dabei auch deutlich geworden sein, in welch unterschiedlichen Perspektiven sich die Arbeit einer TZI-Gruppe bewegen kann: ES-ICH, ES-WIR, GLOBE-ICH, GLOBE-WIR können z.B. Verbindungen sein, in denen es vor allem um Bedeutungen geht, die Sachverhalte für Personen haben. GLOBE-ES-THEMEN bringen eher die Verbindungen weiter und enger gefaßter Sachzusammenhänge ins Spiel. Die Beachtung des WIR bzw. von ICH-WIR-THEMEN untersucht dagegen die spezifische Struktur und Dynamik der Gruppeninteraktion. Die Bearbeitung von ICH-WIR-ES- bzw. ICH-WIR-GLOBE-THEMEN bringt eine komplexere Perspektive ein: Denn dabei geht es um Bedeutungen, die Sachverhalte durch die Gruppeninteraktionen für Personen gewinnen, bzw. um die Bedeutungen, die den Beziehungen in der Gruppe durch die ES- bzw. GLOBE-Aspekte zukommen[9]. Gerade bei „wachsender Verdichtung der Gruppenent-

---

[9] Ich möchte hier keine vollständige Auflistung der unterschiedlichen Inhaltsebenen und Arbeitsperspektiven geben; es geht mir darum, deutlich zu machen,

wicklung steigt sowohl die Interdependenz, was sich niederschlägt in der intensiveren gleichzeitigen Berücksichtigung mehrerer Perspektiven im Thema, wie auch die Autonomie, was sich zeigt in einer steigenden Ich-Beteiligung" (Reiser 1993, 63f.).

Dies macht deutlich, daß das Reflexionsmodell des „Dreiecks in der Kugel" als Lernen einen symbolischen Aneignungsprozeß mit unterschiedlichen Perspektiven und auf unterschiedlichen Niveaus von Verknüpfungen symbolisiert, der keineswegs durch „ein bißchen Sache, ein bißchen Gruppe und ein bißchen Ich" gekennzeichnet ist; statt dessen geht es um komplexe Bedeutungszusammenhänge zwischen Subjekten, Beziehungen, Sachen und Kontexten, die im Lernvorgang Beachtung finden sollen. Wie dies gestaltet werden kann, möchte ich im folgenden Kapitel darstellen.

1.2.2.2 TZI – wie geht das?

Die Leiterin oder der Leiter einer TZI-Gruppe bietet dieser einen zu einem Thema formulierten Sachverhalt an und eröffnet damit subjektive Anknüpfungen der TeilnehmerInnen an die thematisierte Sache. „Das Lernziel ist, daß jeder einzelne seine individuelle Beziehung zu diesem Thema in bewußter Zusammenarbeit mit den anderen Teilnehmern finden kann" (Raguse 1987a, 139). Nun sollen alle am Interaktionsprozeß der Gruppe Beteiligte ihre Erfahrungen und Einstellungen, ihre Vorstellungen, Assoziationen und Phantasien zum Thema einbringen, wobei die Mitteilungen in ihrer Inhaltlichkeit sowohl auf den zugrundeliegenden Sachverhalt als auch auf die Dynamik der Beziehungen innerhalb der Gruppe verweisen; denn in der gemeinsamen Arbeit sind Mitteilungen nicht nur als sachbezogene Ergänzungen, Distanzierungen, Modifikationen und Präzisierungen u.a. zum zuvor Mitgeteilten zu verstehen, sondern auch als Reaktionen auf die in der Gruppe manifest oder latent sich entwickelnden Beziehungskonfigurationen, d.h. als Zustimmung oder

wie unterschiedlich die Elemente in Verbindung gebracht werden können und auf welch unterschiedlichen Niveaus sich TZI-Arbeit abspielen kann.

Widerspruch, als Gemeinsamkeit oder Unterschiedlichkeit, als Annäherung oder Abgrenzung...[10].

In der gemeinsamen Arbeit der Gruppe geht es nicht nur um die „dritte Sache" der Lerninhalte, sondern es geht auch, beabsichtigt oder nicht, um „Ich und Du"; das heißt, daß die Gefühle und Einstellungen der Teilnehmer untereinander sich auch in Mitteilungen zur Sache symbolisch äußern können. Die jeweilige Art und Weise, „in der die ,Sachen' zum symbolischen Ausdruck von Gefühlen und Phantasien benutzt werden können, rückt die Sachthemen in neue Zusammenhänge und gibt ihnen neue Bedeutungen" (Raguse 1987a, 140). Damit wird es aber auch im Hinblick auf die Lerngegenstände wichtig, sowohl subjektive Gefühle und Einstellungen als auch die Dynamik der Gruppeninteraktion zu reflektieren, um dadurch Bedeutungshorizonte zu entschlüsseln, die das Sachthema für die Teilnehmer gewonnen hat: Themenbearbeitung im Sinne der TZI zielt auf die Bearbeitung von Sachverhalten sowohl im Spiegel der subjektiven Bedeutungen als auch der Gruppeninteraktion.

Diese Art der Arbeit läßt sich theoretisch an Alfred Lorenzers psychoanalytischem Konzept des „szenischen Verstehens" (Lorenzer 173, 138ff; 1976, 108ff; 1986, 78ff.) orientieren; denn die „unmittelbare Teilhabe" jedes einzelnen Teilnehmers und insbesondere des Leiters als „Modellpartizipant" an den themenbezogenen „Sprachspielen und Interaktionsformen"[11] der anderen Teilnehmer ist unmittelbares und authentisches Sich-Einlassen – sowohl auf subjektive Interaktionsentwürfe (die u.U. als „Sprachspiele" im Medium sachbezogener Darstellungen in Szene gesetzt werden), als auch auf sachorientierte Bedeutungszusammenhänge (die u.U. für die Dynamik von Beziehungen stehen).

---

[10] Bei diesem Gedankengang orientiere ich mich hauptsächlich an Hartmut Raguse 1987a.

[11] „Sprachspiel und Interaktionsform" – so der Titel eines Buches von Alfred Lorenzer, in dem er den Zusammenhang zwischen Sprache und Unbewußtem sowie sinnlich-unmittelbaren Praxiselementen beschreibt. Lorenzer, Alfred; Frankfurt 1977.

Weil damit aber auch Übertragungen, Kollusionen und Delegationen ins Spiel der themenorientierten Gruppenarbeit kommen können, die das sachbezogene Berichten so mit gruppenbezogenem Inszenieren vermischen, daß der Lernprozeß – verstanden als Prozeß symbolischer Aneignung – stagniert und das Interaktionsfeld nur noch blindem Agieren offen steht, ist die Reflexion der themenbezogenen Interaktionsdynamik sowohl im Dienste der Authentizität des Subjekts und der Wahrhaftigkeit von Beziehungen als auch im Hinblick auf die Redlichkeit der Sachbearbeitung notwendig.

Die „unmittelbare Teilhabe" macht – als zweiten Schritt – eine distanzierte Reflexion des Erlebten notwendig. Gerade dadurch, daß die Sachverhalte nicht als feststehende, neutrale und objektive Lerngegenstände anzueignen sind, sondern in Beziehung gebracht werden zu den einzelnen Teilnehmern und der Gruppe als Ganzes, werden die Inhalte von ihrer „reinen Sachlichkeit" befreit und gewinnen in ihrer Bedeutsamkeit besonderes Gewicht. Das Besondere des „Szenischen Verstehens" in der TZI-Arbeit ist daher die Beachtung der Funktionalisierung auch von Sachverhalten durch unbewußte Momente der Beziehungsdynamik.

Für eine reflexiv-deutende Art der TZI-Arbeit plädiert am deutlichsten Hartmut Raguse; gerade im Zusammenhang mit krisenhaften Prozeßentwicklungen und Störungen möchte er diese in den gemeinsamen Verstehensprozeß integrieren, statt sie isoliert zu bearbeiten. Aus der Reflexion und Interpretation des Zusammenhanges von Störung und THEMA (und/oder GRUPPE bzw. ICH) könnten neue thematische Zugänge gefunden werden: „In einem Konzept, das damit Ernst macht, daß Menschen Wesen sind, die ‚symbolfähig' ... sind, die den Dingen Bedeutungen geben, wäre es angemessener zu fragen, wie das Verletztwerden mit dem Thema, mit der Gruppe und dem einzelnen zusammenhängt, welche Ebene für welche andere Ebene Bedeutung erlangt, wie sich im einzelnen Konflikte der Gruppe mit dem Thema widerspiegeln ..." (Raguse 1987b, 33). Auf diesem Wege will er mit Hilfe von Deutungen „Elemente der Sache mit dem Erleben des einzelnen und der Gruppe so .. verbinden, daß mehr Klarheit und Bewußtheit entsteht" (ebd. 34). „Die Beziehungen der Ebenen untereinander zu verstehen in ihrer gegenseitigen

Symbolhaftigkeit, und sie zur rechten Zeit mit den richtigen Worten anzusprechen, das ist die eigentliche Kunst des Lehrens und Leitens von Gruppen" (ebd. 35).

1.2.2.3 TZI – *was steckt dahinter?*

Im ersten Teil dieser Arbeit habe ich die *Ebene pädagogischer Konzeptionen* als zentralen Organisationsbereich der Handlungsorientierung beschrieben und darin drei Elemente unterschieden, die, mit jeweils eigenen Schwerpunkten aber inhaltlich miteinander verbunden, das Handeln sinnbezogen ausrichten können: Die Systematik ethischer Grundüberzeugungen, anthropologischer Annahmen sowie bewerteter Maßstäbe im Hinblick auf das „gute Leben" habe ich mit dem Begriff der *Vision* gekennzeichnet. Mit dem Begriff der *Haltung* waren sinnbezogene Einstellungen und Handlungsbereitschaften in Bezug auf Personen, Sachverhalte und sich selbst gemeint; unter *Methode* verstehe ich die auf Vision und Haltung aufbauenden Deutungsmuster zur Aufschlüsselung von Situationen, die Wege zur Aufgabenbewältigung und Problemlösung vorzeichnen.

Die Inhalte dieser drei orientierenden Elemente einer Konzeption bilden die Grundlage für sinnbezogenes (und nicht Technologie-orientiertes) Handeln; die vorausgegangenen Überlegungen zur TZI haben deutlich gemacht, daß die Themenzentrierte Interaktion von ihrer Aufgabenstellung und Vorgehensweise her eine solche sinnbezogene Systematik verlangt und nicht als technologisches Handlungsmodell aufgefaßt werden kann. In den folgenden Überlegungen werde ich versuchen, TZI-spezifische Inhalte hinsichtlich der Konzeptelemente Vision, Haltung und Methode herauszuarbeiten. Daß TZI darüber hinaus – und damit verbunden – auch wissenschaftlich-theoretische Überlegungen anstellt und auf unmittelbar praxisbezogene Arbeitstechniken verweist, möchte ich hier nur feststellen; die für meine Überlegungen bedeutsamen Aussagen der TZI sind Ausführungen zur Ebene pädagogischer Konzeptionen.

1.2.2.3.1 TZI: eine humanistische Vision

Hinter dem Modell der TZI-Gruppenarbeit stehen anthropologische Grundannahmen, Menschenbild-Vorstellungen und Wertkonzept-Ideen, die zusammengenommen eine Vision bilden, ein wertbezogenes Sinnbild, das Einstellungen, Haltungen und Vorgehensweisen im Handeln ausrichten kann. Grundlegend ist darin ein anthropologischer Optimismus, „der auf die menschlichen Möglichkeiten (das human potential) setzt, wenn diese nur eine Chance bekommen ...“ (Stollberg 1982, 93). Interessant ist dieser von Grundlagen der „Humanistischen Psychologie“ abgeleitete Optimismus insofern, als die Ursprünge der TZI in der Psychoanalyse und der psychoanalytischen Arbeit der Begründerin Ruth Cohn (Cohn 1975; Farau und Cohn 1984, 214-376 und 427ff.) einen gewissen Skeptizismus mittragen, wobei in TZI-Publikationen eher die optimistischen Töne expliziert werden[12].

Auch wenn TZI zumeist als Teilbereich der „Humanistischen Psychologie“ betrachtet wird, geht es doch eher um ein humanistisches Wertsystem mit seiner Ausrichtung auf „Autonomie und Interdependenz“, auf die „Würde alles Lebendigen und den Respekt vor seinem Wachstum“, sowie auf „die Möglichkeiten freier Entscheidungen innerhalb bedingender innerer und äußerer Grenzen und deren Erweiterungsmöglichkeiten“ (Cohn 1975, 120), als daß damit psychologische Annahmen anderer Schulen der „Humanistischen Psychologie“ übernommen würden (Raguse 1984, 65).

Im Zusammenhang dieser Werthaltungen wird TZI als „Kompaß eines humaneren Lebens“ (Matzdorf und Cohn 1992, 41) bzw. als „Kompaß zum Planen, Leiten und Leben“ (Langmaack 1991, 15) verstanden; dies macht die visionären Aspekte der TZI deutlich.

Im einzelnen beinhaltet diese Vision unterschiedliche Sinnbilder, die ich im folgenden kurz skizzieren möchte:

a) Das Sinnbild vom „autonom-interdependenten, ‚ganzen‘ Menschen“ findet sich zum einen in der „holistischen Anthropologie“:

---

12 Pessimistische oder zumindest vor einer euphorischen Einschätzung warnende Töne kommen von Hartmut Raguse (Stuttgart 1992, 269ff.) und Dietrich Stollberg (Stuttgart 1992, 215f.).

„Der Mensch hat physische, emotionale und intellektuelle Bedürfnisse und Erfahrungen, die nicht separiert werden können, sondern sich immer als Facetten der gleichen Einheit Mensch präsentieren" (ebd. 12; vgl. auch Olszowi 1987, Cohn 1975, Kap. 9 und Matzdorf 1985). Ebenso aber im grundlegenden Konzept des „Lebendigen Lernens", das den Menschen „ganzheitlich", und daher auch in seinen psychosozialen und transzendentalen Lebenszusammenhängen integrieren will (Stollberg 1982, 9 und 32; Kroeger 1992, 118 f.). Deutlich wird dieser Anspruch auch in der thematischen Ausrichtung der Methode: „Im Verständnis der TZI wird der Mensch erst ganz Mensch mit Themen, mit Aufgaben, mit Sachen, die er zu seinen eigenen macht. ... Denn die Dialogik, d.h. das In-Beziehung-Sein, bezieht sich in der TZI wesentlich nicht nur auf Personen, ... sondern auch auf Sachen, Sachwelten und deren humane oder inhumane Zustände" (Kroeger 1992, 111).

b) Das Sinnbild vom „gleichberechtigten, partnerschaftlichen Miteinander" ist eine Abkehr vom patriarchalisch-autoritären Lehr- und Lernmodell und bietet statt dessen die Auseinandersetzung und Zusammenarbeit unter „gleichen Schwestern und Brüdern" an (Stollberg 1982, 140): Lernen wird als gemeinschaftliches Arbeiten in der Freiheit und Verantwortung jedes einzelnen gesehen, die Anleitung als jederzeit hinterfragbar und Metakommunikation als jederzeit einholbar betrachtet (Raguse 1987a, 121). In dieser Sichtweise soll es – abgesehen von der Tatsache zahlender TeilnehmerInnen und bezahlter LeiterIn – keinen Unterschied zwischen Lehrenden und Lernenden geben, statt dessen gilt die Modellvorstellung von sich gegenseitigen unterrichtenden (Stollberg 1982, 15) und um herrschaftsfreie Konsensusbildung (Kroeger 1973, 223f.) bemühten Partnern.

c) Im Sinnbild der „dynamischen Balance" geht es sowohl um die Integration antinomer Kräfte und Tendenzen als auch um die Verbindung unterschiedlicher Einzelaspekte (z.B. Intellekt und Gefühl, Ich-Wir-Es-Globe) ; diese Vorstellung nimmt den Anspruch auf Ganzheitlichkeit auf und löst die Problematik der Vermittlung der Gegensätze und Unterschiedlichkeiten durch die Annahme, daß diese, als dialektisch vermittelt bzw. gleichbedeutend angesehen, durch die Synthese von Gegensatzeinheiten bzw. den ständigen Perspektivenwechsel in eine „dynamische Balance" gebracht werden können (Gleichgewichtshypothese)[13].

d) Das Sinnbild der „Bewußtheit" ist zum einen auf die „von verzerrenden Übertragungen relativ freie Arbeitsbeziehung" (Raguse 1984, 59) ausgerichtet, bei der unbewußte Abwehrvorgänge durch ihre Thematisierung aufgelöst und unbewußte Inhalte symbolisiert werden. Über dieses psychoanalytische Verständnis hinaus geht der Begriff der „Bewußtwerdung", der als „Basisbegriff von hoher methodischer Relevanz für TZI" (Matzdorf und Cohn 1992, 42) verstanden wird, hinaus. Bewußtheit meint in diesem Sinne das ganzheitliche-organismische „Gewahrsein seiner selbst und der Umwelt; es meint also einen biophysischen Zustand von Wachheit, Aufmerksamkeit und innerer und äußerer Sensibilität, an dem der ganze Organismus beteiligt ist", eine Transzendenz nach innen und außen (ebd. 42). Bewußtheit bedeutet in diesem Sinne sowohl gewahrwerden als auch verantwortlich sein (Reiser 1993, 63).

e) Zeigen die bisher dargestellten Sinnbilder hohe idealistische Ansprüche einer mit humanistischen Wertvorstellungen aufgeladenen Weltanschauung[14], die auf Grund des mit ihr verbundenen normativen Drucks auch verhindern kann, daß über Themen sachbezogen und offen gesprochen wird (Olszowi 1987, 30; Raguse 1992b), so veranschaulicht das Sinnbild des „Schattens" die andere Seite der idealistischen Systematik. Statt harmonisierender Ideologie bringt der „Schatten" die Lust am Konflikt, an Stelle strukturierender Regeln sucht er Chaos, wo Offenheit und Vertrauen herrscht, bringt er Mißtrauen und Verschlagenheit ins Spiel... (Stollberg 1992, 209). Das Sinnbild des „Schattens" thematisiert die im Wertkonzept ausgeschlossene Inhumanität, die Teil menschlicher Wirklichkeit ist – und vervollständigt es damit. Hohe idealistische Ansprüche bringen sozusagen als Kehrtwendung, die die Ganzheit verlangt, ihre

---

13 Vgl. Schütz, Klaus-Volker (Stuttgart 1992, 386), Matzdorf, Paul und Ruth C. Cohn (Stuttgart 1992, 74), Reiser, Helmut (1993, 63f.) und Kroeger, Matthias (1985, 25f.).
14 Hartmut Raguse spricht von „weltanschaulicher Überlastung der TZI" (Stuttgart 1992a, 274).

Schatten ein: „Alle Schattenseiten sind nötig – nicht, damit sie ausgelebt, sondern damit sie wahrgenommen und ihre Kraft in die jeweilige Situation eingebracht werden" (ebd. 212) kann. Denn die „Ab-
spaltung des Schattens ist perfekt, wenn sich erst der Glaube verfestigt hat, man sei auf diese Weise humaner geworden" (ebd. 213).
Das Sinnbild des Schattens ist so die notwendige Ergänzung der oben
beschriebenen idealistischen Sinnbilder; erst mit dem Schatten sind
sie handhabbar und verhindern eine verkürzte „Einigkeit" auf der
Basis von Ideologiegläubigkeit, Mystifizierung und Moralismus. Mit
dem Korrektiv des Schattens wird die Vision realistischer und
wahrer, denn auch „das Andere" der Vision gehört zum ganzen
menschlichen Leben. Letztlich ermöglicht erst das Sinnbild des
Schattens, daß die Vision sowohl konturierte als auch offene
Handlungsorientierungen für den bereithält, der sich von einer
humanistischen Utopie leiten läßt, gerade wenn er weiß: „Träume
vom Paradies entstehen in der Hölle" (ebd. 208).

1.2.2.3.2 TZI: eine Haltung gegenüber Personen und Sachen – und in Bezug zu sich selbst

Den Grundannahmen, Überzeugungen und Wertmaßstäben der
Vision entspricht im Alltagshandeln eine Grundhaltung gegenüber
Personen- und Sachwelt – und gegenüber sich selbst – die gleichsam
ein Zwischenglied zwischen Vision und Methode darstellt. Betrachtet
man diese TZI-Haltung allgemein, dann ist sie durch folgende
Grundzüge gekennzeichnet: durch Verantwortlichkeit für sich selbst,
für andere Menschen, aber auch für Lebenskontexte, durch eine
flexible Balance von Bezogenheit und Abgrenzung, durch die Abkehr
von Oberflächlichkeiten und die Suche nach tieferer existenzieller
Sinnhaftigkeit, durch die Betonung des „subjektiven Faktors" (Horn
1972) bei der Aneignung von Lerninhalten und der Auseinandersetzung mit Sachverhalten .
„Chairpersonship" und „Störungsregel"[15] sind explizite Bestandteile
einer TZI-Haltung, die die Axiomatik der Themenzentrierten Interak-

---

[15] Zur Grundlegung der die Haltung bestimmenden Postulate „chairpersonship"
und „Störungsregel" s. Cohn, Ruth C. 1975, 120-123; zur „chairpersonship" s.
auch Ockel, Anita 1985, 59ff.

tion bündelt; Reiser charakterisiert die Synthese dieser beiden Postulate als „Wahrnehmung von (innerer und äußerer) Realität und persönlicher Entscheidung, wobei ich Wahrnehmung nun im doppelten Sinne als Gewahrwerden und Verantwortungsübernahme verwende" (Reiser 1993, 63). Das chairperson-Postulat betont die bewußte Entscheidung in relativer Freiheit, die Störungsregel dagegen die Notwendigkeit der Berücksichtigung der Realität innerer und äußerer Widerstände.

Auch das Themenprinzip beinhaltet einen Haltungs-Aspekt, denn es ergänzt die Frage nach den Sachen durch die Frage nach ihren Bedeutungen für Subjekt und Interaktion bzw. sieht letztere nicht unabhängig von Sachverhalten. Es stellt damit Beziehungen und Perspektiven her und hebt die „Trennung der Sachenwelt von der Menschenwelt, der Innenwelt von der Außenwelt..." (Kroeger 1992, 115) perspektivisch auf.

Die Haltung gegenüber Personen – als Leiter einer TZI-Gruppe – wird mit dem Begriff des selektiv-authentischen „Modellpartizipant" umrissen: „Seine Echtheit und seine ausgewählte Offenheit setzt Maßstäbe für die Teilnehmer, die sie gleichzeitig als Herausforderung erleben sollen" (Langmaack 1991, 126). Insofern beeinflußt die Haltung des Leiters die Gruppennorm. Allerdings scheint es nicht unbedeutend zu sein, wie er das macht; ob er durch Kontur und Offenheit, Echtheit und Kongruenz (Cohn 1975, 189) sowie eine partnerschaftlich-teilnehmende Grundhaltung den interaktiven Prozeß gestaltet und dabei Möglichkeiten zur flexiblen Identifizierung anbietet, oder ob er als überlegener „TZI-Apostel" auftritt, dessen normative Werthaltungen von allen zu übernehmen sind.

1.2.2.3.3 TZI: eine Methode der Gruppenarbeit

Wenn im folgenden von Methode die Rede ist, dann ist damit nicht ein technologisches Regelverfahren gemeint, auch kein Trainingsprogramm oder das an einem Plan orientierte Einüben bestimmter Vorgehensweisen, sondern ein sowohl stetiges als auch situativ offenes sinnbezogenes und daher nicht willkürliches oder zufälliges Vorgehen. TZI hält nicht nur anthropologische Grundannahmen und humanistische Wertvorstellungen, Einsichten, Überzeugungen und

Haltungen, sondern auch Orientierungen für die methodische Gestaltung der Gruppenarbeit bereit: „Denn TZI ist kein Ensemble von für ‚richtig' angenommenen Credo-Sätzen, und die Menschen, die sie handhaben, sind keine Kirche oder Gesinnungsgemeinschaft, sondern TZI ist eine Methode, die Gedeihräume für Wachstumsprozesse von Menschen mit (Sach-)Themen zur Verfügung stellt – dies im Sinne freier Aneignungs- und Lernprozesse und nicht etwa im Sinne behavioristischer Konditionierung..." (Kroeger 1992, 105; vgl. auch Kroeger 1973, Kap. IV).

Die methodischen Orientierungen betreffen zunächst einmal die Rolle und die Aufgaben der Leitung einer TZI-Gruppe. Sie soll eine für Entwicklungs- und Entfaltungsprozesse geeignete Atmosphäre herstellen: „ein freundliches Klima, wirklichkeitsbezogene Kommunikation und funktionale Interdependenz" (Vopel in Olszowi 1987, 37). Neben diesen allgemeinen „atmosphärischen" Grundbedingungen ist sie als Modellpartizipant auf die Direktheit von Aussagen, auf die Selbststeuerung jedes Teilnehmers, auf das Ernstnehmen aufkommender Gedanken, Gefühle und Phantasien sowie auf die Metanorm der Toleranz eingestellt (Raguse 1984, 59) und soll in alle Richtungen kommunizieren, spontan reagieren, flexibel und offen für einzelne Problemlösevorschläge sein... (Olszowi 1987, 36; Langmaack 1991, 48ff.). Sie darf dabei nicht an diesen Aufgaben „kleben", sondern muß bereit sein, Leitungsaufgaben zunehmend mit einzelnen Gruppenmitgliedern bzw. mit der Gruppe insgesamt zu teilen (Stollberg 1982, 140). Die Konzeption der Leitung als Modellpartizipant verbindet den Haltungsaspekt mit einem methodischen Moment zur Unterstützung der intendierten Arbeitsbeziehungen (Raguse 1984, 66).

Neben diesen Anforderungen sind Leiterin und Leiter am In-Gang-kommen und In-Gang-halten der Interaktion orientiert; sie sollen dazu Mittler sein zwischen einzelnen Teilnehmern, der Gruppe, den Sachbezügen und Kontextfaktoren (Raguse 1987b, 29f.); das bedeutet ein ständiges Balancieren zwischen Nähe und Distanz zu einzelnen Personen, zu der Dynamik der Gruppenentwicklung und zu den Sachinhalten und Außenaspekten. Dieses ständige Oszillieren zwischen unterschiedlichen Perspektiven macht sowohl

Reiz als auch Schwierigkeit einer TZI-Leitung aus. Für diese Arbeit steht das „Dreieck in der Kugel" (s.o.) als methodisches Reflexionsmodell zur Verfügung, das die Aufmerksamkeit auf die unterschiedlichen Bezugsgrößen und ihre dynamischen Verbindungen im Arbeitsprozeß lenken kann (ebd. 34 und 1987a, 142f.).

TZI-spezifische Leitungsinterventionen sind

a) *themenbezogen:* die Formulierung, Einführung und Einstimmung des Themas; dadurch wird eine Perspektive auf die gemeinsame Sache eröffnet, in der die Interaktion in der Gruppe in Gang kommen soll. Insofern ist das Thema bzw. der Verbund von Dachthemen, Hauptthemen und Unterthemen ein methodisches Moment im Arbeitsprozeß (Stollberg 1982, 99ff.; Kroeger 1992, 111ff.; Wrage 1985, 68ff.).

b) *strukturbezogen:* Angebote an angemessenen und wechselnden flexiblen Arbeitsformen, die die dynamische Entwicklung der Themenarbeit gewährleisten sollen. Im Hinblick auf die Zielsetzungen der TZI geht es darum, „eine Kultur von Arbeitsformen zu entwickeln, in denen selbstbestimmt, also immer wieder auch ohne Leitung, aber immer mit Themen gearbeitet werden kann und in denen das Thema ... so gestaltet wird, daß Thema und Struktur gegebenenfalls selber (ohne LeiterIn) leiten" (Kroeger 1992, 122).

c) *prozeßbezogen:* vor allem die Beachtung der dynamischen Balance (s.o.), durch die die Themenzentrierte Interaktion in Gang gehalten wird; es geht also nicht um eine starre Abfolge der einzelnen Elemente und Perspektiven (erst ICH-THEMEN, dann WIR-THEMEN ...), sondern um die prozeßorientierte dynamische Verknüpfung der unterschiedlichen Perspektiven im Dienste von Verstehen und Verständigung. Auch im Hinblick auf Krisen und Störungen ist auf Verstehens- und Verständigungsmöglichkeiten zu achten; d.h. Störungen nicht aus den kontinuierlichen Verstehensbemühungen auszusondern und gesondert zu „behandeln", sondern den in ihnen enthaltenen spezifischen Bedeutungsaspekten im Hinblick auf das Thema und die Gruppeninteraktion nachzugehen. Eine Hilfe bei der Beachtung des Prozeßverlaufs kann ein Phasenmodell der Gruppenentwicklung sein (Rubner und Rubner 1991, 34ff. sowie 1992, 230ff.); aus diesem Modell geht hypothetisch auch ein Anforderungsprofil für die Gruppenleitung hervor, nach dem diese zunächst Sicherheit und Vertrauen schaffen (Phase 1), dann Auseinandersetzungen ermöglichen (Phase 2) und sich in ihren Leitungsinterventionen zurücknehmen soll (Phase 3); in der weiteren Entwicklung müßte sie daran orientiert sein, Differenzierung und Integration in der Gruppe zu fördern (Phase 4) und den thematischen Arbeitsprozeß abzuschließen (Phase 5).

Was kann die Leitung von den TeilnehmerInnen erwarten? Zunächst einmal ihre Bereitschaft, sie freiwillig in ihrer auf Kompetenz beruhenden Leitungsrolle (Raguse 1984, 59) und ebenso als gleichwertiges und gleichberechtigtes Mitglied am gemeinsamen Arbeitsprozeß anzuerkennen. Darüber hinaus kann sie Einstellungen und Bemühungen erwarten im Hinblick auf die Selbststeuerung jedes Teilnehmers, auf die Direktheit von Aussagen, auf das Ernstnehmen von Gedanken, Gefühlen und Phantasien, auf eine grundlegend tolerante Haltung, auf primäre Motivation zur gemeinsamen Arbeit sowie auf ein Interesse an einem Lernvorgang, in dem Beziehungen und Verknüpfungen zwischen Personen und Sachverhalten als das zentrale Arbeitsmedium hergestellt werden.

Mit diesen Darstellungen habe ich Aussagen der TZI zu handlungsorientierenden Elementen eines Lernkonzepts herausgearbeitet, die insgesamt einen inhaltlich recht geschlossenen Zusammenhang aufzeigen; von dieser Systematik sind sowohl Konturen für das Handeln als auch Offenheit für die Subjektivität und Intuition der Handelnden zu erwarten. Welcher Stellenwert einem solchen Lernkonzept bei der Entwicklung pädagogischer Handlungsorientierung in einem Studiengang zukommen kann, möchte ich nun theoretisch erörtern und in einem weiteren Gedankengang (Kap. 2.1) an zwei Praxisbeispielen aufzeigen.

Aber zunächst geht es darum, die bisher gewonnenen Überlegungen zur pädagogischen Handlungsorientierung (Kap. 1.2.1) und zum Lernkonzept der Themenzentrierten Interaktion aufeinander zu beziehen; ich möchte mit Hilfe des bisher Erarbeiteten untersuchen, inwiefern die Themenzentrierte Interaktion ein hochschuldidaktisches Modell zur Entwicklung pädagogischer Handlungsorientierung und Förderung pädagogischer Handlungskompetenz sein kann.

1.2.2.4 TZI – eine pädagogische Konzeption?

Im ersten Kapitel meiner Überlegungen habe ich eine Differenzierung des pädagogischen Professionsfeldes in drei konstitutive Bereiche vorgenommen; die „Ebene pädagogischer Situationen" erfaßt pädagogische Szenen unmittelbar im Medium subjektiver Alltagsdeutungen, auf der „Ebene pädagogischer Konzeptionen" sind fachspezifische Verarbeitungsweisen praktischer pädagogischer Erfahrungen z.B. mit Hilfe von Reflexionsmodellen für erzieherische Handlungsanlässe organisiert, die „Ebene wissenschaftlicher Theorien" enthält axiomatisch erfaßte und logisch systematisierte allgemeine Organisationsprinzipien der Erziehung.

Im folgenden möchte ich die im bisherigen Gedankengang des Kapitels 1.2.2 angestellten Überlegungen zur Essenz der Themenzentrierten Interaktion auf die im Kapitel 1.2.1.3 herausgearbeiteten Ebenen beziehen und nachfragen, welchen Ebenen TZI-Elemente zuzuordnen sind. Ausgehen möchte ich dabei von der „Ebene pädagogischer Konzeptionen"; dies ist insofern sinnvoll, als von dieser Ebene aus die entscheidenden Impulse für das professionelle pädagogische Handeln ausgehen.

Die „Ebene pädagogischer Konzeptionen" habe ich hinsichtlich dreier sinnbezogener Organisationsweisen pädagogischer Handlungsorientierung aufgeschlüsselt (Kap. 1.2.1.2): Während die „pädagogische Vision" anthropologische Annahmen, ethische Grundüberzeugungen sowie Vorstellungen und Wertmaßstäbe im Hinblick auf das „gute Leben" umfaßt, repräsentiert die „pädagogische Haltung" ein Gesamterscheinungsbild von Handlungsbereitschaften im Hinblick auf pädagogische Aufgaben. Ein dritter Organisationsbereich, die „pädagogische Methode" betrifft fachspezifische Deutungsschemata zur sinnbezogenen Interpretation von Praxissituationen und Anhaltspunkte zur Generierung von Handlungsweisen.

Nimmt man die im bisherigen Gedankengang herausgearbeiteten Bestandteile der TZI und versucht diese auf die „Ebene pädagogischer Konzeptionen" zu beziehen, so fällt auf, daß für jeden der drei Organisationsbereiche pädagogischen Handelns TZI-Aussagen systematisiert vorfindbar sind:

Die humanistische Vision der TZI mit ihrer wertebezogenen Axiomatik (vgl. Kap. 1.2.2.3.1) formuliert anthropologische Annahmen, ethische Wertmaßstäbe und Grundüberzeugungen, die eine „pädagogische Vision" konturieren können. Die im Kapitel 1.2.2.3.2 beschriebenen TZI-spezifischen Einstellungen in bezug auf Personen und Sachen enthalten Elemente einer „pädagogischen Haltung". Und die als Methode der Gruppenarbeit beschriebenen aufgaben- und rollenbezogenen Aussagen sowie das Reflexionsmodell der Gruppenarbeit (Dreieck in der Kugel) können als spezifische Deutungsschmata einer „pädagogischen Methode" verstanden werden.

Die drei Organisationsbereiche einer pädagogischen Konzeption können also mit TZI-spezifischen Aussagen inhaltlich so ausgefüllt werden, daß sie einerseits offen für subjektive Intuition und Empathie und damit für generatives situationsbezogenes Handeln sind und andererseits sinnbezogen zu handhabende Konturen dem Handelnden zur Verfügung stellen.

Aber ist deshalb TZI bereits eine „pädagogische Konzeption"? Was m.E. der TZI zu einer pädagogischen Systematik fehlt, das sind spezifische Aussagen über das Aufwachsen von Kindern und Jugendlichen, über deren Entwicklung und besondere Problemlagen. Insofern ist TZI eher ein allgemeines Lernkonzept, als daß darin ausdrücklich *pädagogische* Aussagen enthalten wären. Trotzdem kann TZI das Handeln in pädagogischen Situationen ausrichten, da ihre Axiomatik auf „erwachsen werden" angelegt ist, die Haltungbezogenen Aussagen pädagogische Leitideen enthalten und ihre methodischen Aspekte ein explizites Lernmodell konturieren. Wenn ich im weiteren von TZI als einer pädagogischen Konzeption spreche, dann schließe ich notwendige Ergänzungen aus anderen Theorien und Konzeptionen sowie den Hinweis auf implizite pädagogische Momente in „Vision" und „Haltung" in mein Begriffsverständnis ein.

In meiner Sichtweise liegen Bestandteile der TZI vornehmlich auf der „Ebene pädagogischer Konzeptionen"; aber inwiefern sind darin auch wissenschaftlich-theoretische Aussagen und unmittelbare praktische Anweisungen enthalten, d.h. wie weit ist TZI auch auf der „Ebene wissenschaftlicher Theorien" und der „Ebene pädagogischer Situationen" vorfindbar?

Helmut Reiser hat hierzu einen Entwurf vorgelegt, der TZI als pädagogisches System auf drei Ebenen skizziert, die er als „Ebene der Theorie", „Ebene der Methode" und „Ebene der Techniken" bezeichnet, und die inhaltlich weitgehend den von mir beschriebenen Ebenen entsprechen[16].

Im Unterschied zu meinen Darstellungen aber legt er die TZI-Axiome auf die „Ebene der Theorie"; dafür spricht, daß zur Begründung der Axiome theoretische Aussagen vorliegen (Matzdorf 1985; Olszowi 1987; Matzdorf und Cohn 1992; Kroeger 1992), die m.E. aber noch nicht als weitgehend geschlossene Theorie gelten können. Ich möchte die TZI-Axiomatik – neben ihren theoretischen Aussagen und damit der Zuordnung zur „Ebene der Theorie" – eher als visionäres Konzeptionselement auffassen, da selbst die von Reiser herausgearbeiteten axiomatischen Synthesen „Bewußtheit/Bewußtwerdung", „Notwendigkeit bewerteter Entscheidungen" und „Erweiterung der Grenzen" (Reiser 1993, S.59ff.) deutlich „nach vorn" weisen; mir scheint, daß der grundlegende Charakter der Axiome – als *unabdingbare* Voraussetzungen für ein Konzept (und nicht „eine wissenschaftliche Theorie"! W. L.) humanen, therapeutischen und pädagogischen Handelns" (Matzdorf und Cohn 1992, S.54) – eher den Konzeptions- als den Wissenschafts-Bezug repräsentiert. Eine Besonderheit des TZI- Aussagensystems ist gerade seine Konsistenz im Hinblick auf theoretische Begründbarkeit und methodische Orientierung, so daß die Frage nach der Zuordnung der human-existenziellen Axiomatik sowohl zur Theorie-Ebene als auch zur Konzept-Ebene wenig problematisch erscheint.

Diese Konsistenz hat Reiser auch vor Augen, wenn er die beiden Postulate der TZI (chairpersonship als „Subjektbezug", Störungsregel als „Realitätsbezug" gefaßt und in der Synthese „Wahrnehmung und Entscheidung" als „oberste Lehrziele des Systems" miteinander verbunden (Reiser 1993, 58 und 61)) als die, seine drei Ebenen

---

16 Vgl. dazu das erste Kapitel dieses Buches. Da die von Helmut Reiser und mir getrennt verfaßten Teile dieses Buches zur gleichen Zeit vorliegen sollen, beziehe ich mich in meinen Belegen auf den von ihm 1993 veröffentlichten Aufsatz, der weitgehend mit dem ersten Kapitel dieses Buches inhaltlich übereinstimmt.

verknüpfenden Momente beschreibt: „Sie sind in der Tat ein Teil der Theorie und durchziehen andererseits auch die Ebene der Methode und die Ebene der Techniken wie ein roter Faden" (ebd. 61). Ähnliches gilt aber bereits für die Axiome, die als „wertgebundene Aussagen" (Matzdorf und Cohn 1992, 54) sowohl „Anfang jeder Begründung" sind als auch „Basis für alles Folgende" (ebd. 54) bilden.

Die Theorie-Ebene kann m. E. mit der Zuordnung der Axiome noch nicht ausgefüllt sein; auch andere Elemente der Konzept-Ebene, wie das Modell des „partizipierenden Leiters", des „Dreiecks in der Kugel" oder die „dynamische Balance" sind wissenschaftlich begründbar und anschlußfähig.

Ist damit deutlich geworden, daß TZI – mit ihrem Schwerpunkt auf der „Ebene pädagogischer Konzeptionen" – ebenso theoretische Aussagen bereithält bzw. noch entwickeln muß, so sind in den Hilfsregeln der TZI (Cohn 1975, 123ff.) Elemente formuliert, die der „Ebene pädagogischer Situationen" bzw. der „Ebene der Techniken" (Reiser) zuzuordnen sind. Gerade die Gefahren, auf die bei der „Anwendung" der Hilfsregeln immer wieder verwiesen wird (z.B. Langmaack 1991, 103ff.; Matzdorf und Cohn 1992, 76ff.), verdeutlichen, daß der Schwerpunkt der TZI-Systematik auf der Konzeptionsebene liegt und sowohl jede „lineare Anwendung" einer Theorie (Thomas 1990) als auch jedes an einer Technik orientierte Vorgehen der TZI-Methode widerspricht. Darauf hat bereits Ruth Cohn bei der Darstellung der Hilfsregeln hingewiesen: *„Regeln sind Hilfestellungen, die der Verwirklichung der Postulate dienen* und erfahrungsgemäß in interaktionellen Gruppen nützlich sind. Sie sind jedoch keine absoluten Größen. Ihre Verabsolutierung ist Mißbrauch und dient dem Geist, den sie bekämpfen möchten" (Cohn 1975, 128).

Die von Reiser genannten „Grundsätze der Technik" (die „Perspektive der Veränderung", die „Beachtung der Gegenseite", der „Ausgang von der subjektiven und konkreten Basis", das Themenprinzip, die „Prozeßsteuerung durch Struktur" sowie die Hilfsregeln [Reiser 1993, 58 und 66f.]) sehe ich, mit Ausnahme der Hilfsregeln als *methodische* Elemente der TZI und damit zugehörig zur Konzeptionsebene an, da sie keineswegs im Sinne einer Technik anwendbar sind, sondern als sinnbezogene Orientierungen situativ gehandhabt werden müssen. Diese *Methoden*-Orientierung (statt Charakterisierung als *Technik*) ist bei der „Perspektive der Veränderung" im Hinblick auf die Humanisierung der Lebensverhältnisse, bei der „Beachtung der Gegenseite" z.b. des Schattens, beim „Ausgang von der subjektiven und konkreten Basis", sowie bei Themen- und Strukturprinzip sehr deutlich zu sehen. Pädagogische Handlungsorientierungen verlangen situationsbezogene Generierung und sind nicht einfach – wie dies bei den Hilfsregeln der Fall zu sein scheint – anwendbar. Die von Reiser aufgeführten „Grundsätze der Technik" sind Teil der „pädagogischen Methode", gehören also auf die Konzeptionsebene.

Mit diesen Überlegungen soll verdeutlicht werden, daß das pädagogische System der Themenzentrierten Interaktion seinen deutlichen Schwerpunkt auf der „Ebene pädagogischer Konzeptionen" hat und Anschluß an wissenschaftliche Theorien sowohl bietet als auch benötigt. Die unmittelbar auf Tätigkeiten ausgerichtete „Ebene pädagogischer Situationen" wird dagegen eher unterbelichtet; dies ist die Konsequenz eines Konzeptes, das sich als „generatives Kernsystem" (Matzdorf und Cohn 1992, 53), als „Ensemble von Einsichten und Ermöglichungen" (Kroeger 1992, 93) und nicht als Zusammenfassung von Techniken zur Gruppenarbeit versteht.

1.2.2.5 TZI als Konzeption zur Entwicklung pädagogischer Handlungsorientierung

Was muß eine pädagogische Konzeption leisten? Sie muß Annahmen, Überzeugungen, Fragestellungen, Wertmaßstäbe und Vorstellungen im Hinblick auf das allgemeine menschliche Leben und insbesondere auf das Verhältnis zwischen erwachsenen und heranwachsenden Generationen anbieten *(Vision)*. Auf deren Basis muß sie eine fachspezifische Begriffssystematik entwickeln, die relevante Handlungsanlässe der Erziehung veranschaulicht und Gestaltung sowie Reflexion des pädagogischen Handelns ausrichtet *(Methode)*. Und sie muß Handlungsbereitschaften im Hinblick auf zentrale Aufgabenbereiche konturieren, die Ausgangspunkte für die Entwicklung eines arbeitsfeldspezifischen Habitus abgeben *(Haltung)*.

Die bisherigen Überlegungen haben verdeutlicht, daß die Themen-zentrierte Interaktion zu allen drei Konzeptionsbereichen Aussagen bereithält, außerdem in ihrer Axiomatik konzept-konsistente Theorie-bestandteile formuliert und – zum vorsichtigen Gebrauch – Hilfsre-geln benennt. Damit bietet TZI eine Systematik unterschiedlicher inhaltlicher Elemente, die, zusammengenommen und aufeinander bezogen, zur Grundlegung pädagogischer Handlungsorientierung dienen können (Reiser 1993, 53).

In meinen weiteren Überlegungen möchte ich mich mit der Frage beschäftigen, welche Konsequenzen dies hinsichtlich der Gestaltung eines Pädagogik-Studienganges haben kann. Dazu beziehe ich in einem ersten Schritt die im Kapitel 1.2.1.4 benannten „Bausteine" zur Entwicklung pädagogischer Handlungsorientierung und Förderung pädagogischer Handlungskompetenz auf die o.g. Gliederung des pädagogischen Professionsfeldes in drei Ebenen und füge an-schließend einige Gedanken zur Bedeutung der TZI hinsichtlich der Verknüpfung der unterschiedenen Bereiche an.

Jeder der drei Ebenen des pädagogischen Professionsfeldes kann ein spezifischer „Baustein" zugeordnet werden; der „Ebene wissenschaft-licher Theorien" die „Aneignung theoretischen Wissens", der „Ebene pädagogischer Konzeptionen" die „Verinnerlichung pädagogischer Konzeptionen", der „Ebene pädagogischer Situationen" die „Ausbil-dung instrumenteller Fertigkeiten". Die weiteren drei „Bausteine" stellen Verbindungen zwischen Konzeptions- und Situations-Ebene her: „Praxiserfahrung und Praxisreflexion", „Einübung in hermeneu-tisches Fallverstehen" und „Themenbezogene Persönlichkeitsbil-dung". Diese drei „Bausteine" sind sowohl auf unmittelbares subjektives Erleben, auf Situationsdeutungen in der Alltagssprache, als auch auf fachspezifische Reflexionsmöglichkeiten mit Bezugnah-me auf „Vision", „Haltung" und „Methode" bezogen. Betrachten wir die dargestellten Zusammenhänge in einem Übersichtsschema, dann wird deutlich, daß die Synthetisierung der „Ebene pädagogischer Konzeptionen" mit der „Ebene pädagogischer Situationen" bei in-tendiertem Gleichgewicht aller sechs „Bausteine" gut gewährleistet ist:

Ebene wissenschaftlicher Theorie:
>*Aneignung theoretischen Wissens*
Ebene pädagogischer Konzeptionen:

>*Verinnerlichung päd. Konzeptionen*   >*Praxiserfahrung und -reflexion*

Ebene pädagogischer Situationen: >*Einübung in hermeneutisches Fallverstehen*

>*Ausbildung instrumenteller Fertigkeiten*   >*Themenbezogene Persönlichkeitsbildung*

Dagegen ist die Verknüpfung der „Ebene pädagogischer Konzeptionen" mit der „Ebene (erziehungs-)wissenschaftlicher Theorien" nicht durch verbindende „Bausteine" abgedeckt. Der Anschluß von „Vision", „Haltung" und „Methode" an wissenschaftliche Theorien muß daher über die Konzeptinhalte selbst und die damit vereinbaren wissenschaftlichen Theorien geleistet werden.

Dies ermöglicht die Systematik der Themenzentrierten Interaktion in überzeugender Weise; ihre Axiome enthalten wissenschaftlich begründete humanistisch-existenzielle Grundaussagen (z.B. Matzdorf 1985; Reiser 1987; Olszowi 1987; Kroeger 1992; Matzdorf und Cohn 1992; Reiser 1993), die gleichzeitig als „*unabdingbare* Voraussetzungen für ein Konzept humanen, therapeutischen und pädagogischen Handelns" (Matzdorf und Cohn 1992, 54) gelten. Sie stellen also ein inneres Verbindungsstück zwischen dem Visions-Aspekt der Konzeption und der „Ebene wissenschaftlicher Theorien" dar. Das methodische Prinzip der „dynamischen Balance" ist m.E. ein weiteres Verbindungsstück, denn es läßt sich nicht nur auf die Vermittlung der methodischen Elemente des „Dreiecks in der Kugel", sondern auch auf die Antinomien der Axiome beziehen; Reiser verdeutlicht dies in seinem Versuch der Synthesenbildung axiomatischer Gegensatzeinheiten (Reiser 1993, 59ff.). Auch die das Handeln orientierenden Sinnbilder der „humanistischen Vision" (vgl. Kap. 1.2.2.3.1) sind als Konzeptionsbestandteile anschlußfähig an wissenschaftliche Theorien und ermöglichen damit die innere Verbindung zu expliziten Theorieaussagen und empirischen Forschungsergebnissen. Insgesamt können – und sollen – Konzeptelemente Anschluß an wissenschaftliche Theorien finden; diese müssen nicht von der Konzeption selbst aus – wie hier von der TZI – entwickelt werden; bereits ausgearbeitete sozialwissenschaftliche Theorien können dafür genutzt werden. Damit stellt sich abschließend die Frage, auf welche Weise(n) in einem Pädagogik-Studiengang mit Hilfe der Themenzentrierten Interaktion pädagogische Handlungsorientierung entwickelt und pädagogische Handlungskompetenz gefördert werden kann.

Themenzentrierte Interaktion läßt sich als Konzeption zur Gestaltung von Lernprozessen beschreiben, bei denen besonders nach den subjektiven Bezügen der Studierenden zu den Lerninhalten gefragt wird (Kap. 1.2.2.1). Ein weiteres Kennzeichen der Aneignung ist der interaktive Zusammenhang des Lernens in der Gruppe; erst im sozialen Kontext der Gruppe entfalten sich die Auseinandersetzungen des Einzelnen mit der Sache und den Beziehungen untereinander, die typisch für TZI-Arbeit sind. In der dialektischen Verschränkung von Einzelsubjekt, Gruppe und dem Gegenstand „erarbeitet die sich immer stärker differenzierende und organisierende Gruppe Resultate bei der Verwirklichung und Konkretisierung ihres Zieles, die die Summe ihrer Mitglieder nicht hervorbringen würde" (Kamps 1992, 11).

Aus den vorangegangenen Darstellungen folgt, daß ein solchermaßen angelegtes Aneignungsverfahren ein ideales Lernmodell zur Bearbeitung von Inhalten ist, die schwerpunktmäßig der „Ebene pädagogischer Konzeptionen" zuzuordnen sind. Denn diese Inhalte können nicht als feststehende instrumentelle Regeln oder wissenschaftlichdistanzierte Theorieaussagen angeeignet, sondern nur über die Basis der Subjektivität der Lernenden erarbeitet werden; dies geht aus meinen Überlegungen zu den Merkmalen pädagogischer Handlungsorientierung (Kap. 1.2.1.2) deutlich hervor.

Damit sind Aussagen zu Menschenbild und Normenproblematik in der Erziehung, zu pädagogischen Einstellungen und Haltungen sowie zur Gestaltung pädagogischer Beziehungen – sofern sie nicht theoretisch-distanziert zum Lernenden bleiben, sondern in dessen Handlungsorganisation eingehen sollen – geeignete Lerngegenstände für die TZI-Arbeit.

Bezieht man in diese Überlegungen die „Bausteine" zur Entwicklung pädagogischer Handlungsorientierung (Kapitel 1.2.1.4) ein, dann lassen sich Studiumsangebote zur „Verinnerlichung pädagogischer Konzeptionen" mit Aspekten der „Themenbezogenen Persönlichkeitsbildung"[17] aber auch mit dem Schwerpunkt der „Einübung in hermeneutisches Fallverstehen" und der „Praxisreflexion"[18] sehr gut verbinden. Je nach Art der Veranstaltung wird dann eher der eine oder andere Schwerpunkt im Zentrum stehen, bzw. in einer längerfristig angelegten Studieneinheit können sich solche Schwerpunkte abwechseln. Gerade der wechselseitige Bezug dieser unterschiedlichen Inhaltsaspekte kann im Lernprozeß die spezifischen Momente pädagogischer Handlungsorientierung integrieren und in der Subjektivität des Lernenden verankern.

„Reine" Theorievermittlung oder das spezifische Einüben von Arbeitstechniken scheint mir dagegen weniger TZI-geeignet zu sein. Vorlesungen und Theorieseminare haben in einem Hochschulstudium ihren unverzichtbaren Wert; da, wo es aber weniger um das subjektive Durchdringen eines theoretischen Aussagesystems und mehr um kognitive Aneignung geht, halte ich die „klassischen" Hochschulveranstaltungen für sinnvolle Formen des Lernens; der Bezug der Theorie zu Aussagen der Konzeptionsebene kann auch im Rahmen von Konzept-orientierten Veranstaltungen hergestellt werden. Das Einüben von Arbeitstechniken wird ohnehin nur begrenzt Aufgabe des Studiums sein können und läßt sich gut in Veranstaltungen zur Konzeptionsebene integrieren.

Es stellt sich nun die Frage, inwiefern TZI zur Gestaltung des Pädagogikstudiums als Vermittlungsmethode zur Bearbeitung von (TZI-unabhängigen) Inhalten gilt, oder ob sie auch als inhaltliches Aussagesystem im Studium eine Rolle spielen kann. Daß sie von ihrer methodischen Seite her bestens geeignet ist, Lernprozesse im Sinne der Entwicklung pädagogischer Handlungsorientierung und Förderung pädagogischer Handlungskompetenz zu initiieren und zu gestalten, haben m.E. die bisherigen Ausführungen gezeigt. Darüber hinaus macht TZI aber auch Aussagen über das menschlichen Leben, sie bietet ein humanistisches Wertekonzept und hat ein gesellschaftli-

---

[17] z.B. orientiert an WILL-Persönlichkeitskursen.
[18] z.B. orientiert am TZI-Modell der Supervision.

ches Anliegen, sie entwickelt ein anspruchsvolles Lernmodell und ist auf Interaktionsprozesse spezialisiert – und stellt damit mehr als ein methodisches Modell zur Aneignung von Inhalten dar. Mit Reiser (1993) läßt sich Themenzentrierte Interaktion – mit den in Kap. 1.2.2.4 gemachten Einschränkungen und Erweiterungen – als pädagogisches System sehen, das sowohl erziehungsrelevante Aussagen auf unterschiedlichen Ebenen macht als auch offen und anschlußfähig für sozialwissenschaftliche Theorien ist. Dies ist nicht „zufällig" so, sondern resultiert aus der Tatsache, daß Themenzentrierte Interaktion Inhaltliches und Methodisches ineinander verschränkt. Letztlich bringt TZI – auch als „reine" Methode betrachtet – inhaltliche Momente von selbst in den Lernvorgang ein; das methodische Vorgehen transportiert ihre Inhalte – gewollt oder nicht – mit.

2. Konzepte und Modelle zur pädagogischen Arbeit mit TZI

2.1 Walter Lotz
TZI im Pädagogikstudium[1]

Anknüpfend an den im Kapitel 1.2 dieses Buches erarbeiteten Gedankengang und bezugnehmend auf die dort hergeleiteten Möglichkeiten der Themenzentrierten Interaktion bei der Entwicklung pädagogischer Handlungsorientierung möchte ich in diesem Kapitel dazu zwei Praxisbeispiele darstellen; zum einen den Verlauf eines TZI-Seminars, das die „Verinnerlichung pädagogischer Konzeptionen" (vgl. Kap. 1.2.1.2 und 1.2.1.4) zur Aufgabe hatte, zum anderen die Struktur eines viersemestrigen Theorie-Praxis-Seminars (Projekt) zum Thema „Pädagogische Interaktion". Beide Darstellungen sollen veranschaulichen, wie – orientiert an der Themenzentrierten Interaktion" – pädagogische Studieninhalte erarbeitet werden, die auf die Entwicklung und Erweiterung pädagogischer Handlungsorientierung ausgerichtet sind.

Das TZI-Seminar war von der Anzahl der TeilnehmerInnen und der zur Verfügung stehenden Zeit durchaus mit einem WILL-Ausbildungskurs vergleichbar, nicht jedoch hinsichtlich der Verteilung der einzelnen Arbeitseinheiten. Wir hatten uns auf eine Mischform in der Weise geeinigt, daß ein Teil der Sitzungen als reguläre 1 1/2 stündige Seminarveranstaltung einmal pro Woche stattfand, an den sich zwei Blocktermine anschlossen. Ich wollte damit ausprobieren, ob der wöchentliche Turnus eine TZI-Arbeit ermöglicht, was gegenüber

---

[1] Dieses Kapitel knüpft inhaltlich unmittelbar an das Kapitel 1.2 dieses Buches an; die theoretischen Zusammenhänge einer hochschuldidaktischen Arbeit mit TZI im Pädagogikstudium sind in diesem Kapitel entwickelt und sollen hier nicht noch einmal aufgeführt werden.

reinen Blockveranstaltungen den Vorteil einbringt, daß sich die Studierenden im Verlauf des Seminars intensiv mit Texten beschäftigen können.

Im Unterschied zu diesem Seminarverlauf, der sich weitgehend mit dem Prozeß eines WILL-Ausbildungskurses vergleichen läßt, ist das viersemestrige Theorie-Praxis-Seminar sowohl von der Konzeption als auch von der Durchführung weiter von dem Standardverfahren der Ausbildungskurse entfernt. Hier verläuft die Arbeit eher TZI-"implizit", d.h. daß ich nicht immer mit einer bestimmten Themenformulierung die Stunde beginne. Statt dessen gehen wir z.b. von einem Praxisbericht oder einem Referat aus, von dem aus ich in der dadurch angeregten Diskussion das oder die wesentlichen Themen herauszufinden suche und der Arbeitsgruppe – evtl. auch zu einem späteren Zeitpunkt – zur themenzentrierten Arbeit anbiete. Es ist immer wieder interessant zu sehen, wie sich im Verlauf dieses viersemestrigen Projekts aus sehr unterschiedlichen Sachzusammenhängen zentrale Themen ergeben, deren Bearbeitung allmählich in sowohl differenzierteren als auch umfassenderen Kontexten ermöglicht wird. So tauchte z.B. bei einer Projektgruppe in ganz unterschiedlichen Inhaltsbezügen die durchgängige Fragestellung nach der Legitimation von Beeinflussungen des Kindes auf: „Darf ich Einfluß auf die Entwicklung auch jenseits der geäußerten Bedürfnisse und Wünsche des Kindes nehmen?" – so konnte man immer wieder „zwischen den Zeilen" der Gruppendiskussionen lesen. Diese Frage zog sich von der Thematik der kindlichen Beeinflussung durch religiöse Erziehung bis zum Trend, in ihrer praktischen pädagogischen Arbeit mit Kindern ausschließlich unverbindliche Angebote zu machen, durch. Ich sah in dieser Frage auch die im eigenen Lebenskontext der StudentInnen aktuelle Thematik der Autonomie und bezog das „heimliche Thema", jegliche Fremdbestimmung des Kindes zu vermeiden und auf keinen Fall „schuldig" zu werden, auch auf ihren eigenen Entwicklungsprozeß, konzentrierte die Thematisierung jedoch zunächst auf den bewußtseinsnäheren praktischen Aspekt und formulierte als Thema „Erziehung als Supermarkt: Läßt sich die pädagogische Aufgabe als Bereitstellung unverbindlicher Angebote lösen?" Mit dieser Fragestellung blieben wir weitgehend auf der „Es-Ebene" und konnten zu einem späteren Zeitpunkt z.b. – als „Ich-Thema" – den biographischen Bezug der StudentInnen zu ihrer pädagogischen Haltung thematisieren, oder – als „Wir-" bzw. „Globe-Thema" – eine Reflexion der Fremd- und Selbstbestimmungsanteile in unserem gemeinsamen Arbeitsprozeß leisten[2].

Mit diesem Beispiel möchte ich aufzeigen, daß die an der TZI orientierte Arbeit – je nach Kontext und Setting – durchaus abweichend vom Standardverfahren verlaufen kann. Mittlerweile gibt es einige Berichte zur TZI-Arbeit an der Hochschule bzw. zu vergleichbaren Weiterbildungsveranstaltungen[3], in denen die TZI-Methode je nach Aufgabenstellung und institutionellen Zusammenhängen unterschiedliche Anwendungen findet. Wichtiger als ein ständiges „Schielen" nach den WILL-Ausbildungskursen („Mache ich jetzt auch richtig TZI ?") ist mir die Orientierung

– der inhaltsbezogenen Arbeit an den subjektiven Bezügen der StudentInnen (z.b. an ihren eigenen Erziehungserfahrungen, an ihren Lebensentwürfen und pädagogischen Sinndeutungen), sowie die

– Gestaltung des Lernvorgangs als Interaktionsprozeß, in dem die Beeinflussung der Inhalte durch die Beziehungen und die Beeinflussung der Beziehungen durch die Inhalte, sowie der institutionelle Zusammenhang der gemeinsamen Arbeit Berücksichtigung finden.

Lernen im Sinne der Entwicklung pädagogischer Handlungsorientierung heißt vor allem Bedeutungsbildung und kann nur gelingen, wenn die Bedeutungen, die

– die Studieninhalte für die Studierenden,

---

2 In einem über zwei Jahre dauernden Arbeitsprozeß laufen solche „heimlichen Themen" nicht weg, sondern tauchen in immer neuen Varianten und Zusammenhängen auf und können dadurch auch mit jeweils unterschiedlichen Schwerpunkten bearbeitet werden. Der jeweilige inhaltliche Schwerpunkt kann z.B. an den Verlaufsphasen des Arbeitsprozesses orientiert sein; das o.g. „Ich-Thema" paßt gut in Phase 4, das „Wir-Thema" in Phase 5 (Rubner und Rubner 1991 und 1992). Daneben gibt es u.U. aktuelle Anlässe, die ein Ansprechen der Problematik nahelegen.

3 Reiser 1985; Platzer-Wedderwille 1987; Wendt 1988; Macha u.a. 1988; Platzer 1990; Mann und Thomas in Langmaack 1991, 152; Rietz 1992; Silomon 1994.

- die StudentInnen untereinander im Medium der Inhalte und
- die Inhalte im Medium der Interaktionen gewinnen, thematisiert werden; das muß nicht unbedingt wie im Standardverlauf von Themeneinführung und Strukturbegründung geschehen; auch aus dem Diskussionsverlauf situativ „herausgegriffene" oder die aus einem längeren Interaktionsprozeß entwickelten Themen können themenzentrierte Arbeit ermöglichen.

Ausgangspunkt für meine TZI-Arbeit an der Hochschule war der Arbeitsprozeß vor ein paar Jahren in einem Seminar: Wir, das waren laut Einschreibeliste 74 StudentInnen und ich, beschäftigten uns mit der Frage des Zusammenhangs von Subjektivität und Methodenorientierung in der professionellen pädagogischen Arbeit. Für die ersten acht Sitzungen hatte ich einen Text geschrieben, den ich vortragen wollte, um Grundlegendes zur Thematik in einer Übersicht darzustellen; es galt die den StudentInnen bekannte Regel, daß ich jederzeit in meinem Vortrag unterbrochen werden kann und dann Zeit für Rückfragen, Diskussionen und auch weiterführende Überlegungen zur Verfügung steht. Nach diesem Vortragsteil arbeiteten wir mit studentischen Referaten und zwei Vorträgen von Berufspraktikern.

Wir beschäftigten uns mit dem Erziehungsbegriff und mit Überlegungen zum heutigen Erziehungsverständnis, mit der Frage nach der Methodenorientierung der Erziehung, mit pädagogischen Konzeptionen und inwiefern sie offen für die Subjektivität der Beteiligten sind. Die StudentInnen waren interessiert, die Diskussionen fruchtbar ... und trotzdem blieb bei mir ein Rest Unzufriedenheit; gerade an den inhaltlichen Stellen, wo an einem eingebrachten Praxisbeispiel oder an einer theoriebezogenen Überlegung der Bezug des Vortragenden zu seinem Beitrag deutlich werden konnte, oder wo an einer Problemstellung ein nicht nur theoretisches Interesse der Fragenden durchschien – da konnte ich nur auf die Möglichkeiten der intensiveren Weiterarbeit in einem anderen Seminar-Setting hinweisen, denn
- jetzt würde es sehr subjektorientiert werden, damit aber zu „intim" sowohl für die Erzählenden als auch für die vielen Zuhörenden;
- es würde sehr spezifisch und damit für einige TeilnehmerInnen weniger interessant werden;

– ich wollte die Ausrichtung des Seminars als Theorieveranstaltung nicht umwerfen, da die bisher geleistete Arbeit allen Beteiligten gut gefallen und etwas „gebracht" hatte. Diese Theorieveranstaltung war für mich ein Auslöser, um der Frage nach dem Zusammenhang von Subjektivität und pädagogischer Konzeption sowohl in einsemestrigen TZI-Seminaren als auch im Rahmen eines an der Themenzentrierten Interaktion orientierten viersemestrigen Projektstudiums nachzugehen; beide Veranstaltungstypen möchte ich nun als Beispiele für die vielfältigen Einsatzmöglichkeiten von TZI im Pädagogikstudium darstellen.

2.1.1 TZI als Seminarveranstaltung

Im folgenden schildere ich den Verlauf eines Seminar-Angebotes, das ich in den letzten sechs Semestern jeweils als TZI-Seminar mit 2 Semesterwochenstunden angeboten habe; die Veranstaltung, auf deren Verlauf ich mich hier näher beziehe, fand im Sommersemester 1993[4] mit 11 Studentinnen und 3 Studenten statt.

Das TZI-Seminar „Erziehen: mit Persönlichkeit und Konzept" ist so angelegt, daß sich einer 1 1/2 stündigen Vorbesprechung zur Thematik und Arbeitsmethode vier Treffen à 1 1/2 Stunden anschließen. Nach diesem ersten Seminarabschnitt findet an zwei Tagen jeweils ein Block über vier 1 1/2-stündige Einheiten statt, als Abschlußtreffen ist eine 1 1/2-stündige Nachbesprechung vorgesehen, so daß uns insgesamt mindestens 14 Einheiten über jeweils 1 1/2 Stunden zur Verfügung stehen.

In der Vorbesprechung trage ich einige Überlegungen zum pädagogischen Handeln (s. Kap. 1.2.1) und zur Themenzentrierten Interaktion vor, wir diskutieren den Zusammenhang zwischen der Subjektivität des Handelnden und kulturspezifischen Sichtweisen der Erziehung; bis hier verläuft also alles im üblichen Seminarstil.

Bei unserem ersten „richtigen" Treffen war unser Thema „Ich lerne Dich kennen – ich mache mich Dir bekannt", das erste Unterthema

---

4 Diese Veranstaltung habe ich zusammen mit Dorothea Castor geleitet.

im Plenumskreis „Meine Namen im Laufe meines Lebens; wie heiße ich hier, wie will ich hier angesprochen werden?".

Das Bekanntmachen wurde anschließend in Dreiergruppen mit dem Unterthema „Meine Wurzeln: wo komme ich her, wer bin ich, wer sind oder waren meine Eltern und Geschwister?" fortgesetzt. Dann trafen wir uns im Plenum zum Thema „Meine Kindheit hat mich geprägt; wo spüre ich diese Prägungen und wie stehe ich heute dazu?"

Bereits in diesem ersten Treffen kamen wir gut „in die Gänge"; es waren nur wenige Hinweise auf die Gestaltungsweise von Mitteilungen bzw. auf das Zuhören nötig; in der Regel fielen die Darstellungen persönlich und offen aus, wobei eine Teilnehmerin sehr bewegt eine Erfahrung schilderte und die Gruppe ihr auch viel Raum dafür ließ. Wir waren als Leitungsteam nach dieser ersten Stunde recht zufrieden und neugierig auf die weitere Arbeit; uns schien die Intensität des Themas durch die recht knapp gehaltene Zeitstruktur ein dosiertes Bekanntmachen ermöglicht zu haben; jede/r wußte, daß die begrenzte Zeit nur Platz für das Wesentliche eröffnete, andererseits konnte dieses auch Raum beanspruchen. Dabei zeigte sich aber, daß die Zeit für das letzte Unterthema doch zu knapp bemessen war.

Wir hatten am Ende des ersten Treffens eine achtseitige Sammlung von kurzen pädagogischen Texten, Gedichten und autobiographischen Mitteilungen von Schriftstellern zu ihrer eigenen Erziehung ausgeteilt und die TeilnehmerInnen gebeten, sich diese durchzulesen und auf ihnen bedeutsame Stellen zu achten. Bevor wir auf dieses Textmaterial eingehen wollten, sollte aber das Thema „Prägungen" noch weiter ausgeführt werden. So begann unser zweites Treffen mit dem Thema „Was hat mich geprägt, was hat Dich beeinflußt – und worum geht es dabei eigentlich?". Hier konnten die StudentInnen in Dreiergruppen noch einmal an ihren „Prägungen" anknüpfen und sich anschließend in einem abstrahierenden Schritt über die darin enthaltene allgemeine Erziehungsthematik verständigen. Im anschließenden Plenum sammelten wir die thematisierten Aspekte; es ging darin z.B. um „Trennungserlebnisse" um „zu frühe und zu große Verantwortungslast, die dem Kind aufgebürdet wird", aber auch um „Überbehütung", um „abgelehnt werden" und „sexuellen Mißbrauch". Damit hatte sich die Gruppe auf eine negative Sicht der „Prägungen" eingependelt, keine einzige studentische „Prägung" wurde positiv gesehen.

Dabei waren die Darstellungen klar und deutlich, persönlich und offen, die Zusammenarbeit in den Kleingruppen wie im Plenum intensiv; bis auf das Zuspätkommen weniger haben wir sehr konstruktiv zusammengearbeitet. Heute sehe ich das Zuspätkommen als typisch studentischen Versuch, vorgegebenen Themen und Strukturen mit Hilfe „hochschulspezifischer Lösungsmuster" zu entgehen. In dieser Hinsicht war es interessant zu sehen, daß sich das Zuspätkommen nach den ersten beiden Treffen legte.

Für das zweite Treffen hatten wir – nach dem Zusammentragen der „Prägungen" – das Sammeln interessanter Textstellen vorgesehen; dafür war nur noch wenig Zeit, so daß nur kurzgefaßte Beiträge Raum hatten. Hierbei wurden zumeist Anforderungen an das pädagogische Handeln von LehrerInnen und SozialpädagogInnen genannt: offen sein für den Lernweg der SchülerInnen, eigene Vorurteile hinterfragen, Verantwortung abgeben, zwischen Lerninhalten und ihren subjektiven Bedeutungen vermitteln, Menschlichkeit lernen usw. Hier wurden also positiv bewertete Möglichkeiten pädagogischer Prägungen angesprochen.

Interessant war in diesem thematischen Ablauf der „drive", den die biographisch ausgerichteten ersten Themen ausgelöst hatten; die Textstellen, die die StudentInnen anführten, wurden mit eigenen Erfahrungen begründet und angereichert. Wir hatten damit eine deutliche Verbindung von Textmaterial und Lebenserfahrung, von erzählerischen und abstrahierenden Anteilen, gewonnen.

Für die dritte Sitzung hatten wir uns die Fortsetzung der Beschäftigung mit den Texten vorgenommen; wir wollten dies – jetzt mit genügend Zeit – im Plenum durchführen. Diese Beschäftigung hatten wir unter das Thema gestellt „Worauf kommt es mir in der Erziehung an?" Vielleicht lag es an der Themenstellung, die ja den ausdrücklichen Bezug zu den Texten nicht nannte (wohl aber die Einführung des Themas), daß sich in einer sehr lebhaften Diskussion mit Zustimmungen und Kontroversen, gegenseitigem Verstehen aber auch vielen Mißverständnissen die Gruppe auf eine zentrale Thematik recht unabhängig von den Textbeispielen einpendelte: sie betrachteten aus der Perspektive des Kindes die Schuld der Erwachsenen.

Diesen inhaltlichen Schwerpunkt bezogen wir zum einen auf die negative Sicht der eigenen Prägungen (1. und 2. Sitzung), die hier wieder „hochkamen", sahen ihn andererseits aber auch als Abwehr gegen die Übernahme der Erwachsenen- bzw. Erziehenden-Perspektive im Studium. Es fällt leichter, die eigenen Verletzungen zu spüren und ihren Ursprung den eigenen Eltern oder anderen Erziehungspersonen zuzuweisen, als – in der Identifikation mit der angestrebten Berufsrolle – die Gefahren des eigenen Schuldigwerdens zu betrachten.

Auf Grund der Wucht dieser thematischen Dynamik nahmen wir uns für das Plenum der vierten Sitzung eine perspektivische Erweiterung vor; wir boten das Thema „...und abgesehen von der Schuldproblematik: welche pädagogischen Themen sind für mich bedeutsam?"an. Damit wollten wir einerseits an die „heiße Diskussion" der dritten Sitzung anknüpfen, aber nach weiteren inhaltlichen Aspekten suchen und hofften auf einen Perspektivenwechsel in den Betrachtung des Erziehungsfeldes. Nachdem in einer zu Beginn angeregten „Runde" restliche Aspekte der Schuldthematik ihren Platz hatten, pendelte sich der inhaltliche Schwerpunkt der Gruppe diesmal auf den „aufrechten Menschen" als wünschenswertes Ergebnis der Erziehung ein; damit war die Blickrichtung nicht mehr aus der Kinderperspektive gewählt, sondern „richtete sich auf" und betrachtete das Erziehungsgeschehen orientiert an einem positiv bewerteten Ideal.

Auch in dieser Sitzung war der inhaltliche Verlauf sehr spannend, die einzelnen bezogen sich konturiert und sehr persönlich aufeinander, die Zusammenarbeit im Plenum war konstruktiv und in der Beteiligung recht ausgewogen.

In den ersten vier Einzelsitzungen war unsere Arbeit sowohl am ICH-ES- als auch am WIR- ES-Zusammenhang orientiert; dabei war der GLOBE über die Erziehungsthematik, nicht aber über unsere institutionelle Lernsituation einbezogen und auch das WIR nicht als eigener Themenbereich angesprochen worden. Letzteres schien uns angesichts der Dynamik der Auseinandersetzungen über die ES-

Themen nicht notwendig zu sein; auch wollten wir das Einpendeln der Gruppe auf eine spezifische Akzentuierung der Sichtweise der Erziehung nicht unterbrechen, waren aber andererseits mit der Vernachlässigung der WIR-Thematik nicht ganz zufrieden.

Für unseren ersten Blocktermin (4 Einheiten à 1 1/2 Stunden) hatten wir die Aufgabe gestellt, daß jede/r Teilnehmer/in einen Text entwerfen sollte, und zwar gab es dazu zwei Möglichkeiten: Entweder konnten eigene Überlegungen zur Erziehung als Grundlage eines pädagogischen Konzeptes skizziert oder ein pädagogisches Konzept aus der Fachliteratur schriftlich referiert werden. Die entsprechenden Arbeitsergebnisse sollten eine Woche vor unserem Blocktermin in vervielfältigter Form im Sekretariat vorliegen, so daß für jede/n Teilnehmer/in zu Beginn des Blocktermins alle Arbeiten zur Verfügung standen und die Leitung sich schon vorher mit den Papieren beschäftigen konnte.

Für den Beginn des Blocktermins hatten wir ein WIR-Thema vorgesehen. Mit der Fragestellung „Bei wem hier in der Gruppe spüre ich oder vermute ich Ähnlichkeiten mit mir?" fingen wir im Plenum an. Jeder konnte seine Eindrücke in Bezug auf Ähnlichkeiten benennen, außer Klärungsfragen waren keine weiteren Stellungnahmen gestattet. Diese Runde war ganz schön „heiß", denn nun konnten nicht nur angenehme Selbst-und Fremdeinschätzungen offenbart werden. Insgesamt zeigte sich viel Offenheit, Differenzierung und Sorgfalt, auch das vorgegeben kommentarlose Zuhören brachte sehr viel Aufmerksamkeit in die Runde. Die wahrgenommenen oder vermuteten Ähnlichkeiten sollten in einem zweiten Schritt Kriterien einer offenen Gruppenbildung (à 3) sein; dabei nahmen wir uns viel Zeit (45 Minuten), um in einem weiteren Austausch über „Ähnlichkeiten" zu unseren Kleingruppen zu kommen. Im Unterschied zur ersten Runde war es hier nun möglich, vermutete und zugeschriebene Ähnlichkeiten zu kommentieren – und damit auch InteressentInnen an einer gemeinsamen Gruppenarbeit abzulehnen. Mit der Möglichkeit der Ablehnung einer Fremdeinschätzung (und des Einschätzers !) kam ein weiteres gruppendynamisches Moment in unseren Prozeß und es zeigte sich, daß wir die veranschlagte Zeit zur Klärung und Verständigung brauchten. In den Dreiergruppen hieß dann das Thema „Wie ging es mir beim Aufspüren und Aufgespürt-werden über zutreffende oder vermeintliche Ähnlichkeiten mit mir; kommt mir davon etwas bekannt vor?"

Nach einer Pause arbeiteten die Dreiergruppen weiter; jetzt ging es, nach der Verständigung über Ähnlichkeiten und den Vorgang der Fremdzuschreibung und Gruppenbildung, um die pädagogischen Konzepte; dementsprechend hieß das Thema „Wir überprüfen unsere drei Konzepte im Hinblick auf zentrale Leitbegriffe, auf Über-einstimmungen und Differenzierungen untereinander und auf die Überzeugungskraft des Konzepts." Hier hatten die Dreiergruppen Zeit, sich mit ihren Konzeptionen zu beschäftigen und die ihnen wesentliche Aspekte herauszuarbeiten und abzuklären. In dieser Arbeit wurde auch deutlich, wie unterschiedlich einzelne Begriffe selbst innerhalb einer Gruppe von „Ähnlichen" gefüllt und gesehen werden können; die KonzeptvertreterInnen mußten immer wieder ihre Einstellungen und Haltungen deutlich machen und gegen übergreifende Deutungen verteidigen. Verständigung war hierbei eine oft mühsame Aufgabe.

Für die darauf folgende Einheit hatten wir eine Sammlung der „Leitbegriffe und Leitideen pädagogischer Konzeptionen" vorgesehen und hierbei rächte sich ein Planungsfehler, der uns unterlaufen war – in Verbindung mit meinen Bedürfnissen nach Abstraktion: Als die Dreiergruppen ihre Ergebnisse zum Thema vortrugen, machte ich, da ich die jeweiligen Konzeptpapiere bereits zu Hause intensiv durchge-arbeitet hatte, sachlich sicher zutreffende aber im Hinblick auf die gemeinsame Arbeit unangemessene Vorschläge. Es juckte mich in den Fingern, Leitbegriffe und Leitideen anders als vorgetragen zu strukturieren, die m. E. noch nicht ganz stimmigen Vorschläge auf den Punkt zu bringen und wirklich Essentielles statt eher neben-sächlicher Aspekte aufzuführen. Im Laufe dieser Arbeit wurde sowohl für die StudentInnen als auch für mich – bei einigermaßen fassungsloser Co-Leiterin – die Sache immer unangenehmer. Ich spürte meinen Drang nach inhaltlicher Präzision und gleichzeitig meine Verkrampfung ebenso wie die zunehmende Anspannung in der Gruppe. Es wurde immer deutlicher, daß es so nicht ging: Auch wenn meine Vorschläge inhaltlich gut aufgenommen wurden, so geriet ich doch in die Rolle des besserwisserischen Dozenten – und das paßte nicht zu unserer Art der gemeinsamen Arbeit. Ich will damit nicht sagen, daß abstrahierende Präzisierungen und pointierte Stellungnahmen zur Sache durch die Leitung hier keinen Platz haben dürften – im Gegenteil, gerade bei TZI-Veranstaltungen in einem Studiengang sind DozentInnen für die genaue Herausarbeitung der Inhaltsbezüge verantwortlich. Nur hat diese Art der Klärung nicht in den Arbeitsprozeß gepaßt. Gerettet hat uns dann das Ansprechen und Austauschen unserer Wahrnehmungen und Empfindungen und der Versuch, die verworrene Situation zu klären.

Darüber kamen wir auch wieder ins Fahrwasser kooperativer Zusammenarbeit; das Thema unserer letzten Einheit hieß „Vom Leitbegriff zur gespielten Szene aus dem pädagogischen Alltag". Jede Dreiergruppe suchte sich drei Leitbegriffe/Leitideen , die wir gerade zusammengestellt hatten, aus und bereitete nach Einigung auf Rollen- und Handlungsgerüst eine Szene vor, die anschließend vorgespielt und auf Videoband aufgenommen wurde. Wir wollten damit die im Zentrum des Interesses stehenden Leitbegriffe konkretisieren, um darüber Material für eine Auseinandersetzung über pädagogische Konzeptinhalte zu gewinnen, die nicht nur im Medium der Sprache geführt wird.

Zum Schluß reflektierten wir im Plenum den Tagesablauf und beendeten unsere Arbeit mit einem abschließenden Spiel.

Den zweiten Blocktermin (ebenfalls 4 x 1 1/2 Stunden) eine Woche später begannen wir mit einem Fragespiel im Kreis: „Eine Frage an Dich zum Ablauf der letzten Woche"; anschließend analysierten wir die gespielten Szenen in Zweiergruppen. Die SpielerInnen der ersten Szene nannten ihre Konzepionsbegriffe/-ideen, die sie sich als Grundlage ihres Spiels aus unserer Sammlung ausgewählt hatten, wir sahen uns das erste Video an und die jeweiligen Zweiergruppen überlegten sich „Was ist aus dem Konzeptionsbegriff/der Konzeptionsidee in der Dynamik des Spiels geworden?". Wir hatten damit insgesamt acht Stellungnahmen zur Dynamik des Interaktionsverlaufs der Szene und arbeiteten gemeinsam aus diesem breiten Interpretationsmaterial zentrale Gesichtspunkte heraus. Für die erste Szene war der Verantwortungsaspekt der Erziehung ein wesentlicher

Gesichtspunkt unserer Diskussion und wir bezogen uns auf Andreas Flitners konzeptuelle Orientierung und formulierten eine erste Gegensatzeinheit „Behüten – Freigeben"[5]. Die zweite Szene – in gleicher Weise bearbeitet – ergab einen inhaltlichen Interpretationsschwerpunkt im Hinblick auf die Balance von „Akzeptieren – Konfrontieren"[6]. Die dritte Szene führte uns zu Flitners Überlegungen zur Bedeutung von „Unterstützen – Verstehen – Ermutigen" (Flitner 1985, 116ff.), und wir formulierten als pädagogische Aufgabe die Gegensatzeinheit „Unterstützen – Herausfordern". Die zentrale Problematik der vierten Szene bestand im „Grenzen setzen" als Aufgabe der Erziehung – statt mit falscher Offenheit und scheinbarer Grenzenlosigkeit eigene Standpunkte aufzugeben und die Beziehung zu verwirren. Hierbei waren wir inhaltlich an Andreas Flitners Begriff des „Gegenwirkens" orientiert (ebd. 98ff.) und brachten ihn in den Zusammenhang von „Gegenwirken – Mitwirken – Lassen".

Diese Analyse der Video-Szenen und der Versuch, sie mit Hilfe pädagogischer Konzept-„Bestandteile" interpretativ zu erfassen war sicher die intensivste Lernerfahrung unseres Seminars. Denn hier konnten wir gemeinsam aus der Vielfältigkeit szenischer Aspekte wesentliche Leitideen einer pädagogischer Konzeption herausarbeiten, die nicht mehr nur theoretisch blieb, sondern durch die Verbindung von Spiel und Sprache als inneres Anliegen deutlich wurde. Um diesen Erkenntnisgewinn wieder mit biographischen Erfahrungen zu verbinden, führten wir die Arbeit mit dem Thema fort „Ich suche nach Schaltstellen zwischen meiner Lebensgeschichte und den mir wichtigen Konzeptionsbegriffen". Zunächst hatte jeder Zeit, in Einzelarbeit sich dazu Gedanken zu machen, danach tauschten wir uns im Plenum aus. Bei diesem Austausch gab es drei inhaltliche Schwerpunkte, die sich schematisch in folgenden Aussagen bündeln lassen:

[5] Flitner, Andreas, München 1985, 83ff.; Flitner nennt hier „Behüten – Auswählen der Lebenswelt", daraus formulierten wir eine Gegensatzeinheit „Behüten – Freigeben".
[6] Dieser Aspekt ist am deutlichsten in Flitners „Gegenwirken" enthalten; s. ebd. 98.

- „Ich sehe jetzt erst, daß ich ein ‚inneres Konzept' habe. Bisher dachte ich immer, ich würde nur spontan und situativ handeln."
- „Mein bisher vertretenes Konzept hat sich als sehr einseitig herausgestellt. Mir fehlen bestimmte Aspekte darin; ich will es überdenken und erweitern, um handlungsfähiger zu werden."
- „Mir ist der Zusammenhang zwischen meiner Lebensgeschichte und dem, was mir konzeptuell ‚liegt', klar geworden; u.U. muß ich deshalb bei bestimmten Themen in meiner pädagogischen Arbeit auf mich aufpassen."

Nach diesem Plenum waren wir alle recht geschafft, aber auch sehr zufrieden mit unseren Arbeitsergebnissen – und beeindruckt von der persönlichen Offenheit und Bereitschaft, eigene Positionen zu problematisieren und sich darüber auszutauschen. In einer abschließenden Reflexion war auch viel von Dankbarkeit untereinander spürbar; uns allen war klar, daß erst die thematische Arbeit in der Gruppe diese persönlichen Lernerfolge möglich gemacht hatte.

Deutlich wurde aber auch, daß die Leitung wieder einmal falsch geplant hatte: Denn an dieser intensivsten Stelle der Gruppenarbeit war die Zeit des zweiten Blocktages um und dafür bekamen wir nun ordentlich unser „Fett ab". Ob es nun planerische Nachlässigkeit war, oder wir mit dieser Intensität der Arbeit nicht gerechnet hatten, – die StudentInnen hatten recht; daß wir sie noch innerlich sehr bewegt entließen, war nur mit deutlicher Unzufriedenheit verkraftbar. Daran änderte auch die Tatsache nichts, daß wir das Seminar ja mit einer abschließenden Nachbesprechung ein paar Tage später beenden wollten.

Eine Variante der Bewältigung des durch die Leitung geschaffenen Problems brachte ein Student ein, indem er in der Schlußrunde immer wieder Fragen stellte, die keiner von uns verstand. Im nachhinein sehe ich darin einen Versuch zur Differenzierung des eigenen Selbst von der nicht aufgelösten dichten Gruppenatmosphäre. Dadurch, daß wir für Möglichkeiten zur Ablösung und Trennung nicht gesorgt hatten[7], mußte er das auf seine Weise tun,

---

7 Auf die Wichtigkeit der Ablösung und Trennung verweisen u.a. Angelika und Eike Rubner (1992, 247ff.).

die aber bei den anderen TeinehmerInnen auf wenig Verständnis stieß.

Als Nachbesprechung des Seminars hatten wir eine 1 1/2-stündige Einheit vorgesehen, in der wir mit Hilfe einer Übersicht, in der unsere Themen und Strukturen aufgelistetet waren, dem Thema „Was war? – War was?" nachgingen. Wir reflektierten den Kursverlauf hinsichtlich der thematisierten ES-, ICH-, WIR- und GLOBE-Aspekte – zunächst eher in distanzierter Weise, erst allmählich aneinander interessiert und kommunikativ. Kritik wurde deutlich an meiner „Verbesserei" (1. Blocktag) und unserem „vergessenen" Ausstieg am 2. Blocktag und wir überlegten gemeinsam, wie eine sinnvollere Gestaltung hätte aussehen können. Insgesamt aber wurde diese Art der Arbeit an pädagogischen Konzeptionen als ein sehr wichtiges und wünschenswertes Studienangebot eingeschätzt und der Gewinn dieser Art der Aneignung handlungsorientierender pädagogischer Inhalte mit Hilfe der Themenzentrierten Interaktion als differenziert, tiefgründig und authentisch gewertet.

2.1.2 TZI im Projektstudium

In den folgenden Ausführungen möchte ich die inhaltliche Struktur einer an der Themenzentrierten Interaktion orientierten Arbeit in einem viersemestrigen Projektstudium zum Thema „Pädagogische Interaktion" darstellen, in der TZI als „innere Leitlinie", nicht aber als am Standardverfahren orientiertes Vorgehen den Lernprozeß orientiert.

Am Fachbereich Sozialpädagogik der Fachhochschule Frankfurt können die Studierenden nach dem Grundstudium aus einem Angebot von ca. 10 Projekten eines auswählen, um sich in den folgenden vier Semestern mit einem exemplarischen Arbeitsschwerpunkt aus dem sozialpädagogischen Arbeitsfeld näher und intensiver zu beschäftigen. Das Projekt, das ich zusammen mit einer Kollegin, die am Fachbereich den Schwerpunkt Musikpädagogik/Musiktherapie vertritt, zum Thema „Pädagogische Interaktion" anbiete, sieht über die vier Semester jeweils vier Semesterwochenstunden und eine zweitägige Blockveranstaltung pro Semester vor; darüber hinaus sind die StudentInnen für mindestens 50 Tage in einer pädagogischen Einrichtung praktisch tätig.

Unsere Arbeitsschwerpunkte liegen auf der „Ebene pädagogischer Konzeptionen", in die wir wissenschaftliche Theorieanteile und praktische Erfahrungen einbeziehen. Diese Art der Erarbeitung von handlungsorientierenden Elementen (pädagogische Vision, Haltung und Methode) verstehe ich nicht als theoretisches sondern „mimetisches Lernen"[8]; ich meine damit ein an Konzeptbegriffe sich mit Hilfe von Erfahrungsmaterial, bildhaften Vorstellungen und wissenschaftlichen Theorien „anschmiegendes" Lernen, das seine Gegenstände aus verschiedenen Perspektiven beleuchtet. Bei dieser Art des Lernens liegen Sachverhalte nicht von vornherein als Lerninhalte fest, sondern sie schälen sich aus den unterschiedlichen Wahrnehmungen und Deutungen ohne systematische Deduktion heraus. Es geht also weniger um Vollständigkeit und definitorische Abgrenzung von Phänomenen, als vielmehr darum, in einem gemeinsamen Lernprozeß aus der Gesamtschau der Erfahrungen und Interpretationen einer Gruppe die wesentlichen auf pädagogisches Handeln bezogenen Sachverhalte erst herauszuarbeiten. Wissenschaftliche Theorien werden hierbei zwar immer wieder eingebracht, aber sie sind nicht Ausgangspunkte unserer Arbeit. Dementsprechend besuchen die Studierenden von der Projektgruppe bestimmte „projektbegleitende Theorieveranstaltungen", die den Anschluß der Projektarbeit an die wissenschaftliche Theorie gewährleisten sollen.

Damit die Lerninhalte uns nicht subjektivistisch-willkürlich „zufallen", haben wir bestimmte Themenbereiche, die wir im Verlauf der vier Semester bearbeiten: Unsere übergeordneten Themen sind „pädagogische Konzeption", „pädagogische Interaktion" und „pädagogische Institution", weitere Themenbereiche sind „Kindheit –

---

[8] Auf den Begriff der Mimesis, der mir hinsichtlich der Konzeptionalisierung von Lernprozessen, wie wir sie im Projektstudium intendieren, bedeutsam erscheint, kann ich hier nur hinweisen; vgl. dazu z.B. Adorno, Theodor W.: Ästhetische Theorie, Band 7 der Gesammelten Schriften. Frankfurt 1970; Knepler, Georg: Geschichte als Weg zum Musikverständnis. Leipzig 1977; Tomberg, Friedrich: Mimesis der Praxis und abstrakte Kunst. Neuwied und Berlin 1968.

Adoleszenz – Erwachsen-Sein", „Kindheit im Wandel – Kindheit heute", „Spielen – Lernen" sowie „Medien".

Wir haben mit diesen inhaltlichen Vorgaben einen Überblick, an dem wir unsere Arbeit immer wieder orientieren könnne, ohne daß deshalb die davon ausgehende Struktur unsere Arbeit im Sinne von Vollständigkeit oder Gleichgewicht bestimmt.

Im Verlauf des Projekts ist eine immer intensivere Durchdringung der Themenbearbeitung durch eigene Praxiserfahrungen und Praxisreflexion sowie die Interaktion in der Gruppe intendiert. Ersteres wird dadurch erreicht, daß die Studierenden in den Semesterferien nach ihrem ersten Projektsemester eine zweiwöchige Blockpraxis in einer selbstgewählten Institution absolvieren und für die Zeit der folgenden drei Projektsemester an jeweils einem Tag in der Woche in ihrer Einrichtung tätig sind. Dadurch fließen in den Lernprozeß immer mehr Erfahrungsanteile aus der unmittelbaren pädagogischen Arbeit ein, die Konzentration auf Konzeptbegriffe wird immer „realistischer". Der Interaktionsaspekt unserer Gruppenbeziehungen wird u.a. dadurch in den Lernprozeß eingeholt, daß wir immer wieder, besonders aber an den Blocktagen, z.B. mit Hilfe der Musikimprovisation die Beziehungen untereinander und ihre Bedeutungen im Hinblick auf die Arbeitsinhalte reflektieren.

Auch wenn wir nicht immer mit expliziter Themenformulierung den Prozeß gestalten, haben wir den Zusammenhang von Subjektbezug, Gruppeninteraktion und der Orientierung an Sachverhalten als Leitlinie unserer Arbeit vor Augen.

Im Verlauf der gemeinsamen Arbeit entwickeln die einzelnen TeilnehmerInnen zunehmend ihre eigenen thematischen Schwerpunkte: So geben wir im ersten Semester noch zu referierende pädagogische Konzeptionen vor und verlangen nach dem ersten Praxisteil die Ausarbeitung einer Institutionsanalyse. Die weiteren Praxisberichte (ein fokussiertes Thema aus der eigenen Arbeit, eine „didaktische Einheit" und das Führen eines privaten „Institutionstagebuches") werden aber inhaltlich von den Interessen und Arbeitsschwerpunkten der StudentInnen bestimmt, und unsere Themenvorgaben ergeben sich aus den Inhalten und der Art und Weise unserer Gruppenarbeit.

Im folgenden möchte ich einen Überblick über einen idealtypischen Arbeitsverlauf in den vier Projektsemestern geben:

1. Projektsemester:
- Einführung in das Projektstudium, Überblick über inhaltliche Schwerpunkte, sich untereinander bekanntmachen;
- Thema „Kindheit" (wir arbeiten mit Erlebnisberichten der StudentInnen und entwickeln daraus Konzeptaspekte heraus);
- Thema „Pädagogische Konzeptionen" (Referate, die auf Leitbegriffe und Leitideen pädagogischer Konzepte hin überprüft werden);
- In einer Blockveranstaltung werden die aus den Erlebnisberichten der Studentinnen und aus den Referaten entnommenen Themen im Medium der Musik und des Rollenspiels „inszeniert" und reflektiert;.
- Besuche in drei pädagogischen Institutionen;
- Thema „Institution" (Kriterien einer Institutionsanalyse);
- abschließende Auswertung des ersten Projektsemesters mit Hilfe der angefertigten Protokolle; Erweiterung unserer Betrachtungen durch die Ergebnisse in den „projektbegleitenden Theorieveranstaltungen".

2. Projektsemester:
- Thema: Institution (Bearbeitung der „objektiven Seite" mit Hilfe der Institutionsanalysen und der „subjektiven Seite" durch Erfahrungsberichte);
- Thema „Spielen" (Referate zum Spielbegriff und zu Spielkonzepten; Reflexion eigener Spielerfahrungen – auch mit Hilfe musikalischer Spielübungen (Blockveranstaltung));
- Thema: „Lernen" (Referate zum Lernbegriff und zu Lernkonzepten; Reflexion eigener Lernerfahrungen – auch als Reflexion unserer Projektarbeit [Blockveranstaltung]);
- Thema „Institution" (Bearbeitung eines kurzgefaßten Theorietextes und Verbindung der theoretischen Darstellungen mit eigenen Erfahrungen aus der institutionellen Arbeit);
- abschließende Auswertung des zweiten Projektsemesters mit Hilfe der angefertigten Protokolle; Erweiterung unserer Betrachtungen durch die Ergebnisse in den „projektbegleitenden Theorieveranstaltungen".

3. Projektsemester:
- Bearbeitung der „fokussierten Praxisberichte", in denen die StudentInnen ein Thema ihrer Wahl aus ihrer praktischen Arbeit zum Gegenstand nehmen;
- Themen, die sich aus dieser Bearbeitung ergeben (Erstellung einer Literaturliste bzw. eines Readers dazu);
- Thema „Pädagogische Konzeptionen" (Überlegungen zum methodischen Konzeptelement; Was ist eine „didaktische Einheit"? Blockveranstaltung zur Reflexion unseres Gruppenprozesses);
- abschließende Auswertung des dritten Projektsemesters mit Hilfe der angefertigten Protokolle; Erweiterung unserer Betrachtungen durch die Ergebnisse in den „projektbegleitenden Theorieveranstaltungen";

4. Projektsemester:
- Bearbeitung der „didaktischen Einheiten" mit jeweiligen Themenstellungen der VerfasserInnen;
- spezifische Themen, die sich aus den „didaktischen Einheiten" ergeben;
- Thema „Interaktion" (theorieorientiertes Referat und Rollenspiele im Rahmen einer Blockveranstaltung)
- abschließende Auswertung des vierten Projektsemesters mit Hilfe der angefertigten Protokolle; Erweiterung unserer Betrachtungen durch die Ergebnisse in den „projektbegleitenden Theorieveranstaltungen";
- Auswertung der inhaltlichen Projektarbeit (Konzeption-orientiert); Thema „Gruppe" (Reflexion des Entwicklungsprozesses unserer Gruppe)

In unserer Projektarbeit versuchen wir, mit Hilfe unterschiedlicher Strukturen und Medien, fünf Inhaltsbereiche miteinander zu verbinden bzw. aufeinander zu beziehen: lebensgeschichtliche Erfahrungen der TeilnehmerInnen, aus der Fachliteratur herausgearbeitete Elemente pädagogischer Konzeptionen, wissenschaftliche Theorien zu Leitbegriffen der Konzeptionen, pädagogische Praxiserfahrungen der StudentInnen sowie die Reflexion der Interaktionen in unserem gemeinsamen Arbeitsprozeß. Die Verschränkung sachbezogener, subjektbezogener und interaktionsbezogener Aspekte führt unseres

Erachtens zu erheblich größerem Kompetenzgewinn als dies bei einer Auftrennung z.b. in Theorieveranstaltung und Gruppendynamik der Fall ist. Unsere Projektarbeit ist an der Themenzentrierten Interaktion orientiert, ohne daß sie sich an der Art der Ausgestaltung von WILL-Ausbildungskursen ausrichtet. Wir folgen dabei Reisers Überlegungen zur Spezialisierung der TZI nach Aufgabe und Feld: „Die Weiterentwicklung und die Anerkennung der TZI in der Pädagogik werden in dem Maße möglich sein, wie sich die TZI-Technik von der Dominanz des in der Ausbildung gelehrten Standardverfahrens löst und sich für die unterschiedlichen Felder und Aufgaben der Pädagogik (hier: der Hochschuldidaktik W.L.) spezifiziert" (Reiser 1993, 68).

2.2 Helmut Reiser
TZI-orientierte Pädagogik-Vorlesungen – ein Beispiel

2.2.1 Der Rahmen

Das Beispiel stammt aus einer Vorlesung für die Studienrichtung Pädagogik bei Verhaltensstörungen. Diese Veranstaltung, die stets von 60–120 Studierenden besucht wird, ist gedacht als Gelegenheit, zentrale Themen in einem systematischen Zusammenhang zu hören, sich zu Kleingruppen mit besonderer Thematik zusammenzufinden und sich auch mit mir auseinanderzusetzen. Unter den Bedingungen der Massenuniversität wird damit ein Raum geschaffen, in dem drei Aspekte von gleichwertigem Gewicht zum Zuge kommen sollen:
– einerseits geht es um die wissenschaftlich stringente Darstellung der „Lehrmeinung" eines Professors, mit der sich die Studierenden auseinandersetzen können,
– andererseits ist der Kontakt unter den Zuhörern und zwischen den Zuhörern und mir ebenso wichtig, da
– die gesamte Veranstaltung und die vermittelten Inhalte im Kontext der schwierigen Berufsperspektive von den Studierenden auf ihr persönliches Erleben, ihre Entwicklung und ihre individuellen Bedürfnisse bezogen werden.
Die Universitätsveranstaltung erhält so über die wissensvermittelnde und die berufsvorbereitende Funktion hinaus einen Eigenwert als Erfahrungsraum von persönlichkeitsbildender Relevanz.
Dieser Erfahrungsraum, der in Kleingruppenveranstaltungen schon oft bestätigt wurde, kann – und dies ist die These meines Beitrages –, auch in Großgruppen verwirklicht werden. An anderer Stelle (Reiser 1986, 1995a) habe ich von meinen Versuchen berichtet, derartige Veranstaltungen mit Hilfe des Modells der Themenzentrierten Interaktion zu gestalten. Je nach dem zu erwartenden Zuhörerkreis, den flankierenden Veranstaltungen und meinen persönlichen

Möglichkeiten arbeite ich mit Demonstrationen, Vorträgen mit „Verdauungspausen" in Form von ad-hoc-Kleinstgruppen, Innenkreis-Diskussionsrunden, mündlichen und schriftlichen Rückmeldungen usw. Ich stellte die Vor- und Nachteile von begleiteten, durch Tutor/innen/en angeleiteten Kleingruppen und von selbständigen Kleingruppen ohne Leitung fest. Auch der leiterzentrierte Vortrag mit Diskussion behauptet seinen festen Platz und erweist sich umso fruchtbarer, je mehr ein Klima intensiver Auseinandersetzung auch in der Großgruppe erreicht werden kann.

Die Situation, von der im folgenden Beispiel berichtet wird, stammt aus einer zweisemestrigen Veranstaltung von wöchentlich 120 Minuten Dauer zum Thema: Lernen in Gruppen mit Verhaltensgestörten. Ziel war es, Gruppenprozesse theoretisch kennenzulernen, im eigenen Lernversuch wiederzuerkennen und die Arbeitsfelder und Konzepte der Pädagogik bei Verhaltensstörungen daraufhin zu durchforsten, inwiefern Gruppenprozesse dort bedeutsam sind und wie sie behandelt werden. Neben den Ergebnissen der sozialpsychologischen Kleingruppenforschung wurden insbesondere die psychoanalytischen Erkenntnisse zu Gruppenprozessen dargestellt.

Neben dem wöchentlichen Plenum als Großgruppenveranstaltung mit einem systematischen Lehrprogramm wurden selbständige Kleingruppen gebildet, die sich in eigener Wahl und Verantwortung einem Arbeitsfeld zuwandten. Zudem fand wöchentlich ein ca. einstündiges offenes Planungsgespräch statt, in dem aus den Kleingruppen berichtet, das Verhältnis von Großgruppen- und Kleingruppenarbeit reflektiert und der Fortgang der gesamten Veranstaltung geplant wurde. Den Kleingruppen standen auf Nachfrage Tutor/innen/en als Berater zur Verfügung.

2.2.2 Das Rollenspiel

Sechs Teilnehmer dieser Veranstaltung hatten sich zu einer Kleingruppe zum Thema: „Gruppenprozesse in der Heimerziehung" zusammengefunden. Unter anderem verband sie der Wunsch, sich rasch aus der Großgruppe zurückziehen zu dürfen, in der sie gegen die Anstrengung, mit der grossen Zahl zurechtkommen zu müssen, opponierten. Ein Teilnehmer formulierte für sich und die anderen ein „Recht auf Regression", ein „Recht auf Symbiose". Als die Kleingruppe sich jedoch etabliert hatte, konnten sich die Teilnehmer/innen nicht einigen, wie sie vorgehen sollten, was sie überhaupt behandeln wollten. Rat wurde nicht nachgefragt, und die beschworene Harmonie mochte sich von alleine nicht einstellen.

In einer anderen Gruppe hatten sich drei bereits examinierte Teilnehmer/innen zusammengefunden, um den Unterricht im Jugendstrafvollzug zu untersuchen. Einer von ihnen (A.) hatte dort unterrichtet, aber vor wenigen Wochen gekündigt, weil ihm unter den Bedingungen des Gefängnisses ein pädagogisches Arbeiten nicht möglich schien. In den letzten Stunden seiner Unterrichtstätigkeit hatte er mit einer Gruppe von 6 männlichen Jugendlichen versucht, ein Hörspiel herzustellen, was jedoch mit einer „Randale" endete. Um diese Abläufe besser verstehen zu können, kamen die Studierenden auf die Idee, diese Situation nachzuspielen und im Plenum vorzuführen. Als Mitspieler gewannen sie die Teilnehmer/innen der „Heimgruppe".

So führten beide Gruppen gemeinsam bei der Vorstellung ihres Arbeitsergebnisses ein Rollenspiel auf, das sie nach den Anweisungen von A. einstudiert hatten. A. selbst spielte den im Zentrum stehenden Jugendlichen (das Schloßgespenst), ein anderer spielte A. als Lehrer. Das Spiel wurde auf Video aufgenommen. Für die Zuschauer wurden durch diese Gestaltung drei Ebenen gegenwärtig: Auf der ersten Ebene präsentierten die Spielenden ein Ergebnis ihrer Arbeitsgruppen; auf der zweiten Ebene agierten die jugendlichen Strafgefangenen mit ihrem Lehrer A.; als eine dritte Ebene kann die Handlung des Hörspiels bezeichnet werden, welches die Strafgefangenen herstellen wollten.

Bei der Reflexion der auf diesen drei Ebenen ablaufenden Gruppenprozesse stellte es sich heraus, daß die drei Ebenen durch die aus der psychoanalytischen Gruppenarbeit bekannten Spiegeleffekte miteinander thematisch verschränkt waren. Um diese Verschränkung herauszuarbeiten und damit den Lernprozess der Studierenden nachzuzeichnen, ist es notwendig, daß ich zunächst den Ablauf des Rollenspiels zusammenfasse:

Die Studierenden spielten eine von periodischen aggressiven Durchbrüchen gekennzeichnete Interaktion in der Strafgefangenengruppe. Auf die Frage des Lehrers, ob sie, die Jugendlichen, denn gerne noch zusammen – wie einst als Idee geäußert – ein Hörspiel herstellen möchten, ruft ein Jugendlicher: „Hui-Bui, Hui-Bui". Es handelt sich um Hui-Bui, das Schloßgespenst, eine Hörspielkassette für Kleinkinder, die offensichtlich alle Jugendlichen kennen. Trotz des heftigen Protests eines Jugendlichen gegen diesen „Kleinkinderscheiß" beschließen die Jugendlichen, diese Kassette nachzuspielen. Der Lehrer treibt die Ausführung dieses Entschlusses durch ordnende und bestimmende Intervention voran; es werden die Rollen und Aufgaben verteilt und die Szenen, die zu spielen sind, eingeteilt. In der ersten Szene kommt der neue Schloßherr an und wird durch den Diener untertänig begrüßt. In der zweiten Szene tritt Hui-Bui, das Schloßgespenst, auf, rasselt mit Ketten (einem Schlüsselbund) und ruft drohend, er sei der Schrecken aller Schrecken. In der dritten Szene soll der neue Schloßherr in der Nacht sehr laut sein: das Gespenst soll sich erst beim Diener darüber beschweren und dann direkt den neuen Schloßherrn bedrohen mit dem Satz: „dem wird ich 's aber zeigen!" Diese Handlung soll „genauso wie richtig" (d.h. wie auf der Kassette) nachgespielt werden.

Unter tätiger Mithilfe des Lehrers wird sofort die erste Szene auf Band aufgenommen. Die zweite Szene braucht zwei Anläufe, da in der ersten Fassung das Gespenst zu wenig Krach macht; den Schülern ist das Türnallen zu leise, dem Lehrer ist das Spiel nicht kraftvoll genug. Die Stimme des Gespenstes, das Furcht erregen soll, ist weinerlich, piepsig und gequetscht; sie bleibt auch so beim zweiten Versuch, der am zweiten Unterrichtstag abgeschlossen wird. Es kommt immer wieder zu tumultartigen Unterbrechungen. Am zweiten Unterrichtstag wird noch die dritte Szene angegangen. Der Schloßherr sitzt beim Abendessen und frißt mit lauter Geräuschentwicklung; das Schloßgespenst erscheint an der Tür und beschwert sich beim Diener erregt über den Krach. Der Diener versucht, es zu besänftigen und den Schloßherrn abzulenken. Beide sprechen leise, erregt, das Gespenst wütend, aber weinerlich. Schließlich steuert das Gespenst in den Raum auf den Schloßherrn zu und soll sagen: „Dem werd ich's aber zeigen!" Der Spieler des Gespenstes fängt jedoch in höchster Erregung beim ersten Wort „dem" zu stottern an und kann kein Wort mehr hervorbringen. Ein Schüler ruft: „Jetzt stottert der noch"; tumultartiger Abbruch. Der zweite Versuch spitzt das Gespräch zwischen Diener und Gespenst noch mehr zu; die Erregung steigt. Auch diesmal bringt der Spieler des Gespenstes, der ansonsten nicht stottert, den entscheidenden Satz nicht über die Lippen. Der Satz wird ihm vorgesagt, auf einen Zettel geschrieben, er sagt ihn nach. Am dritten Unterrichtstag wird die Szene zum drittenmal versucht. Und wieder kommt der Jugendliche, der das Gespenst spielt, beim letzten Satz nicht weiter, stottert den Buchstaben „d"; diesmal stürzt er sich auf den Jugendlichen, der den Schloßherrn spielt, und es entsteht eine Prügelei; fünf Jugendliche sind beteiligt, das Mobiliar wird zertrümmert. Der Jugendliche, der immer wieder gegen diesen „Kinderscheiß" opponiert hatte, ruft: „Aufhören! Spinnt ihr, wir kommen alle in den Bunker." Die Jugendlichen erstarren, der Lehrer ist ratlos.

2.2.3 Der erste Spiegel

Das Rollenspiel, das in der Vorlesung zunächst in einer sehr lustigen Stimmung aufgenommen wurde, löste bei den Zuschauerrn und den Spielern starke Betroffenheit aus. Während die Spieler wieder aufräumten, bat ich die Studierenden, daß jeder für sich einen besonders beeindruckenden Satz, eine Geste oder ein Requisit des Spiels auf einen Zettel notiere. Danach berichteten die Spieler, wie es ihnen mit ihrem Spiel und bei ihrem Spiel ergangen sei. In der nächsten Phase beantwortete A. Sachfragen zu der Situation und den Jugendlichen. Anschließend notierten die Studierenden an der Tafel den Satz, die Geste, das Requisit, das sie spontan beeindruckt hatte. Ich bat sie, dabei Zusammengehöriges in räumlicher Nähe zu plazieren. So entstand ein Tafelbild, das die ersten Eindrücke verdichtete. Eine Gruppe von Notizen bezog sich auf die vorwärtsstrebenden Interventionen des Lehrers; eine andere auf die Stimme und auf das Stottern des Gespensts sowie auf den unaussprechlichen Satz; eine andere gruppierte sich um Schloß, Schlüssel, Tür, eingeschlossen, Bunker; wiederum eine andere um Auftreten und Äußerungen des „schleimigen Dieners", eine andere um die Ansprüche der Schloßherrschaft, um den neuen Schloßherrn und sein lautes Fressen; eine weitere um den Protest gegen den Kinderkram und das Bemühen „alles richtig" zu machen.

Danach eröffnete ich die Diskussion mit der Frage des Lehrers: „Jetzt möcht' ich mal begreifen, was hier passiert ist?" Sehr schnell erkannten die Studierenden, daß das Spiel der Strafgefangenen etwas mit der realen Situation zu tun hatte. Warum wählten die Jugendlichen eine so kindliche Vorlage und versuchten, sie sklavisch nachzuspielen? Der neue Schloßherr mag zu tun haben mit der Phantasie über den neuen Lehrer, den sie nach dem Weggang von A. kriegen werden. A. bestätigte, daß darüber eine angstbesetzte Diskussion in der Gruppe gelaufen sei. Mußten die Jugendlichen nicht eine große Wut auf A. haben, der sie im Stich ließ? A. dazu: Er habe zu ihnen ein gutes Verhältnis gehabt und zu ihnen gesagt, daß er das nicht mehr mitmachen könne in diesem Knast. Entgegnung: Aber die Jugendlichen müssen doch drinnen bleiben und zwar als Insassen, Gespenster ihrer selbst, eingekerkerte tote Wesen. Assoziationen: Schlüssel–Schloß–Türknall–Schloßherr. Der Unterschied zwischen den Eingeschlossenen und den Schließenden besteht in der Schlüsselgewalt. Der Schloßherr hat alles; er frißt wie eine Sau.

Ich frage nach der Ursache der Eskalation. Die Jugendlichengruppe hatte sich in die Phantasie gesteigert, daß man es dem neuen Schloßherrn zeigen werde – stellvertretend für die ganze Benachteiligung, Einschließung und Zurücksetzung – aber diese Phantasie konnte nur mit einer Enttäuschung enden – mit Bunker. Die Eskalation wurde auch vom Lehrer vorangetrieben, indem er auf der stofflichen Ebene intervenierte, die Szene gemäß der Vorlage einübte, auch Kritik übte und Forderungen stellte. Die scheinbare Sachanforderung und Sachautorität förderte auf der Ebene des Gruppenprozesses eine fatale Dynamik, drängte zum Kulminationspunkt. Die Studierenden fragten, ob auch der Lehrer in den Figuren des Spiels vorgekommen sei. Er wollte nicht mehr Schloßherr sein, er hatte gekündigt. Ein Student glaubte, Züge des Lehrers im Diener zu erkennen – ambivalent, besänftigend, und doch in seiner Stellung profitierend vom bestehenden Gewaltverhältnis.

A. erkannte sein Problem darin wieder. Ein Diener zweier Herren? An dieser Stelle ging die Zeit dem Ende zu. Wir schauten uns noch einmal das Video an und analysierten die Stufen des Gruppenprozesses, die Momente, die die Erregung vorantrieben, das Verhalten der einzelnen im Prozess. Es blieben Fragen offen.

In dem ersten Spiegel wurde das Spiel als Abbild der Realität der Jugendlichen begriffen. Damit war es noch nicht vollständig erfasst. Einige Wochen später ergab sich die Gelegenheit zu einem Einzelgespräch mit A.

2.2.4 Der zweite Spiegel

A., der sich intensiv mit den Problemen des Jugendgefängnisses auseinandergesetzt hatte, hatte selbst bemerkt, wie sehr sein Problem mit dem „Knast" sich in dieser Lerngruppe widerspiegelte. Er sah ein, daß er den Zorn, der auch auf ihn gerichtet war, bis zu einem Punkt verschoben hatte, an dem er sinnlos explodierte.

Er wollte wissen, ob er es hätte anders machen können, wenn er in der Situation gemerkt hätte, wie sehr er selbst darin verwickelt war und welches Thema gespielt wurde.

Wir phantasierten gemeinsam: Wie es zu erreichen gewesen wäre, daß die Jugendlichen freier von der Vorlage hätten agieren können. Ob man zumindest im Spiel den Schloßherrn hätte verjagen können, wenn A. den Jugendlichen anstelle des hilflosen Satzes:"Dem werd ich's aber zeigen" andere Ausdruckmöglickeiten angeboten hätte, z.B. Schreien, schreckliche Geräusche, die es dem Schloßherrn wirklich gezeigt hätten. Wir waren uns einig, daß Metakommunikation, Ansprechen des Realthemas in dieser Gruppe nicht möglich war, daß aber von Seiten des Lehrers ein ich-stützendes Gestaltungsangebot auf der Symbolebene des Spiels nötig gewesen wäre.

In diesem zweiten Spiegel sieht A. sich in der symbolischen Darstellung der Gruppe, die er betreute. Er sieht sich handlungsunfähig, da ihn die Ambivalenz lähmte, ein Teil des

Schließapparats und zugleich ein Teil der Revolte zu sein; und in seiner Rolle als Lehrer verlangte er von den Jugendlichen, daß sie die Revolte auf die Bühne brachten, womit sie überfordert waren.

2.2.5 Das Rollenspiel als Anschauungsmaterial

Im darauffolgenden Semester bot ich eine Veranstaltung „Konflikt-bearbeitung in Lerngruppen" an, wiederum als Großgruppe mit Themenzentrierter Interaktion. Ca. 40 Studierende aus dem vorange-gangenen Semester besuchten – neben „neuen" Teilnehmern – auch diese Veranstaltung.

Einer Vorlesungsstunde legte ich das Video „Hui-Bui, das Schloßgespenst" zugrunde. Ich hatte dies angekündigt, um die damaligen Spieler, von denen vier auch in der laufenden Vorlesung anwesend waren, zu informieren. Wir zeigten das Video und sie erläuterten ihr Spiel. Dann stellte ich folgende Fragen an die Zuschauer:

1. Welche Motive stecken hinter der Rollenspielhandlung der Strafge-fangenen?

2. Was haben diese Motive zu tun

a) mit den einzelnen „Ich's" (der Lebensgeschichte und Situation der Strafgefangenen wie des Lehrers)?

b) mit der Situation der Gruppe, im Verhältnis zueinander und zum Lehrer? (Wir)

c) mit dem Arbeitsziel Deutschunterricht? (Es)

d) mit den Rahmenbedingungen dieser Gruppe (Globe)

Ich forderte zu Kleingruppen auf (à 2 – 4 Teilnehmer), die sich schwerpunktmässig mit den Fragen 1 und 2a oder b oder c oder d beschäftigen sollten. Da vor diesem Thema bereits behandelt war, wie unbewußte Gruppenphantasien aus Symbolen und Szenen ent-schlüsselt werden können, und da auch das Prozeßmodell der Themenzentrierten Interaktion eingeführt worden war, konnten die Studierenden diese Aufgabe bearbeiten.

In der Diskussion entstand eine systematische Analyse des Rollen-spiels im ersten und im zweiten Spiegel. Es konnten auch die Fragen

der Beteiligung des Lehrers und alternativer Handlungsmöglichkeiten besprochen werden. Nach dieser Vorlesungsstunde
trafen sich die Mitglieder der ehemaligen Heimgruppe. Es kamen
auch diejenigen, welche die laufende Vorlesung nicht mehr besuchten.

2.2.6. Der dritte Spiegel

Einige Mitglieder der ehemaligen Heimgruppe hatten mir in der
laufenden Vorlesung intensive und fruchtbringende Diskussionen
geliefert, ausgehend von meinen heftigen Attacken gegen antipäd-
agogische und regressive Strömungen unter den Studierenden. Nun
waren sie bereit, ihren Gruppenprozess unter dem Gesichtspunkt von
Autorität und Rebellion, Struktur und Prozeß zu betrachten. Sie
trafen sich zunächst allein, schauten sich das Video an und
diskutierten miteinander. Dann hatten sie ein langes Gespräch mit
mir. Das Rollenspiel zeigte nun als Spiegel auf einer dritten Ebene ihr
Verhalten im Lernprozeß mit mir. Das Gespräch fand 7 Monate nach
dem Rollenspiel statt. Sie erzählten von ihrem schwierigen Gruppenprozeß, der gekennzeichnet war durch gegenseitiges unbewußtes
Rivalisieren um die Gruppenführung bei gleichzeitiger Betonung von
Harmonie und Wohlbefinden, durch Protest gegen meine Vorgaben
und Leitung und zugleich durch den Anspruch, mehr von mir zu
bekommen als nur Aufgabenstellungen.

„Dem werd ich's aber zeigen" war – gemünzt auf mich – auch ihr
Schlüsselsatz, und Ambivalenz war auch ihr emotionaler Zustand. Ihr
Widerspruch führte zur Verweigerung in der Großgruppe, ihre
Ambivalenz zur Lähmung der Kleingruppe.

Durch das Angebot der „Knastgruppe", am Rollenspiel mitzuwirken,
hatte sich ein Ausweg geboten. Die Analyse des Videos hatte gezeigt,
daß jeder von ihnen die Rolle aufgegriffen hatte, die er/sie auch in
der Lerngruppe gespielt hatte. Sie fanden es charakteristisch, wie sie
die Rollen im Spiel gemäß ihrer Position in der Lerngruppe
übernommen hatten: der Oppositionelle, der Vermittelnde, die
Strukturierende, der Harmonisierende. So hatten sie sich in die

Rollen des Spiels „total eingelebt". Einige hatten Motive aus ihrer persönlichen Lebensgeschichte, ihrem familiären Hintergrund oder ihrer pädagogischen Erfahrung entdeckt, die sie im Spiel ausgelebt hatten.

In der Analyse des Geschehens in der Strafgefangenengruppe waren sie auf aufschlußreiche Punkte gekommen, die mein Verständnis vertieften: Das Nachspielen der kommerziellen Kassette mit dieser Thematik sei der inkarnierte Wiederholungszwang. Die Sachfixiertheit des Lehrers fixiere auf den Wiederholungszwang. Das Video gab ihnen die Gelegenheit, die gefundenen Formen distanziert zu betrachten. Wäre ein solcher Prozeß auch mit den Strafgefangenen möglich gewesen?

2.2.7. Lebendiges Lernen statt Training

Ich hoffe, mein Bericht macht meine Arbeitsweise deutlich (vgl. Reiser 1986, 1995a). Themenzentrierte Interaktion intendiert „Lebendiges Lernen". Das Vorgehen ist methodisch reflektiert, durch Strukturangebote gesteuert und von pädagogischen Prämissen bestimmt, jedoch zugleich prozeßorientiert. Prozeßorientierung bedeutet, daß die Verläufe nicht im voraus bestimmt werden können. Jeder Lernprozeß gestaltet sich anders; es kann kein Programm geben, das als Standardverfahren zu durchlaufen wäre. Der Leiter arbeitet nicht wie ein Programmierer von Lernschritten, eher wie ein Regisseur in einem Improvisationstheater, mit vorbereiteten Kulissen, Versatzstücken und vor allem mit einer präzisen Reflexion und Methodik. Das Hauptinstrument ist die Person des Leiters selbst. Das Thema entfaltet sich im Beziehungsdreieck von Individuellem, Gruppenprozessen und Sachanspruch innerhalb der situativen und gesellschaftlichen Rahmenbedingungen. In der Reflexion frage ich nach der dynamischen Balance von Struktur und Vertrauen; Vertrauen nicht nur als Aufbau der Vertrauensbeziehungen zwischen den Personen, sondern vor allem Vertrauen zu sich selbst und zum eigenen Lernprozeß.

Zu bedenken ist bei einem solchen Vorgehen, daß es für alle

Beteiligten strapaziös sein kann. Jede Lernunternehmung ist zugleich ein Experiment. Während des Prozesses muß Freiwilligkeit im Sinne einer wachsenden Bereitschaft, sich als Person einzulassen, hinzutreten. Dies kann nicht verordnet werden.

2.3 Helmut Reiser
Ein Modell zur Reflexion von Unterricht nach der Themenzentrierten Interaktion

2.3.1 Zum Gebrauch des Modells

Modelle zur Reflexion von Unterricht versuchen eine Systematisierung. Sie stehen damit in einem eigentümlichen Widerspruch zu der eigentlichen Tätigkeit der Vorbereitung bzw. Nachbereitung: Das Nachdenken über Unterricht ist stets komplex, zirkulär, mehrere Gesichtspunkte gleichzeitig betrachtend, spontan. Einige Überlegungen führen zu vorläufigen Festlegungen der Planung, bzw. Beurteilung, andere widersprechen diesen ersten Fixpunkten, also werden diese wieder revidiert usf.

Bei der Unterrichtsplanung ist es sofort einleuchtend, daß sie von Einfällen lebt: Einfälle zu den Inhalten, zu den Zielen, zu den Medien; Einfälle aus meinem Interesse oder aus dem Interesse der Schüler; Einfälle, deren Verwirklichungsmöglichkeiten im Geist durchgespielt werden, die variiert, verworfen oder realisiert werden. Kurzum: Unterrichtsplanung ist Antizipation von Möglichkeiten und benötigt didaktische Phantasie.

Dennoch ist Unterrichtsplanung nicht unsystematisch. Reflexionshilfen haben zweierlei Aufgaben: Einerseits können sie ein Spektrum der verschiedenen Ansatzmöglichkeiten aufzeigen und dadurch Einfälle ermöglichen, also didaktische Phantasie anregen, andererseits können sie, wenn die Umrisse einer Planung stehen, ein Raster bieten, nach dem die Planung noch einmal durchgegangen wird: Habe ich in meiner Begeisterung für die Gesichtspunkte, die mir wichtig waren, andere wichtige Gesichtspunkte übersehen, gibt es Risikostellen, Verbesserungsmöglichkeiten, Alternativen zu meiner Planung? Die Vorbereitung des Unterrichts hat dann ihren Zweck erfüllt, wenn ich durch diese Klärung so sicher geworden bin, daß ich beim Unterrichten jederzeit den geplanten Ablauf verlassen kann, wenn dies sinnvoller ist.

Daß es sich bei der Nachbereitung des Unterrichts ähnlich verhält, leuchtet erst auf den zweiten Blick ein: Auch hier ist der spontane Einfall zum dem Erlebten ein wichtiger Wegweiser zu den kritischen Punkten des Geschehens. Eine systematische Reflexionshilfe kann dann hilfreich sein, den Bereich zu orten, auf den mein spontaner Einfall zielt, und ihn genauer zu untersuchen: Hakte es an meiner Zielsetzung, an der Stoffdurchdringung, oder auf der Beziehungsebene oder an einzelnen Arbeitsschritten? Erst wenn der unmittelbare Zugang zu dem eigenen Erleben ausgeschöpft worden ist, erfüllt eine systematische Reflexionshilfe ihren zweiten Zweck: Durchzuchecken, was ich übersehen oder verdrängt habe.

Reflexionshilfen sind erforderlich, weil sie das kreative und spontane Denken systematisieren: In einem ersten Schritt, indem sie den Punkt im Bedingungsgefüge des Unterrichts orten, an dem ich spontan gelandet bin; in einem zweiten Schritt als Checkliste zur Erfassung des Gesamtsystems. Ich schreibe: Als Checkliste, denn in Praxis ist ein operativer, kein schematischer Gebrauch der Reflexionshilfen angezeigt. Eine umfassende Bedingungsanalyse des Unterrichts ist bei fortlaufender Praxis in konstanten Lerngruppen nicht jedesmal ganz von vorne erforderlich, da die Basisbedingungen, die einmal analysiert worden sind, nur auf ihre Veränderungen abgeklopft werden müssen.

Ich setze in Lerngruppen auf die Einübung positiver Routine: Eingespielte Arbeitsweisen, Zeitverläufe, Umgangsformen, die vom direkten Handlungsdruck befreien und Überschaubarkeit ermöglichen. Nur eine immer wieder systematisch durchgeführte Reflexion kann gewährleisten, daß Routine nicht zum Schlendrian verkommt.

2.3.2 Die Elemente der Bedingungsanalyse des Unterrichts nach TZI

Das Schaubild zur Bedingungsanalyse des Unterrichts versucht, eine Systematik zu bieten, die nach Gesichtspunkten der TZI geordnet ist und zugleich an altbewährte Überlegungen der allgemeinen Didaktik anknüpft[1]. Ich will zunächst die Eckpunkte des Dreiecks und den Umkreis erklären, aber gleich hinzufügen, daß es weniger auf die Punkte ankommt als auf die Beziehungen der Punkte zueinander.

Bedingungsanalyse des Unterrichts nach TZI

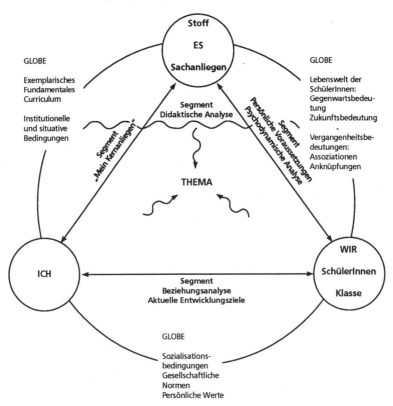

In dieser Fassung des Modells ist mit ICH der Lehrer gemeint als ein Eckpunkt im Geschehen. Das Dreieck ist demnach das bekannte

[1] Eine handliche Zusammenfassung der wichtigsten didaktischen Konzepte, auf die ich mich beziehe, bietet W.H. Peterßen, Handbuch der Unterrichtsplanung, München [3]1988.

127

„didaktische Dreieck" Lehrer-Schüler-Stoff[2]. Die Schüler/innen kommen bei diesem Modell sowohl als einzelne in das Bild, als individuell Einzigartige, wie auch als „WIR", das heißt als Teil einer Gruppe.

Die „ICH"- und die „WIR"-Aspekte sind in der TZI wesentlich deutlicher ausgearbeitet als in den herkömmlichen didaktischen Modellen.

Beim ICH-Aspekt geht es um Subjektivität: Um das subjektive aktuelle Erleben und Wollen, das nur verstanden werden kann auf dem Hintergrund biografischer Bedeutungen und in der Zielvorstellung persönlicher Autonomieentwicklung. Das erste Postulat der TZI beinhaltet den Apell, sich selbst "zu leiten", das heißt Entscheidungen bewußt wahrzunehmen und zu treffen und Eigenverantwortung zu entwickeln.

Der WIR-Aspekt bei TZI beinhaltet einerseits gruppendynamische Prozesse der Konfliktaustragung und Vertrauensbildung, der Konfrontation und Kooperation, der unbewußten Gruppenphantasien und der bewußten Vereinbarungen. Andererseits beinhaltet er als Korrelat zur Eigenverantwortung die Veranwortung für die anderen, denn Autonomie und Verbundenheit (Interdependenz) sind aufeinander angewiesen als eine Einheit von Gegensätzen[3].

Der dritte Eckpunkt – bei der TZI „ES" benannt – wird hier mit „Stoff" bezeichnet. Dies soll ausdrücken, daß es hier um den Inhalt geht, wie er z.B. in der Bildungstheorie als Träger eines „Bildungsgehalts" analysiert wird. In der herkömmlichen Didaktik finden wir zu diesem Punkt die umfangreichsten Erörterungen.

Weniger systematisiert ist in der allgemeinen Didaktik dagegen der Umkreis, der in der TZI als „GLOBE" bezeichnet wird.

Der GLOBE, die Kugel, die das Binnensystem der Lerngruppe umschließt, ist auf innigste mit dem Lernprozeß verbunden. Um die Fülle der GLOBE-Aspekte deutlich zu machen, kann man die Kugel-bildlich weitersprechend – in verschiedene Schalen aufgliedern, die

---

[2] Die Variationen der Wichtungen der Eckpunkte spielt durch J. Diederich, Didaktisches Denken, München 1988, 256f.

[3] Diese Gegensatzeinheit wird im ersten Axiom der TZI angesprochen.

jeweils einen Umwelt-Aspekt hervorheben: Die direkte, situative Lebenswelt; die institutionelle Verankerung, hier: in der Schule und im Schulsystem; die gesellschaftlichen Normen und Widersprüche; die existentiellen Bezüge, bei denen es um die Sinnerfüllung des eigenen Lebens, um persönliche Werthaltungen geht, z.B. aktuell um die Erhaltung der natürlichen Lebensgrundlagen der Menschheit.

Die TZI stellt den Anspruch, daß Lehrende sich der GLOBE-Dimension jedes Lernprozesses stets bewußt sein sollen und verwirft von daher axiomatisch Unterrichtskonzepte, die Lernen als die Vermehrung isolierter Wissensbestände begreifen. Der Begriff „Lebendiges Lernen" meint nicht nur den „lebendigen" Vorgang der Vermittlung, sondern auch die Integration des Wissens in eine lebendige, wachsende Person und die Bedeutung dieses Wissens für das Verständnis von „Leben", wobei „Leben" begriffen wird sowohl als persönliche Lebenspraxis wie auch als ethische Norm[4].

Aspekte dieser GLOBE-Dimension finde ich den verschiedenen didaktischen Konzepten reichlich, aber verstreut. Im Schaubild habe ich verschiedene Aspekte der GLOBE-Dimension auf den GLOBE-Verbindungslinien der Eckpunkte angeordnet. Dies soll zum Ausdruck bringen, daß es neben den direkten Verbindungslinien zwischen den Eckpunkten immer auch Verbindungen gibt, die über den GLOBE vermittelt sind.

In der Beziehung zwischen ICH und WIR spielen die individuellen und die gemeinsamen Sozialisationsbedingungen eine wesentliche Rolle, ebenso wie die über die Person ausgedrückten, mitunter unbewußten, persönlichen Werthaltungen und die gesellschaftlichen Normen, die dem Verkehr der Personen zugrundeliegen oder in ihm vermittelt werden. Die GLOBE-Aspekte in der Lehrer-Schüler-Beziehung kreisen um Wertschätzung der Person, Leistung, Macht, Zuteilung gesellschaftlicher Chancen.

Auf die GLOBE-Verbindungslinien zwischen WIR und ES habe ich die Frage aufgenommen, welche Bedeutung die Unterrichtsinhalte für

---

4 Die TZI entwirft jedoch kein begrifflich scharfes philosophisches System; sie ist eher zu beschreiben als ein Zusammenhang von Fragen, die Wahrnehmung und Bewußtheit schärfen.

die Lebenswelt der Schüler haben. Die Fragen nach der Gegenwartsbedeutung und der Zukunftsbedeutung gehören zum didaktischen Repertoire. Aus den psychoanalytischen Erkenntnissen schließt die TZI mit Fragen nach der Vergangenheitsbedeutung an, denn die Bedeutungen, die Dinge und Vorgänge für Personen gewinnen können, erwachsen aus den biografischen Erfahrungen, dem lebensgeschichtlichen und zeitgeschichtlichen Hintergrund.

Auf die Verbindungslinie zwischen ICH und ES setze ich die Analyse der institutionellen Bedingungen, die in der Schulform und der konkreten Schule gegeben sind, und der situativen Bedingungen wie Schulklima, Schulumgebung, Ausstattung. Hier ordne ich auch die curricularen Fragen ein, wie die Einordnung der Lehrziele in Vorgaben, die gesellschaftlich legitimiert sein müssen.

Aus dem Schaubild geht hervor, daß das Unterrichtsthema etwas anderes ist als der Unterrichtsstoff. Im Thema sollen nicht nur der Stoff, sondern auch die GLOBE-Bezüge, die ICH-Bezüge und die WIR-Bezüge eines Lernvorgangs enthalten sein. Wenn z.B. zu einer Unterrichtseinheit als Thema angegeben wird: „Die Frühblüher", so ist dies ein Stoff und kein Thema. Meine erste Frage an den Lehrer lautet dann: "Warum wollen Sie, daß sich diese Schüler jetzt mit diesem Gegenstand (Frühblüher) beschäftigen?" Die Standardantworten sind zumeist: Weil jetzt Frühling ist, weil es im Buch steht, weil es im Lehrplan vorkommt, weil ich dazu gute Anschauungsmittel habe, weil das immer so gemacht wird.

Ein Thema kann aus diesem Stoff werden, wenn ich mich frage, was die Schüler mit diesem Stoff zu tun haben, was in der Gruppe gewollt oder ungewollt ausgelöst werden kann, wenn sich die Klasse damit beschäftigt, was ich an diesem Stoff wichtig finde. Ein Thema zu diesem Stoff kann z.B. sein: „Wir finden heraus, warum Krokusse und Tulpen schon so früh im Jahr blühen können – Welcher ‚Trick' ist hier dabei?"

Ich kann dieses Thema in ein übergeordnetes Thema einbetten: „In jedem Frühling regen sich die Wachstumskräfte der Natur von Neuem: Woran spüre und sehe ich das bei den Pflanzen, den Tieren, den Menschen und bei mir selbst?"

Das erste Thema hat den Akzent mehr auf dem ES-Aspekt, schließt aber auch Eigeninitiative und Möglichkeiten der Gruppenarbeit mit ein. Das zweite Thema enthält mehr Ich-Aspekte und spricht stärker das Erleben des Frühlings an.

Die TZI zielt darauf, die GLOBE-, ICH-, ES- und WIR-Aspekte in ein solches Verhältnis zu setzen, daß Erleben, Eigenaktivität und Gruppenaktivitäten angeregt werden. Zu diesem Zweck dürfen die Schwerpunkte nicht langandauernd einseitig sein. Die TZI benennt dieses Ziel mit dem Begriff der "dynamischen Balance". Um ein Thema im Sinne der dynamischen Balance zu finden und einzupegeln, ist eine Bedingungsanalyse des Unterrichts hilfreich.

2.3.3 Die 4 Segmente der Analyse des Bedingungsgefüges

Nach jahrelangen Versuchen mit verschiedenen Gliederungen und Checklisten bin ich dazu gekommen, vier Segmente der Bedingungsanalyse zu unterscheiden. Im Sinne des operativen Gebrauchs sollte der Einstieg in die Reflexion – sei es zur Vor- oder zur Nachbereitung – spontan an einem beliebigen Punkt erfolgen; es ist dann möglich, diesen Punkt in einem der vier Segmente zu orten und dieses Segment genauer zu untersuchen. Dies schließt nicht aus, daß es beim Fortgang der Überlegungen wieder liegengelassen und zu einem späteren Zeitpunkt wieder aufgegriffen werden kann. Die Systematik kann nicht in der Abfolge, wohl aber im Gesamtprozeß erreicht werden.

2.3.3.1 Die Beziehungsanalyse

Das Basissegment der Entwicklung einer Lerngruppe ist die Beziehungsanalyse. Sie wird in den meisten didaktischen Konzepten vernachlässigt.
Die Beziehungsanalyse kann mit folgenden Fragen beginnen:
Was fällt mir als erstes ein, wenn ich an diese Lerngruppe denke?
Welche Schüler/innen fallen mir ein? Ich stelle mir nacheinander einige Schüler/innen vor, z.B.: ein Kind, das mir sympathisch ist; ein Kind, mit dem ich Probleme habe; ein Kind, das ich leicht übersehe;

ich phantasiere, was sich diese Kinder denken, wenn sie mir in der Schule begegnen, wenn ich den Klassenraum betrete. Was weiß ich von der Lebensgeschichte und den Lebensverhältnissen dieser Schüler?

Was weiß ich von den Beziehungen der Kinder untereinander? Umgangston zwischen Jungen und Mädchen? Cliquen und Außenseiter? Verbindungen in der Pause, in der Freizeit?

Wenn ich mit dieser Lerngruppe eine Wanderung machen würde durch schwieriges Gelände, wie würde sich die Gruppe verhalten? Würde sie sich verlieren, zusammenbleiben, sich unterstützen oder zanken? Auf wen würde ich mich verlassen können, von wem erwarte ich negative oder positive Führungsrollen? Wovon und von wem läßt sich die Gruppe leicht anstecken?

Die Schüler/innen haben eine andere Kindheit, als ich:

Was ist mir an ihren Sichtweisen und Gewohnheiten fremd, was finde ich gut, was regt mich auf? Ich phantasiere, wie die Schüler mich als Person einschätzen, wie sie über mich reden? Habe ich Wünsche, wie über mich geredet werden soll? Was will ich mit den Schülern erreichen an Umgangsformen, Arbeitsgewohnheiten, Einstellungen? Wenn es dabei Konflikte gibt:

Was macht mich in Konfliktsituationen unsicher, was gibt mir Sicherheit?

Erwachsene werden in verschiedenen Rollen und Funktionen benötigt: Als Mütter, Väter, Sportvereinstrainer, ältere Geschwister, Kumpel und eben auch als Lehrer; als Vertraute, Idole, Gegner, Helfer, Schiedsrichter. Ich versuche mit einem Satz auszudrücken: Was ist derzeit meine wichtigste Funktion als Lehrer in dieser Klasse? Was ist mein nächstes Ziel auf der Beziehungsebene?

Diese Fragen sollen nur als Anregungen dienen. Man kann die Analyse der Beziehungsstruktur weiter ausspinnen, wenn man auf Gefühle und Phantasien stößt, die mich mit der Klasse oder die Klasse untereinander verbinden.

Wenn man die Gelegenheit hat, mit anderen zusammen zu reflektieren, scheint es mir am günstigsten, einfach von der Klasse und meiner Beziehung zu ihr zu erzählen. Die Zuhörer sollen dabei darauf achten, welche Themen der Betroffene anspricht, und welche er nicht anspricht, z.B. umgeht, andeutet. Durch die Wahrnehmung der Inhalte des Erzählten in Verbindung mit der Ausdrucksweise in Mimik, Gestik, Tonfall werden bei den Zuhörern Körperempfindungen, Gefühle und Assoziationen geweckt, die sie dem Erzähler mitteilen und zu deren besserem Verständnis sie Nachfragen stellen. Sie sollen darauf verzichten, zu interpretieren und Ratschläge zu geben, sondern statt dessen nachfragen in dem Bemühen, die Empfindungen, Phantasien und Überlegungen des Betroffenen möglichst deutlich zu erkennen. Sie müssen darauf achten, daß der Betroffene selbst die Richtung des Gesprächs in der Hand behält, und vermeiden, ihn mit der eigenen Beteiligung zu überschwemmen. In einem solchen Gespräch werden auch versteckte Irritationen, die sich z.B. in Langeweile, Unlust oder Nicht-Wissen äußern, leichter deutlich. Bei längerer Arbeit mit einer Lerngruppe sollte man ein solches kollegiales Gespräch suchen auch ohne den Anlaß eines konkreten Problems[5].

2.3.3.2 Die didaktische Analyse

Auf der gegenüberliegenden Seite zum Basissegmet habe ich die Didaktische Analyse eingetragen. Die Beibehaltung dieses Begriffs erscheint mir aus dem pragmatischen Grund angebracht, um Anschluß an die herrschenden Unterrichtskonzepte zu gewinnen, und von der Sache her, weil ohne eine genaue Stoffanalyse Unterricht nicht möglich ist.

Allerdings hat die Kunst der didaktischen Analyse zu ungeheuren Wucherungen geführt: Abertausende von Lehramtsreferendaren haben sich mit didaktischen Analysen die Finger wund geschrieben, ohne daß die Relevanz für den Unterricht diesem Aufwand entspricht; im Gegenteil wurde dadurch die Stoffdominanz des Unterrichts gefördert. So trete ich dafür ein, die didaktische Analyse abzuspecken. Was ist unverzichtbar?

---

5 Für die Alleinarbeit finden sich Anregungen der Ich- und der Wir-Vorbereitung in: M. Kröger, Themenzentrierte Seelsorge, Stuttgart [3]1973, 238ff.

Als erstes muß der Stoff in seiner inneren Struktur durchleuchtet sein. Dieser Schritt wird in vielen Anleitungen heute von der didaktischen Analyse getrennt als Sachanalyse abgehandelt. Hier stehen folgende Fragen an: Um welche Sachverhalte geht es, welche Aspekte weisen sie auf, welche inneren Bezüge/Gesetzmäßigkeiten/ Ordnungen muß ich beachten? Was muß ich zuerst wissen/können, um das nächste verstehen/tun zu können? In welchen übergeordneten Zusammenhängen stehen diese Sachverhalte?

Dieses Feld, das die Fachdidaktiken beackern, muß ich hier nicht weiter ausführen.

Als nächstes betrachte ich die GLOBE- Bezüge des Stoffes.

Auf der einen Seite geht es um die Position des Stoffes in dem Curriculum und die Lehrziele, die vom Curriculum her vorgeschlagen werden. Wichtig ist für mich die Frage nach dem Exemplarischen und nach dem Fundamentalen? So zielt die erste der oben genannten Themenformulierungen zu dem Stoff „Die Früblüher" auf das Exemplarische (den „Trick" der Frühblüher), die zweite Themenformulierung bezieht das Fundamentale ein (das Erleben des Frühlings).

Auf der anderen Seite geht es um den Bezug des Stoffes zur Lebenswelt der Schüler in der Frage nach der Gegenwartsbedeutung und der Zukunfstbedeutung der mit dem Stoff dargestellten Sachverhalte und der in dem Stoff angelegten Bildungsgehalte[6].

Stoffdominanz des Unterrichts kommt auch dadurch zustande, daß die Lehrziele aus der didaktischen Analyse abgeleitet werden. Die Bestimmung der Lehrziele (ebenso wie des Themas) ist aber erst möglich, wenn die zwei weiteren Verbindungslinien, nämich WIR-ES (Schüler-Stoff) und ICH-ES (Lehrer-Stoff) reflektiert worden sind.

---

[6] Die verschiedenen Möglichkeiten einer didaktischen Analyse sind hiermit nur angedeutet, vgl. Peterßen, aaO.; siehe die Weiterentwicklung von Klafki, in W. Klafki, Neue Studien zur Bildungstheorie und Didaktik, 2. erw. Aufl., Weinheim/Basel 1991, 270ff.

2.3.3.3 Das Segment „Mein Kernanliegen"[7]

Unterricht kann nicht anders als langweilig werden, wenn der Lehrer sich für den Stoff überhaupt nicht zu interessieren scheint. Bevor ich mich also anschicke, einen motivationalen Zugang für die Schüler zu suchen, muß ich ihn bei mir selbst entdecken.

Nun gibt es Unterrichtsinhalte, zu denen ich eine unmittelbare Beziehung habe, die mich reizen, begeistern, aber es gibt auch solche, die mich zunächst langweilen. Wichtig ist hier, daß ich mir meiner Bezüge zu den angesprochenen Sachverhalten bewußt werde: Wann und wie bin ich ihnen schon einmal begegnet, welche Bedeutung hatten sie damals für mich? Welche Bedeutung haben sie gegenwärtig in meinem Leben? Welche Bedeutung werden sie in Zukunft für mich haben? Welche Wichtigkeit spreche ich ihnen überhaupt zu? Auch und gerade negative emotionale Tönungen müssen ausgesprochen werden.

Die didaktische Begeisterungsfähigkeit des Lehrers hebt sich jedoch von der persönlichen ab. Wenn ich zum Beispiel feststelle, daß die bildhafte Vergegenwärtigung der Landkarte Deutschlands für mich selbstverständlich ist und ich sie im Alltag laufend benutze, wenn ich z.B. Städtenamen höre oder Reisen plane, dann heißt das noch lange nicht, daß mich die Landkarte begeistert. Wofür ich mich aber brennend interessieren kann, ist die didaktische Frage: Worauf beruht diese Fähigkeit, wie habe ich sie erworben, wie benutze ich sie, gibt es Hilfen, Orientierungsmittel, wie kann ich den Nutzen plausibel machen, wie kann ich diese Fähigkeit erwecken?

Bei einer Unterrichtsvorbereitung muß man mindestens zweimal auf auf die Frage zurückkommen, was mein Kernanliegen in dieser Einheit ist: Einmal im ersten Wurf und dann wieder, nachdem man die anderen drei Segmente durchgegangen ist.

Leitfragen können sein:

Worauf kommt es mir bei diesem Unterrichtsthema an? Was will ich

---

7 Die Formulierung „Mein Kernanliegen" ist entlehnt von K.R. Platzer-Wedderwille, Lehrerausbildung und Unterricht mit TZI, in: Themenzentrierte Interaktion H. 1/1987, 50ff.

in diesem Unterricht mindestens erreichen? Was halte ich darüber hinaus für wünschenswert/möglich?

Meine Einstellung auf den Unterrichtsstoff und die Bestimmung meiner Lehrziele hängt wesentlich davon ab, welche Bedingungen ich habe: Klassenraum, andere Schulräume, Schulgelände, Umgebung, didaktisches Material, Unterstützung oder Einschränkungen durch Kolleginnen und Kollegen, Hausmeister, Schulleitung, zeitliche Lage des Unterrichts, Zeiteinteilung usf. Diese Rahmenbedingungen sollen unter der Fragestellung untersucht werden: Kann ich für die Durchführung meines Unterrichtsvorhabens Rahmenbedingungen nutzen oder Rahmenbedingungen verbessern, z.B. durch Kooperation mit Kollegen/Kolleginnen, durch die zeitliche Plazierung der Stunden, Benutzung von Medien, von didaktischem Material, von Unterrichtsgängen außerhalb der Schule, Zusammenarbeit mit Eltern usf.?

Auf der Ebene der Vermittlung stoffgebundener Fähigkeiten und Fertigkeiten führt die Frage nach meinem Kernanliegen, wenn sie nochmalig nach der Durcharbeitung aller vier Segmente gestellt wird, zur Benennung der Lehrziele. Die Lehrziele sollen differenziert sein nicht nur nach den herkömmlichen Kriterien der übergreifenden („groben") und der detaillierten („feinen") Ziele oder nach taxonomischen Kategorien wie kognitiv, emotional, praktisch. Für weitaus wichtiger halte ich die Differenzierung der Ziele für bestimmte Schüler sowie nach Mindestlehrzielen und weitergehenden Zielen.

Dasselbe gilt für die Ziele, die sich aus der Analyse der ICH-WIR-Verbindungslinie ergeben, und die sich beziehen auf die Arbeitsfähigkeiten und Umgangsformen in der Lerngruppe; sie kommen zu den stofforientierten Lehrzielen hinzu und werden in ein- und demselben Unterrichtsarrangement beabsichtigt.

Sehr viele wichtige Lehrziele sind nicht operationalisierbar, andere müssen operationalisiert und auch überprüft werden, jedoch keinesfalls am Ende jeder Stunde oder Einheit. Da der Begriff Lernziel mit dem Fetisch der Operationalisierung eng verknüpft ist, bevorzuge ich die Bezeichnung Lehrziel, die ausdrückt, daß die Ziele meine Absicht sind, was noch lange nicht bedeutet, daß sie zur Absicht der Schüler werden oder gar deren Lernen bestimmen.

Erst die bewußte und akzeptierte Möglichkeit, daß das Lernen der Schüler anderen Zielen folgt, als meinen Wünschen und Vorgaben, schafft den Freiraum für lebendiges Lernen.

2.3.3.4 Persönliche Voraussetzungen und psychodynamische Analyse

Überlegungen zu den persönlichen Voraussetzungen der Schüler finden sich in allen didaktischen Konzepten, z.b. im Berliner Modell in der Kategorie der anthropogenen Voraussetzungen. Der Begriff Voraussetzungen sollte als doppelseitiger verstanden werden: Voraussetzungen der Personen für den Stoff, wie auch Voraussetzungen des Stoffes für die Personen, d.h. die stofflichen Inhalte sind auch im Hinblick auf die Personen zu bestimmen. Zu bedenken sind nicht nur die praktischen und kognitiven Voraussetzungen zur Bearbeitung und Erfassung des Stoffes, sondern auch die motivationalen und emotionalen, die besonders für die Überlegungen wichtig werden, wie der Stoff in der Lerngruppe behandelt werden soll.

Das heißt, daß man zu dieser Kategorie immer wieder zurückkehren muß, wenn man in der Vorbereitung oder Nachbereitung Abläufe, Arbeitsschritte, Situationen reflektiert. Auf die Ausarbeitung dieser Kategorie kann ich hier verzichten .

In den didaktischen Konzepten nicht bedacht sind die psychodynamischen Bedeutungen, die die Beschäftigung mit dem Unterrichtsstoff gewinnen kann. Diese sind jedoch sowohl für den einzelnen wie für die kollektiven Phantasien in der Gruppe von höchster Bedeutung.

Fast jeder Unterrichtsstoff kann Assoziationen auslösen, die an unbewußte oder vorbewußte Themen anknüpfen, und in fast jedem Arbeitsprozeß können diese Themen unerkannt Einfluß gewinnen, indem sie sich als erwünschte oder unerwünschte emotionale Beteiligungen zeigen, im letzteren Fall als Langeweile, Ablenkung oder Disziplinstörung.

Mit dem Postulat, daß Störungen „Vorrang" haben, drückt die TZI aus, daß derartige Erscheinungen vom Lehrer näher untersucht werden sollen. Sie können durch die psychodynamische Analyse in die Reflexion und Unterrichtsplanung aufgenommen werden.

Die Assoziationen, die Schüler zum Stoff haben, sind lebensgeschicht-
lich bedingt, und laufen nicht immer in die gewünschte schulische
Richtung. Ein Lehrer mag zum Beispiel entrüstet sein, wenn Schüler
bei der Zeichnung der Sinus-Kurve "Busen" assoziieren, übersieht
aber dabei vielleicht, daß der Wortsinn im Lateinischen diese
Bedeutung enthält, wie z.b., auch noch in unserem Begriff Meeres-
busen.

Das Konfliktpotential dieser Assoziation mag im allgemeinen gering
sein, aber es kann in geeigneten Momenten dennoch die Klasse mit -
und fortreißen, und dies umso heftiger, je mehr die Assoziationen aus
der schulischen Kommunikation verbannt werden sollen, z.b. wenn
bei der Assoziation „Busen" „Männerphantasien" gegen Klassenkameradinnen oder Lehrerinnen gewendet werden.

Bekannt sind die emotionalen Bezüge bei der Bearbeitung von
Texten, sei es im Deutsch- oder Religionsunterricht, z.B. die Wirkung
von Märchen. Dennoch werden selbst Texte, die in hohem Ausmaß
Bilder und Symbole enthalten, die aus dem Unbewußten kommen
und Unbewußtes mobilisieren, zumeist nicht auf ihre psychodynamischen Wirkungen hin analysiert- meist aus Unkenntnis dieser
Möglichkeit. Ähnlich geht es vielen Lehrern, die freie Texte von
Kindern schreiben lassen oder durch Aufschreiben aufnehmen. Sehr
oft enthalten solche Texte bedeutsame Mitteilungen aus dem ganz
persönlichen Erleben, die verschlüsselt sind – auch für die Kinder
selbst, sonst könnten sie sie nicht schreiben –, und die oft
unverstanden bleiben. Die Verschlüsselungen geschehen z.B.durch
Märchenfiguren, Märchensymbole, Identifikationen mit Tieren oder
auch menschlichen Figuren, am auffälligsten dann, wenn Schüler-
äußerungen den rationalen Wortsinn verlassen und unverständlich
erscheinen.

Noch unbekannter ist die Tatsache, daß auch andere Sachthemen
mehr oder weniger bewußte Phantasien auslösen, die sich so
auswirken können, daß der Beschäftigung mit der Sache Widerstand
entgegengebracht wird, oder daß "sachfremd" mit ihr umgegangen
wird, oder auch, daß sich eine Lerngruppe besonders intensiv mit
diesem Gegenstand beschäftigen kann.

So lebt ein Teil der Beschäftigung mit der Geschichte aus der

Identifikation mit den handelnden Figuren, in denen immer wieder Grundmuster menschlichen Erlebens gespiegelt werden. In der Biologie spricht das Verhalten der Tiere, aber auch das Erleben von Ereignissen und Abläufen in der Natur („Frühling") Gefühle an von Geborgenheit, Bindung, Stärke und Ohnmacht. Selbst ein so "harmloses" Thema wie „Das Gebiß" hat seine emotionalen Assoziationen (siehe Reiser 1983, 253ff).

Es scheint so, als ob derartige Überlegungen umso legitimer gehalten werden, je jünger die Kinder sind oder je gestörter, also in Anfangsklasssen und in Sonderklassen. Dies ist jedoch unrichtig: Für einen Oberstufenlehrer, der in Geschichte die Nazizeit durchnahm, ergaben sich in der Klasse heftige emotionale Verwicklungen; es stellte sich heraus, daß er aus tiefer Betroffenheit seine jüdische Abstammung der Klasse nicht mitgeteilt hatte, gerade weil er keine Schuldgefühle erzeugen wollte, und daß gerade aus diesem Verschwiegenen ein Gestrüpp von Schuldgefühlen und trotzigem Widerstand wuchs.

Psychodynamische Ladungen von Unterrichtsstoffen werden immer dann besonders wirksam, wenn sie in die Beziehungen der Person hineinspielen oder in diese projiziert werden. So ist es z.B. möglich, daß ein junge Physiklehrerin, für die ein Teil der Jungen heimlich schwärmt, bei der Behandlung elektrischer Ladungen und Spannungen mit ständiger Unruhe, Witzelei, Gekichere und Unaufmerksamkeit konfrontiert wird. Dieses Erregungspotential läßt sich aber ebenso für einen besonders lustvollen Arbeitsprozeß nutzen, wenn es von der Lehrerin nicht als Abwertung ihrer Bemühungen verstanden wird.

Wie bei allen Segmenten ist die freie Assoziation des Betroffenen die beste Möglichkeit, um derartigen Bedeutungen auf die Spur zu kommen. Dennoch können oft Leitfragen hilfreich sein:

Welche Assoziationen kann der Stoff auslösen, welche Emotionen kann er mobilisieren, besonders bei Schülern, die besondere Positionen in der Klasse haben: als Außenseiter, als Cliquenführer, als Stimmungsmacher, als konstruktive oder destruktive Meinungsführer? Wichtig ist es, die besonders stillen Kinder, z.B. die zurückgezogenen Mädchen, nicht zu vergessen.

Enthält der Stoff Gefühle und Bedeutungen, die auch für die Beziehungen der Schüler zu mir und untereinander wichtig werden können?

Mit welchen Personen oder mit welchen Vorgängen werden sich welche Schüler identifizieren?

Enthält der Stoff Bilder, Symbole, in denen Grundprobleme menschlichen Lebens angesprochen werden und wie zeigen sich diese Probleme im Erleben der Schüler/innen?

Stets ist auf die Geschlechtsspezifität des Umgangs mit diesem Stoff besonders zu achten.

Ein heilpädagogischer Unterricht kann durch die Orientierung an TZI in ausgeprägter Weise mit diesen psychodynamischen Elementen arbeiten (siehe Reiser 1987, 181ff und in diesem Band Kap.3.2).

Aber auch ohne heilpädagogische Intention ist das Erkennen möglicher psychodynamischer Bedeutungen wichtig für die Nuancierung der Themen und für die persönliche Einstellung des Lehrers auf die Gruppe und das Thema.

2.3.4 Dynamik und Balance

Unterricht nach TZI kann nur als fortlaufender Prozeß, nicht als einmalige Veranstaltung gedacht werden. Das heißt, daß viele der oben beschriebenen Überlegungen aus der Reflexion vorangegangenen Unterrichts erwachsen. Psychodynamische Bedeutungen lassen sich z.B. oft nicht vorausahnen, da Stoffe aus der aktuellen Situation heraus mit Bedeutungen belegt werden; die Beziehungsebene ist stets im Fluß. Ich kann jedoch im Verlauf auf sie aufmerksam werden; sind mir gerade diese Aspekte wichtig, dann werde ich die psychodynamisch bedeutsamen Komponenten eines Stoffes zunächst probeweise und sehr offen anbieten, um zu erfahren, wie die Schüler darauf reagieren.

Wahrnehmung ist aller Didaktik Anfang. Wenn dieses hier vorgestellte Modell zur Reflexion von Unterricht nicht zur Verfeinerung und Schulung der Wahrnehmung führt, hat es seinen Zweck verfehlt. Aus dem Widerspruch zwischen dem Wahrgenommenen und den

Zielen, die ich mir in Übereinstimmung mit meinem Lehrauftrag setze, ensteht die Themenformulierung. Stets sollte ich ein Thema für mich formulieren, auch wenn es in dieser Form nicht immer den Schülern mitgeteilt werden kann. Im Prozeß einer Lerngruppe ist jedoch die Transparenz der Themensetzung ein wichtiges Ziel, das noch vor dem so oft genannten Ziel steht, die Themen gemeinsam mit den Schülern zu bestimmen. Die gemeinsame Themenbestimmung ist sicher eine kostbare Ausnahme im öffentlichen Schulbetrieb und sollte deshalb gepflegt werden. Erhebe ich sie aber zur alleinigen Legitimation des Unterrichts, so argumentiere ich unrealistisch und unaufrichtig.

Es ist und bleibt Aufgabe des Lehrers, das Thema und den Arbeitsprozeß in der Balance zu halten: Das heißt, darauf zu achten, daß die ICH-, die WIR-, die ES- und die GLOBE-Aspekte in einer langfristigen didaktischen Strukturierung in den Arbeitsprozeß eingebunden werden.

Eine langfristige didaktische Strukturierung setzt voraus, daß die Vorstellung von „Lektionen", die "gehalten" werden, überwunden wird.

Langfristige didaktische Strukturen bauen auf Zeit- und Arbeitsrhythmen auf, wie sie in der Grundschule in der Wochenplanarbeit und der Freien Arbeit verwirklicht sind. Sie arbeiten mit projektorientierten Unterrichtsformen, mit Individualisierung in Aufgabenbestimmung, Zeitpunkt und Zeitumfang der Bearbeitung.

141

Entwicklungsspirale in Lern- und Arbeitsgruppen nach TZI

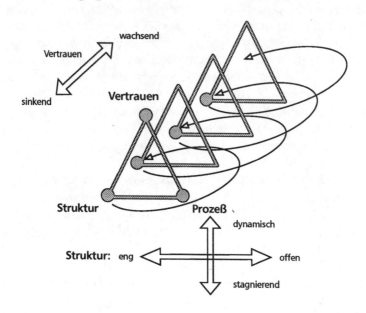

Nach TZI bewegt sich jeder Prozeß in Lerngruppen von gebundene-
ren Strukturen, von festeren Vorgaben und höherer Leiterbestim-
mung zu offeneren Strukturen, variableren Vorgaben und Selbstbe-
stimmung der Gruppenmitglieder. Dieser Prozeß ist in dem Maße
möglich, in dem das Vertrauenspotential in der Gruppe wächst.
Vertrauen heißt hier: Vertrauen, in der Gruppe aufgehoben und
beachtet zu sein; Vertrauen in die Leitung, die mich beschützt aber
zugleich fordert; Vertrauen, die Aufgaben bewältigen zu können, die
mir zugewiesen worden sind oder die ich mir zunehmend selbst
zuweise; und vor allem: Vertrauen in die eigene Entscheidungsfähigkeit und Selbständigkeit.

Je nach diesem Entwicklungsstand ist ein „offener" Unterricht oder
ein Unterricht mit festeren Vorgaben angezeigt. Die Aufgabe des
Lehrers ist immer die optimale Passung von Struktur und Prozeß im
Hinblick auf die Vertrauensentwicklung.

Es ist außerordentlich kontraproduktiv, wenn Unterrichtsabläufe nach starren Idealbildern beurteilt werden, wie ein "guter", "fortschrittlicher", „emanzipativer" oder "offener" Unterricht auszusehen habe. Phasen relativ starrer Ruhe wie auch Phasen von relativem Chaos können in einem Entwicklungsprozeß durchaus ihre Funktion haben. Entscheidend für lebendiges Lernen ist, daß immer wieder Dynamik entsteht, die immer wieder ausbalanciert wird. Dies erfordert für die Unterrichtsplanung eine Reflexion der antizipierten Abläufe nach Überlegungen wie:

Welche Darbietungsformen/Arbeitschritte/Aufgabenstellungen bieten Sicherheit, Beruhigung, Bestätigung? Welche bieten die Chance zu Konfrontation oder Kooperation, zu selbständigen Entscheidungen und Handlungen, welche setzen interaktive, kognitive oder emotionale Dynamik frei?

Welche benötigen Lenkung und Anleitung, welche experimentellen Freiraum?

Welche Abläufe passen zu diesem Zeitpunkt und zu diesem Thema optimal für diese Lerngruppe?

Die Erfahrungen aus dem gemeinsamen Unterricht mit behinderten und nichtbehinderten Kindern haben das Augenmerk auf die Balance von Gleichheit und Differenz in der Unterrichtsgestaltung gelenkt (Deppe-Wolfinger/Prengel/Reiser 1990 und Deppe-Wolfinger/Cowlan/Kreie/Kron/Reiser 1991, 1994).

Die von der TZI axiomatisch vorausgesetzte Gegensatzeinheit von Autonomie und Interdependenz erscheint hier als eine Einheit von gegensätzlichen, doch aufeinander angewiesenen Bedürfnissen im Lernprozeß: Das Bedürfnis nach selbständiger Entwicklung und Abgrenzung einerseits und andererseits das Bedürfnis nach Zugehörigkeit und Gemeinsamkeit. Beim gemeinsamen Unterricht in heterogenen Lerngruppen wird nur besonders augenfällig, was für jede Lerngruppe gilt: Jede(r) Lernende ist verschieden, jede(r) Lernende benötigt einen individuellen Spielraum für seinen Lernprozeß, jede(r) ist deshalb angewiesen auf differenzierende Elemente des Unterrichts. Andererseits ist jede(r) individuelle Lernprozeß angewiesen auf Resonanz und Rückkopplung, auf die Gemeinsamkeit in einer Gruppe, die stützt, anregt und ermuntert; in der Gruppe der gemeinsam Lernenden wird immer wieder auch das

Elemente der dynamischen Balance von Gleichheit und Differenz in Lerngruppen

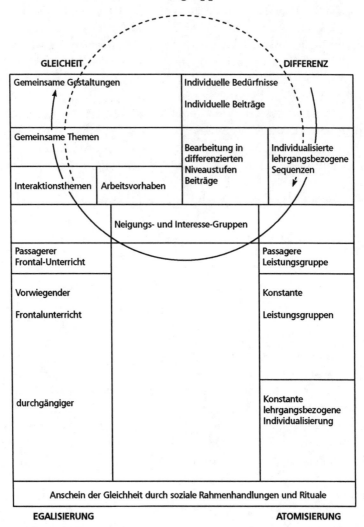

GLEICHEIT   DIFFERENZ

Gemeinsame Gestaltungen

Individuelle Bedürfnisse

Individuelle Beiträge

Gemeinsame Themen

Interaktionsthemen | Arbeitsvorhaben

Bearbeitung in differenzierten Niveaustufen Beiträge

Individualisierte lehrgangsbezogene Sequenzen

Neigungs- und Interesse-Gruppen

Passagerer Frontal-Unterricht

Passagere Leistungsgruppe

Vorwiegender

Frontalunterricht

Konstante

Leistungsgruppen

durchgängiger

Konstante lehrgangsbezogene Individualisierung

Anschein der Gleichheit durch soziale Rahmenhandlungen und Rituale

EGALISIERUNG   ATOMISIERUNG

Moment der Gleichheit hergestellt über gemeinsame Themen, Vorhaben und Gestaltungen und die Akzeptanz gleicher Rechte.

Das erste Axiom der TZI bedeutet für die Didaktik: Der individuelle

Lernprozeß kann sich umso besser entfalten, je deutlicher er an eine gemeinsame Aufgabe, die sich eine Gruppe aus dem Bereich generell wichtiger Themen vorgenommen hat, angeschlossen ist.

Die Dynamik und Strukturierung des Unterrichts ist auch unter dem Gesichtspunkt zu betrachten, wie die Balance von Gleichheit und Differenz hergestellt wird. Gerät sie aus den Fugen, so entsteht anstelle von Gleichheit eine unpersönliche Egalisierung auf der einen Seite oder Atomisierung der Individuen auf der anderen Seite. Auch wenn der Anschein der Gleichheit in der Unterrichtsgestaltung durch soziale Rahmenhandlungen und Rituale aufrechterhalten werden soll, werden sich unter der Decke Egoismus, Vorherrschaft des Konkurrenzprinzips und Resignation der nicht zum Zuge Kommenden breit machen.

Aus der Analyse des Unterrichts in integrativen Klassen stammt die Abbildung der Elemente der dynamischen Balance von Gleichheit und Differenz in Lerngruppen.

Der oben angedeutete Kreislauf symbolisiert eine gelingende Balance, bei der inidividuelle Lernschritte und Kleingruppenaktivitäten immer wieder zurücklaufen zu gemeinsamen Themen, Vorhaben, Gestaltungen und bei der aus dieser Gemeinsamkeit immer wieder Anlässe und Freiräume für individuelles Lernen und Lernen in Kleingruppen entstehen.

Der untere Teil zeigt die Gestaltungen, bei denen Gleichheit und Differenz drohen auseinanderzudriften und die Balance mißlingt.

Ich stelle mir bei Planung und Reflexion von Unterricht also auch immer die Frage:

Welche Themen, Aufgaben, Gestaltungsformen, Abläufe bieten die Chance für Individualisierung, welche bieten die Chance für Partner- und Kleingruppenarbeit, welche bieten die Chance für Gruppenaktivitäten und Gruppenerlebnisse? Wie können individualisierte und differenzierte Sequenzen mit gemeinsamen Themen und Vorhaben verbunden werden?

Diese Betrachtung des Ablaufs macht auch die Bedeutung der Beachtung von Störungen deutlich: Unterrichtsstörungen bei mir, bei einzelnen Kindern, bei Gruppen von Kindern können ein Hinweis darauf sein, daß die Balance gestört ist.

Auch ich als Lehrer bin ein Teil dieser Lerngruppe und muß dabei für meine Arbeitsfähigkeit sorgen: Was mute ich mir zu? Was stärkt meine Arbeitskraft? Wo sind meine Grenzen? Aufopferung schafft langfristig Unheil nicht nur für mich, sondern auch für die Schüler. Also frage ich mich immer wieder:

Wie kann ich es mir bei alledem wohlgehen lassen?

Meine innere Balance und innere Dynamik ist für meine Person wichtig und ist zugleich eine wesentliche Bedingung der optimalen Passung des Unterrichts.

2.4 Helmut Reiser
Gruppen- und Teamsupervision nach TZI

2.4.1 Fragestellung

Teamsupervision ist eine Unterform der Gruppensupervision. Zum Vergleich mit der Teamsupervision nehme ich im folgenden die Supervision in einer Gruppe, deren Mitglieder sich beruflich nur in dieser Supervisionsgruppe regelmäßig treffen, und nenne diese Unterform „Supervision in einer freien Gruppe".

Ich möchte im folgenden zwei Fragen nachgehen:
– Was unterscheidet die Teamsupervision von der Supervision in einer freien Gruppe?
– Was ist das Charakteristische der Supervision mit TZI?

Im Anschluß und in Erweiterung von Rappe-Giesecke(1990) unterscheide ich verschiedene „Programme" der Supervision. Es scheint mir wichtig, daß jederzeit klar erkenntlich ist, nach welchem Programm jetzt gearbeitet wird, und daß nicht während der Arbeit von einer Programmebene in die andere gewechselt wird, ohne daß dieser Wechsel thematisiert wird.

Die Programme sind:
– Fallarbeit (Arbeit an einem konkreten Problem, von dem eine(r) oder mehrere Teammitglieder berichten)
– Arbeit an einem Thema des gemeinsamen Aufgabenfelds
– Arbeit an einem Thema des gemeinsamen Globe
– Arbeit an Problemen in der Zusammenarbeit
– Reflexion der gemeinsamen Arbeit in der Supervision

2.4.2 Programme der Teamsupervision und der Supervision in einer freien Gruppe im Vergleich

a) Fallarbeit

Die Fallarbeit in der Teamsupervision unterscheidet sich von der Fallarbeit in der freien Supervisionsgruppe dadurch, daß im Team das Problem mehreren Gruppenmitgliedern bekannt sein kann, meist auch bekannt ist. Auch wenn nur ein Teammitglied den Fall vorträgt, sind doch alle Resonanzen aus dem Team auch vom eigenen Erleben und eigenen Wirklichkeitskonstruktionen mitbestimmt. Es muß also anders vorgangen werden, um diese Beteiligungen transparent und die verschiedenen Erlebensweisen desselben Falles nutzbar zu machen.

„Fälle" können sich auf verschiedene Brennpunkte hin entwickeln: auf den/die Klienten, auf die Kollegen/Kolleginnen, auf die Person des/der Berichtenden, auf die nächsten konkreten Schritte. In der Teamsupervision werden alle Fallbearbeitungen, die einen großen Anteil bei der Zusammenarbeit mit Kollegen/Kolleginnen haben, zu dem Programm: „Arbeit an Problemen in der Zusammenarbeit".

Fallarbeit mit dem Fokus auf der Person des/der Falleinbringers/in bedarf noch größerer Sorgfalt bei der Beachtung der persönlichen Schutzbedürfnisse als in der freien Gruppe.

Dagegen sind in der Teamsupervision bei Fallarbeit, die auf die nächsten konkreten Schritte zielt, in der Regel die größeren Ressourcen zu mobilisieren.

Fallarbeit in der Teamsupervision hat oft mehrere Falleinbringer. Manchmal wird sie zu dem Programm: „Arbeit an einem Thema des gemeinsamen Aufgabenfelds".

b) Arbeit an einem Thema des gemeinsamen Aufgabenfeldes

Dieses Programm wird in der Teamsupervision häufiger spontan nachgefragt als in der freien Gruppe. In der freien Gruppe entwickelt sich dieses Programm zumeist aus einer Serie von Falleinbringungen, die bestimmte Motive gemeinsam haben. Bei der Gruppensupervision ist stets zu beachten, inwiefern die Fallauswahl gemeinsame Themen (des Aufgabenfeldes, der Zusammenarbeit, des Globe) hervorruft oder wiederspiegelt (direktes oder indirektes Spiegelphänomen, Kutter 1990). Bei der Teamsupervision kann die Nachfrage nach der Bearbeitung eines Themas aus dem gemeinsamen Aufgabengebiet indirekt Probleme der Zusammenarbeit anbieten oder sie verdecken; häufig werden damit auch Globe-Themen, die auf die Institution zielen, verdeckt angesprochen.

c) Arbeit an einem Thema des gemeinsamen Globe
Das Programm „Arbeit an einem Thema aus dem gemeinsamen Globe" kommt in der freien Gruppen wohl auch vor, ist aber in der Teamsupervision nicht nur häufiger sondern auch dringlicher und bezieht sich hier zumeist auf Probleme in und mit der Institution.

d) Arbeit an Problemen der Zusammenarbeit
In der freien Supervisionsgruppe ergibt sich die Bearbeitung von Problemen der Zusammenarbeit in der Regel nur im Rahmen des Programmes „Reflexion der Zusammenarbeit in der Supervision". Hier gilt die Regel, daß alles, was zur Zusammenarbeit erlebt, phantasiert und gesagt wird, sich auch auf den Supervisionskontrakt und die Person des Supervisors/der Supervisorin (Übertragung und reales Erleben als partizipierendes Gruppenmitglied) bezieht.
In der Teamsupervision gibt es auch Probleme der Zusammenarbeit außerhalb des Supervisionsgeschehens, die innerhalb der Supervision bearbeitet werden sollen. Die o.g. Regel, wonach ein Zusammenhang mit dem Supervisionskontrakt und der Person des/der Supervisors/in vermutet wird, muß in der Teamsupervision modifiziert werden: Es ist stets fraglich, inwieweit Probleme der Zusammenarbeit mit der Supervision zusammenhängen, auf sie bezogen sind, sich in ihr spiegeln, in ihr inszeniert werden usf.

e) Reflexion der Zusammenarbeit in der Supervision
Das Programm „Reflexion der Zusammenarbeit in der Supervision" hat in der Teamsupervision einen deutlich höheren Ernst-Charakter als in der freien Gruppe, die zur Entlastung noch als Labor verstanden werden könnte, während es in der Teamsupervision immer auch um die Zusammenarbeit morgen früh geht.

f) Zusammenfassung
Der Vergleich der Programme in der freien Supervisionsgruppe und in der Teamsupervision zeigt, daß bei der Teamsupervision die reale

Zusammenarbeit „z.B. gestern mittag" und „z.B. morgen früh" immer ausschlaggebend beteiligt ist.

Die Reflexion der Zusammenarbeit im Team ist deshalb das Herzstück der Teamsupervision.

Teamsupervision kommt ohne die anderen Programme nicht aus, ja das Programm „Arbeit an einem Thema des gemeinsamen Globe" ist bei ihr häufiger und wichtiger als in der freien Gruppe, und die Fallarbeit kann eine beruhigende Konstante werden.

Doch alle Programme laufen unter der Bedingung der Zusammenarbeit im Team, wofür die Supervisionsarbeit immer ein reales Exempel ist. Da die Probleme der Zusammenarbeit im Team so leicht unentdeckt bei den anderen Programmen unterschlüpfen, lege ich großen Wert auf die Klarheit der Arbeitsebenen und die Thematisierung des Programmwechsels. Die Benennung des eingeschlagenen Programms ist häufig bereits eine klärende Intervention (nämlich eine Interpretation des Gruppenprozesses und des latenten Themas).

2.4.3 Die Grundsätze der TZI in der Teamsupervision

Teamsupervision mit TZI ist keine Zauberei, sondern eine ganz normale Anwendung der TZI, die als einziges Gruppenlern-System alle Programme umfaßt und in sich nach dem Grundsatz der dynamischen Balance vereinigt.

Axiome, Postulate und Leitungsregeln gelten unverändert. Nach meiner Auffassung ist TZI eine flexibles System, dessen Leitungsregeln operativ gehandhabt werden müssen und nicht starr angewendet werden können: Wenn ich eine Grundschulklasse nach TZI unterrichte, leite ich anders, als in einer Selbsterfahrungsgruppe mit Erwachsenen; in einem eintägigen Seminar mit 4o Teilnehmern leite ich anders als in einem Fünf-Tage-Kurs mit 12 Teilnehmern. Und in einer Gruppe, die sich alle 14 Tage für zwei Stunden trifft, leite ich anders als in einem Block. Und doch leite ich stets gleich: Nach dem gleichen System, das sich an den Globe, die Gruppe, die Ichs und die Sachaufgaben anpaßt.

In jeder spezifischen Situation spezifizieren sich die Leitungsregeln von TZI. Wir müssen also wissen, was die Spezifität der Situationen

Gruppensupervision und Teamsupervision ist, um die Leitungsregeln spezifizieren zu können.

Spezifizierung 1: Themenentwicklung mit der Gruppe

Eine Spezifität jeder Gruppensupervision ist, daß jedesmal von Neuem *das* Thema gefunden werden muß. Es wird nicht per Einladung gesetzt. Selbst wenn ein Thema von der letzten Sitzung her vorgesehen sein sollte, ist dies dann auch nur ein Vorschlag, über den zu Beginn erneut entschieden werden muß. Das Thema und das Programm der Sitzung wird zu Beginn der Sitzung aus Beiträgen der Teilnehmer heraus vorgeschlagen und entschieden. Bei Sitzungen in größeren Zeitabständen kann das Thema auch nicht aus dem vorhergegangenen entwickelt werden, wie bei einem Blockkurs.

Es muß sich entwickeln aus der Grenzzone des Hineingehens in die Gruppensituation von den individuellen Ausgangslagen. Die Ich-Wir-Es Balance wird in der Anfangsphase jeder Sitzung neu hergestellt.

In der freien Supervisionsgruppe ist diese Anfangsphase eine wichtige gruppendynamische Passage (Ich-Darstellung, Konfrontation, Verhandlung, Gruppennorm-Bildung etc.). Ich ziehe es in der freien Gruppe vor, zu Beginn etwas Zeit für kurze persönliche Mitteilungen zu haben, die für die Situation des Ichs in der Supervision wichtig sind, um das Wir zu fördern.

In der Teamsupervision ist die Anfangsphase bereits der erste Hinweis auf die manifesten und latenten Befindlichkeiten, Konflikte, Regeln und Abwehrkonstellationen im Team.

Jede zu schnelle Themensetzung (etwa durch vorherige Vereinbarungen) würde diese wichtige Phase verhindern.

Eine Spezifizierung der TZI-Leitung in Gruppensupervisionen besteht deshalb in der gemeinsamen Themensuche und Themenentwicklung. Es ist sogar möglich, daß die Gruppe in ein fokussiertes Gespräch kommt, ohne daß zuvor ein Thema bestimmt wurde; die Leitungsintervention besteht dann darin, das Thema dann zu benennen, wenn der Fluß des Gesprächs durch die Themenbenennung nicht gestört, sondern gefördert wird. Es bleibt jedoch auch in diesem Fall die Vereinbarung der Themenzentrierung klar erhalten:

Jeder Teilnehmer kann jederzeit nachfragen und verhandeln, was denn das Thema sei oder sein soll, und der Leiter hat darauf zu achten, daß keine Themendiffusion eintritt: der Fokus muß entwickelt und dann benannt werden.

Beispiel:
In einer Gruppe von SonderschullehrerInnen wird in der Anfangsrunde kein Themenwunsch genannt. Nach kurzem Schweigen äußert eine Lehrerin sichtlich erregt, sie habe noch etwas nachzutragen dazu, wie ihr es ginge: Ihr geht es schlecht, denn ein ehemaliger Schüler, um den sie sich sehr bemüht hatte, ist gestorben. Sie hatte ihn in einem Heim untergebracht; dort sei er an einem Epilepsie-Anfall völlig unnötigerweise gestorben, weil das Personal ihn aus Zeitmangel trotz Vorboten des Anfalls alleingelassen habe. Ein anderer Teilnehmer schließt sich an diese Erzählung mit der Schilderung einer Situation an, in der er von der Schulleitung Unterstützung in einer für einen Schüler lebensgefährlichen Situation erbeten hatte, aber keine Unterstützung möglich war. Vielmehr kam die Antwort, das sei eben das Lebensrisiko der Behinderten. Sofort erzählt ein weiterer Teilnehmer eine Episode, in der es darum geht, daß er den Kampf um ein marokkanische Mädchen gegen dessen Familie, in der es offensichtlich mißbraucht und gefangengehalten wurde, aufgeben mußte. Eine weitere Teilnehmerin erzählt, wie ihre Schule erst vor kurzem den Kampf um ein in der Familie mißbrauchtes Mädchen verloren hatte. Nach einiger Zeit sind alle Teilnehmer mit erschütternden Beiträgen des Scheiterns ihrer pädagogischen Bemühungen, die mit Tod, Suiccid oder Psychiatrie endeten, involviert. Ich bin Teilnehmer in einem der tiefstgehenden Gespräche meiner pädagogischen Erfahrungen, ohne eine einzige Leitungsintervention getan zu haben. Meine Leitungsinterventionen beschränken sich in den folgenden zwei Stunden auf die Benennung der Themen, die verhandelt werden: Wut und Verzweiflung, Schuldvorwürfe, Größenphantasien, Grenzen meiner Verantwortung und Trauer.

Spezifizierung 2: Außenperspektive und erhöhte Selektivität
Eine weitere Spezifität der Gruppensupervision ist die Einführung einer Außenperspektive. Dies tritt bei der Teamsupervision noch deutlicher hervor.

Die Einführung der Außenperspektive durch die Institution Supervision – verkörpert durch die Person des Supervisors –, erfordert eine höhere Selektivität in der Partizipation als in anderen TZI-Gruppen. Das Prinzip der partizipierenden Leitung bleibt sehr wichtig; die partizipierenden Beiträge müssen jedoch seltener sein, gezielter und – vor allem – ganz deutlich von Leitungsinterventionen abgegrenzt. In der Teamsupervision wird der TZI-Supervisor dadurch zum Modell für eine authentische und professionelle Rollenabgrenzung, was oft ein wichtiges Ziel der Supervision ist.

Beispiel:
Ich arbeite mit dem Team einer sozialen Einrichtung eines freien Trägers, in dem sehr viele Neueinstellungen aufgrund von persönlichen Bekanntschaften erfolgten und ein dichtes Netz persönlicher Beziehungen durch die ganze Institution hindurch besteht. Obwohl (oder vielleicht auch weil?) auch ich den meisten Teammitgliedern von anderen Gelegenheiten und durch andere Rollen persönlich bekannt bin (Universität/ Koordinationsbesprechungen bei städtischen Planungen /Fortbildungen etc.) ist es für das Team von größter Wichtigkeit, daß ich mit den Teammitgliedern per „Sie" bin, und daß berufliche Kontakte, die ich außerhalb der Supervision mit Teammitgliedern habe, in der Supervision erwähnt werden. Regelmäßig weise ich dabei auf meine verschiedenen Rollen hin.

In der Supervision teile ich meine Gefühle in der aktuellen Situation mit, bin aber sehr zurückhaltend mit darüber hinausgehenden persönlichen Erinnerungen/Einfällen/Betroffenheiten/inneren Bildern.

Im feed-back wurde mir mitgeteilt, eines der wichtigsten Beiträge von mir sei die vorgelebte Transparenz der Rollen und meine teilnehmende Distanz zum Geschehen.

Gegenbeispiel:
Ich arbeitete mehrere Jahre mit dem Team eines privaten Kinderheims. Im Laufe der Zeit wurde ich so sehr Teil der Einrichtung, daß die Weiterentwicklung des Heims Teil meiner persönlichen Phantasien beruflichen Erfolgs wurde. Ich tappte in die Falle, daß mir diese Art Beteiligung von der Heimleitung angeboten wurde. Dabei

mißachtete ich einen grundlegenden Konflikt im Stammpersonal des Heimes, der dann – nach 4 Jahren, in denen sich in der Tat viel Positives entwickelt hatte – von mir nicht mehr bearbeitet werden konnte.

Spezifizierung 3: Interview- und Interpretationstechniken
Eine weitere Spezifität der Gruppensupervision ist, daß es stets um Klärung geht, das heißt um Erleben und Verbalisieren von Einsichten. Das Leitziel von Supervision ist stets Transparenz (siehe dazu den nächsten Abschnitt). In der Teamsupervision ist dies nicht nur ein individueller Prozeß, sondern ein gemeinsamer, und selbst die individuellen Anteile sollten für die anderen Teammitglieder nachvollziebar sein. Hierzu ist es oft nötig, daß der Supervisor zwei Arten von Interventionen anwendet, die in der TZI verpönt scheinen: Interviews und Interpretationen.
In der TZI-Gruppenarbeit ist die Themensetzung oft eine Gruppen-Interpretation. Es wird dort nach meiner Auffassung mehr interpretiert, als es den Anschein hat: Zum Beispiel auch durch partizipierende Mitteilungen, die bei geschulten Leitern oft in „Antworten" (im Sinne von Heigl-Evers 1983, 11ff.) umgesetzte Deutungen sind, und bei Störungsbearbeitungen. Jede Reaktion auf eine Störung, schon ihre Wahrnehmung oder Ausblendung, ihre Beachtung und Nichtbeachtung ist eine Interpretation, und keine Bearbeitung einer individuellen Störung kommt ohne Interview aus.
Charakteristisch ist jedoch bei TZI, daß Interpretationen und Interviews sehr sparsam angewendet werden und nur dort, wo unbedingt nötig.
Es ist manchmal nötig, daß der Supervisor eine kurze Strecke des Gesprächs mit einem Teilnehmer monopolisiert und ihm in einem Zwiegespräch dazu verhilft, die Situation wieder in die Hand zu nehmen, wenn sie ihm zu unklar ist und wenn die Äußerungen aus der Gruppe zu viel für ihn werden. In Teams sind manchmal Passagen zirkulären Fragens angebracht, wenn mehrere Teammitglieder in eine schwer durchschaubare Situation verwickelt sind.
Aber es ist zu beachten, daß Leiterinterventionen vom Typ Interpretation oder Interview sehr schnell die Balance verschieben und die

Gruppeninteraktion lähmen können. Mit ihnen kann sich auch das Verhältnis des Leiters zur Gruppe leicht in hierarchische Richtung mit steigenden Übertragungen verschieben.

Beispiel:

In einer Supervision in einer freien Gruppe wollte ein Teilnehmer bearbeiten, wie er mit einer Flut beruflicher Aufgaben umgehen kann; sein Ziel war es, Prioritäten zu finden und Aufgaben loslassen zu können.

Die Gruppe fing sehr rasch an, versteckte Interpretationen anzubringen, die in die Richtung gingen, dies sei ein Ausfluß seines narzißtischen Größenwahns. Ich hatte jedoch überhaupt nicht diesen Eindruck, sondern wertete diese Gruppentendenz als Ausfluß von Rivalität in der Gruppe. Nach meinem Eindruck ging es um ein reales Entscheidungsproblem, das für seinen Berufsweg eine Wegegabelung symbolisierte. Es bildete sich ein Spiel mit Abwehrkonstellationen heraus, wobei der Falleinbringer die Interpretationen der Gruppe abwehrte und ein Teil der Gruppe meine Strukturierungsvorschläge, die darauf zielten, zu einer anderen Kommunkationsform zu finden, durchkreuzte.

Eine Möglichkeit wäre es nun gewesen, diesen Prozeß zu deuten. Diese Intervention hätte aber einerseits die Balance und die Beziehung zu mir erheblich verschoben, andererseits wäre sie dem realen Problem des Falleinbringers nicht gerecht geworden: Das Programm wäre während einer Bearbeitung des Falles ohne Einverständnis des Falleinbringers gewechselt worden. Ich entschied mich, eine Strecke des Gesprächs an mich zu ziehen und den Falleinbringer systemisch zu interviewen. Dies war für ihn sehr erfolgreich, was er sowohl sofort wie auch in der nächsten Sitzung bestätigte. Ein Teil der Teilnehmer war jedoch wütend auf mich, weil ich sie ausgeschaltet hatte. Ich erklärte mein Vorgehen und nahm den Zorn der verhinderten Interpreten auf mich.

Gegenbeispiel:

In einer Teamsupervision schaltete ich mit drei Pädagogen, die zusammen in einer sehr schwierigen Kindergruppe arbeiteten, eine Passage von 15 Minuten ein, in der ich die drei zirkulär befragte. Vom Ergebnis her war dieses Vorgehen außerordentlich ergiebig. Die

Struktur und Dynamik ihrer Rollenverteilung in der Gruppe trat deutlich zutage.

In der nächsten Supervision herrschte anfänglich ein zäher Arbeitswiderstand: Die Hälfte der Gruppe war eigentlich zu müde und zu erschöpft, um zu arbeiten; die andere Hälfte konnte sich auf kein Thema einigen. Es dauerte 45 Minuten, bis bei mir der Groschen fiel: Die „Müdesten" waren zwei der drei „Interviewten", ein Mann in tonangebender Position und eine Frau in der unsichereren Position einer neu dazukommenen. Die Frau wollte eigentlich mit dem Thema der Rollenverteilung weitermachen, der Mann hatte Angst bekommen. Er sagte, dieses Thema sei doch in der letzten Supervision schon „erschöpfend" bearbeitet worden. Wie wahr!

Die Interviewmethode hatte die Schutzgrenze der Personen überschritten und der einen Hälfte des Teams Angst gemacht.

Die besondere Stärke von TZI liegt darin, auch bei Verwendung verschiedener Techniken (Interpretationen der latenten Themen, Deutung der Spiegeleffekte, Rollenspiel- und Psychodrama-Intermezzos, zirkuläres Befragen) die TZI-typische Balance zu beachten und aufrecht zu erhalten.

2.4.4 Die Spezifizierung der dynamischen Balance in der Teamsupervision

Das Modell des Dreiecks in der Kugel läßt sich nun für die Teamsupervision spezifizieren:

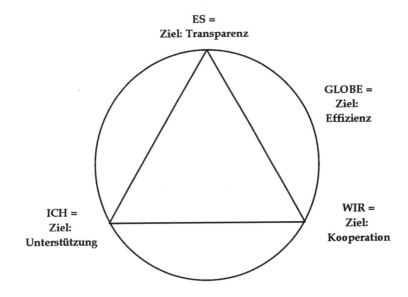

ES =
Ziel: Transparenz

GLOBE =
Ziel:
Effizienz

ICH =
Ziel:
Unterstützung

WIR =
Ziel:
Kooperation

a) Transparenz
Jede sachliche Aufgabenstellung in der Teamsupervision läuft unter dem Ziel, Transparenz herzustellen. Wenn zum Beispiel der Umgang mit einem Klienten besprochen wird, ist es nicht Ziel, Verhaltensregeln zu erarbeiten. Vielmehr ist es Ziel, das Bedingungsgefüge der Interaktion erlebbar zu machen und durch Verbalisierung aufzuklären. Die Folgerungen für das Handeln sind Nachfolge- oder Nebeneffekte der Supervision, die von den Handelnden selbst schlußgefolgert und entschieden werden. TZI- Supervision setzt auf die chairperson! Der Supervisionskontrakt verspricht keine Anleitung zum Handeln. Dies gilt auch für die Arbeit an einem Thema des gemeinsamen Globe, wenn an Problemen der Institution gearbeitet

wird und die Supervision in die Nähe der Teamberatung rückt: Die Schlußfolgerungen aus einem Aufklärungsprozeß und die Umsetzungen der Schlußfolgerungen in die Praxis können zwar in der Supervision angesprochen werden; sie sind aber nicht originäre Aufgabe der Supervision. Während der Supervisor für den Aufklärungsprozeß Verantwortung trägt und in dieser Verantwortung auch aktiv, mitunter auch direktiv interveniert, wird er sich sehr zurückhalten, wenn in der Supervisionsgruppe Schlußfolgerungen und Umsetzungen der Schlußfolgerungen diskutiert werden: er wird hier nur den Diskussionsprozeß in der Gruppe begleiten und kommentieren.

So wie in allen TZI-Gruppen immer das Thema die Balance bündelt, so bündelt die Sachaufgabe „Transparenz" in der Supervision die anderen Aspekte der Balance.

Beispiel:

In einer Teamsupervision blieb gegen Ende einer sehr ertragreichen Besprechung der Gruppensituation in einer sehr schwierigen Sonderklasse noch Zeit. Diese wurde dadurch genutzt, daß Ideen gesammelt wurden, was man denn jetzt in dieser Klasse machen könne. Auch ich beteiligte mich an diesem Sammeln. Die Sammlung wurde sehr plastisch, es ergab sich ein in sich stimmig scheinendes Konzept.

In der nächsten Sitzung gab der Lehrer auf Nachfrage zu verstehen, daß die Situation unverändert schlimm sei. Die Supervision hatte nicht „geholfen". Es stellte sich heraus, daß sie nicht geholfen hatte, weil sie helfen wollte: der Lehrer fühlte sich durch die Ratschläge überrannt und überfordert, es war „nicht sein Ding". Die Schlußphase hatte die Erfolge der Supervision zerstört.

Gegenbeispiel:

In derselben Gruppe war in der Sitzung zuvor ein Problem besprochen worden, das unlösbar schien: Ein Mädchen mit masochistischen Tendenzen war zum Prügelkind der Schule geworden. Die Supervision ergab eine innere Logik der masochistischen Beziehungsaufnahme in der Lebensgeschichte des Mädchens und in der Reaktion der anderen Schüler. Sie beschäftigte sich hauptsächlich mit den sado-masochistischen Reaktionsmustern der Betreuer/innen selbst und unterließ jede Schlußfolgerung auf das Handeln.

In der nächsten Sitzung nach 14 Tagen wurde erstaunt bemerkt, daß das Problem wie weggeblasen war: Die sado-masochistischen Szenen zwischen dem Mädchen und den anderen Kindern waren zwar im Ansatz noch aufgekeimt, konnten aber von den Betreuer/innen so mühelos unterbrochen werden, daß sie dies nicht mehr als Problem artikulierten.

Die anderen Aspekte der Supervisionsziele (Ich-Unterstützung, Kooperation, Effizienz) sind deshalb in das Hauptziel Transparenz eingebunden, weil die Supervisionsvereinbarung von der Hypothese ausgeht, daß auch die anderen Ziele nur über Transparenz erreichbar sind.

Die TZI stützt diese supervisorische Identität durch das chairperson-Postulat, da die handelnde Person in die Lage versetzt werden soll, die Bedingungen ihres Handelns zu überblicken, um selbst eine Entscheidung zu treffen.

b) Ich-Unterstützung

Es ist für TZI selbstverständlich – und deutlicher als in anderen Supervisionskonzepten –, daß die Ichs mit ihrer Geschichte, ihren Bedürfnissen, ihren Interessen einbezogen werden. Oft muß in der Supervision auch „emotionale erste Hilfe" geschehen. Doch wieweit geht dieses Sich-Einlassen auf einzelne Teilnehmer? Wo ist die Grenze zwischen Therapie und Supervision?

Ich orientiere mich bei dieser Frage an einer theoretischen Unterscheidung, die Parin (1978, 78ff.) eingeführt hat. Er spricht von den „Anpassungsmechanismen des Ich" im Gegensatz zu den Abwehrmechanismen. So wie die Abwehrmechanismen das Ich von ständigen Triebansprüchen entlasten, so entlasten die Anpassungsmechanismen das Ich von ständigen Ansprüchen der Außenwelt. Die Abwehrmechanismen formen Triebansprüche um und verdrängen sie. Die Anpassungsmechanismen sind sozusagen die andere Seite der Medaille: Sie formen Anforderungen der Außenwelt so um, daß das Ich ihnen entsprechen kann und dabei seine Stabilität erhält. Der Preis dafür ist oft Starrheit, mangelnde Flexibilität, Festhalten an gewohnten Normen und Abläufen, auch wenn diese nicht mehr funktional sind. Dieser Gedanke Parins kann von der TZI her (systemisch) interpretiert werden: Abwehrmechanismen reagieren aus der Autonomie des Subjekts auf Bedürfnisse von innen, Anpassungmechanismen reagieren aus der Interdependenz des Subjekts auf Anforderungen von außen.

Parin bezieht seine Beispiele für Anpassungsmechanismen aus der Ethnopsychoanalyse. In unserer Kultur werden Anpassungsmechanismen in großem Umfang in der beruflichen Sozialisation verfestigt. Bei der Unterstützung des Ich ist meine Leitfrage:

Welche Anpassungsmechanismen hat das Ich verfestigt oder entwickelt, um den Anforderungen des Berufs zu genügen?

Natürlich bauen diese Anpassungsleistungen auf früh entwickelten Mustern, d.h. Abwehrmechanismen auf. Aber ich kann beim Helfersyndrom zum Beispiel zweierlei Fragen stellen:

Ich kann danach fragen, welche Triebbedürfnisse durch das Helfersyndrom abgewehrt werden, wie dieser Abwehrmechanismus in der frühen Sozialistion aufgebaut wurde, und in welchen Übertragungen dieses Muster jetzt reaktiviert wird.

Das ist der therapeutische Blickwinkel.

Oder ich kann danach fragen, wie das Ich den Helferaspekt in der Berufsrolle wahrgenommen hat, wie das Ich sich dem Helferanspruch der Berufsrolle angepaßt hat, was das Ich dadurch gewonnen hat und was jetzt dafür der Preis ist.

Diese Frage kann auch in die Biografie des Ich gehen, aber unter dem Blickwinkel der Übernahme, Selbstformung und Einpassung der Berufsrolle in das Ich. Die vorberufliche Sozialisation wird hier unter dem Blickwinkel gesehen, welche Anpassungsleistungen, die in der Biografie entwickelt wurden, jetzt für die Berufsrolle genutzt werden.

Natürlich sind die Grenzen fließend. Entscheidend ist aber der Blickwinkel von den aktuell erlebten Anpassungmechanismen her auf die Berufsrolle.

In der Teamsupervision sind die Schutzbedürfnisse der Klienten untereinander sehr viel höher als in der freien Supervisionsgruppe, in der deshalb „therapeutische Passagen" (das heißt Passagen, in denen es um frühe Abwehrmechanismen geht) eher einfließen können. Im Team bietet die Konzentration auf die Anpassungsleistungen, die von der Berufsrolle gefordert werden, und die individuell verschieden erfüllt werden, eine Wir-stiftende Verbindung, wohingegen therapeutische Passagen eher irritieren.

Beispiel:

In einer freien Supervisionsgruppe nimmt eine Teilnehmerin in der ersten Zeit die ausgeprägte Rolle des Mitglieds ein, das Aufregung, Spannung, Verwirrung erzeugt. Aus ihren Fall-Beiträgen wird deutlich, daß sie dies auch in ihrem Kollegium tut. Ihre Fall-Beiträge projizieren das Problem stets auf die anderen an der Interaktion Beteiligten, die nach ihrer Wahrnehmung ihren Aufgaben nicht gerecht werden; aus ihren nebenbei und wie widerwillig gegebenen Andeutungen ist ersichtlich, daß sie diese Position bereits in ihrer Ursprungsfamilie eingenommen hat. Da sie die Gruppe wiederholt mit ihren Problemen überschwemmt, ohne daß die Besprechungen Klarheit schaffen, gerät sie in der Gruppe in eine immer schwierigere Position, die zu einem Konflikt aufläuft. Hier frage ich sie direkt, ob ihr die Situation und die Art, wie wir jetzt auf sie reagierten, nicht von früher bekannt sei, zum Beispiel aus ihrer Ursprungsfamilie. Zur Überraschung der Gruppe bekennt sie, es sei ihr schon ganz klar, daß sie mir gegenüber agiere wie gegen ihre Mutter, bei einem anderen Gruppenmitglied wie bei ihrer Schwester etc. Über diesen Umweg über die Gruppe kann sie auch selbst erkennen, daß sich ähnliches auch in ihrem Kollegium wiederholt. Es schien in der Familie wie im Kollegium darum zu gehen, daß sie die Verantwortung dafür übernahm, die säumigen oder sich absentierenden Mitglieder an die eigenen Ideale und ihre Pflichten zu erinnern.

Erst nach mehreren ähnlichen Szenen, die sie zunehmend selbst auflösen kann, ändert sich ihre Wahrnehmung und ihr Verhalten deutlich.

In der Supervision wurde die Familiensituation nicht therapeutisch bearbeitet. Über die Wiedererlebung in der Gruppe gelingt aber eine Distanzierung von den Wiederholungszwängen.

In einer Teamsupervision des Kollegiums, in dem die Teilnehmerin arbeitete, wäre der direkte Bezug auf die Familie natürlich völlig unmöglich gewesen. Er hätte sie einerseits psychiatrisiert und andererseits die berechtigte Kritik der Versäumnisse des Kollegiums entwertet. Die externe Gruppe war hier das erforderliche Medium.

Gegenbeispiel:

In derselben Gruppe geriet über längere Zeit ein Teilnehmer in eine unangenehme Position. Er berichtete oft unter großem Druck und ausschweifend über die extrem schwierigen Bedingungen seiner Arbeit mit mehrfachbehinderten blinden Kindern. Wenn er Fallbesprechungen einbrachte, gingen die aber immer aus, „wie das Hornberger Schießen", weil er die Gruppe mit Material überschwemmte, dann jede Bearbeitung abblockte und zum Schluß *seine* Probleme bagatellisierte: anscheinend kam es ihm darauf an, seinen heroischen Kampf darzustellen und Zustimmung zu finden.

Die Gruppe reagierte zunehmend aggressiv auf seine Art, sich Raum zu nehmen.

Über ein Jahr lang kam ich nicht auf den Kern des Problems. Ich verstand es als Beziehungsproblem: der Teilnehmer bot deutlich eine ambivalente Vater-Übertragung an und suchte einen Vorzugsplatz in der Gruppe, verschaffte sich aber immer wieder das Erlebnis des Nicht-Verstanden-Werdens. Mit dieser Hypothese tappte ich aber völlig im Dunklen. Das sprachliche Bild „Im Dunklen tappen", das ich mir nach einer Sitzung aufschrieb, ohne seine Bedeutung zu ahnen, deckt den Kern auf: Als er es wieder wagte, eine Sitzung für sich in Anspruch zu nehmen, fiel mir auf, daß er wieder als machtloser Anwalt der blinden Kinder auftrat, aber heftige Aggressionen gegen blinde Kollegen äußerte. Dies erregte meine Aufmerksamkeit. Ich äußerte die Vermutung, daß man sich von Blinden oft sehr ausgenützt fühlt, aber dies gar nicht zugeben kann, weil dies ja unter Sonderpädagogen gar nicht möglich ist. Dies öffnete die Schleusen einer heftigen Aggression des Teilnehmers gegen Blindheit im allgemeinen, gegen Ausbeutungsattituden der blinden Kinder, gegen die Selbstausbeutung der aufopferungswilligen Helfer. Die Gruppe unterstützte diesen Prozeß der Aufklärung blockierender Über-Ich-Gebote durch eigene Beiträge. Hinter der Aggression kam allmählich die Faszination der Blindheit und die Identifikation mit dem Blindsein zutage, als die Frage aufgeworfen wurde, warum der Berichtende denn so lange in dieser Blindeneinrichtung bliebe und nicht weg wolle.

Dies brachte mich auf die Vermutung, daß sich der Teilnehmer der

Supervisionsgruppe gegenüber beharrlich so verhalten hatte, wie er fühlte, daß die blinden Kinder sich ihm gegenüber verhalten: Im Dunklen tappend, ihre extrem schwierige Situation ausnützend, Verwirrung stiftend und nicht sehend zu machen. Dies leitete einen Verstehensprozeß ein, in dem die Anpassung an die von Sonderpädagogen geforderte Parteinahme für Behinderte angegangen werden konnte, und die Gruppenmitglieder im Problem des Teilnehmers ihre eigenen wiedererkannten.

Beispiel:
In der Teamsupervision einer Einrichtung, die Kinder mit schweren Verhaltensstörungen betreut, äußerte ein Teilnehmer den Wunsch, über einen Vorfall zu sprechen, bei dem er von einem Kind bespuckt wurde und zurückspuckte, dann geschlagen wurde und zurückschlug. Was ihn an dieser Geschichte beunruhige, sei sein Aggressionspotential, das er manchmal nicht zügeln könne. Das Team reagiert auf diesen Vorschlag zustimmend, aber mit einer eigentümlichen Beklemmung. Ich erinnere mich an zurückliegende Auseinandersetzungen im Team, bei denen dieses Teammitglied Aggressionen im Team artikuliert hatte und den Leiter der Einrichtung angebrüllt hatte, und komme deshalb für mich zu der Hypothese, daß er auch diesmal als Protagonist etwas ausdrückt, was alle angeht.
Ich mache den Vorschlag, dieses Thema als eines zu behandeln, das alle angeht: Was lösen die Aggressionen der Kinder bei mir aus? Wie habe ich gelernt, damit umzugehen? Was will ich verändern?
Das Team ist erleichtert und steigt sofort mit eigenen Beiträgen auf das Thema ein. Ich mache dann einen Strukturierungsvorschlag der Bearbeitung (wie in einer „normalen" TZI-Gruppensitzung). In der Sitzung werden vor allem die pädagogischen Ich-Ideale und die Anpassungsmechanismen aufgearbeitet und Wege zu einer authentischen Äußerung von Aggressionen gegen Kinder gesucht. Sie wird als sehr befriedigend erlebt.
Ich lenke hier von der angebotenen personenzentrierten Behandlung des Falles ab, da diese entweder zu stark in eine therapeutische oder zu stark in eine gruppendynamische Richtung führen würde, und schlage statt dessen das Programm „Arbeit an einem Thema des

gemeinsamen Aufgabenfeldes" vor. Im Rahmen dieses „normalen"
TZI-Programms besteht die Chance, daß die Anpassungsmechanismen an die Berufsrolle angesprochen werden und das Team sich über
den Umgang mit Aggressionen verständigt.

c) Kooperation

Auch das Ziel der Kooperation steht unter dem Leitziel Transparenz.
Es geht nicht um die Herstellung eines Wir-Gefühls, sondern um die
Herstellung von Nähe-Distanz-Konstellationen, die ein tägliches
Zusammenarbeiten ermöglichen. Dazu ist Klarheit über die gegensei-
tigen Bedürfnisse nach Abgrenzung und nach Unterstützung nötig.
Mitunter gilt es auch, personelle Veränderungen im Team zu
begleiten oder ein Ausscheiden einzelner zu verarbeiten. In sozialen
Einrichtungen bestehen oft überzogene Harmonie-Ideale und zu-
gleich persönliche Antipathien, die sich leicht auf einen Außenfeind
lenken lassen, z.B. die Verwaltung, die Leitung oder den Supervisor.
Da in der gesamten Literatur zur Teamsupervision dieser Aspekt
ausführlich berücksichtigt wird, kann ich mich hier kurz fassen.
Nach TZI (und anderen Verfahren) ist es besonders fruchtbar, wenn
das zu Bearbeitende in der Gruppe erlebt wird. TZI bietet die
Möglichkeit, durch die Programme „Arbeit an einem Thema des
gemeinsamen Aufgabenfeldes" und „Arbeit an einem Thema des
gemeinsamen Globe", wobei „normale" TZI-Themenformulierungen
und Strukturen eingesetzt werden, das Team bei der Zusammenarbeit zu erleben und zugleich die Zusammenarbeit des Teams zu
verbessern.
Das Programm „Arbeit an Problemen in der Zusammenarbeit" kann
deshalb auf einem gesicherteren und nicht nur negativ besetzten
Boden angegangen werden. Wenn nur gruppendynamisch oder
analytisch vorgegangen wird und in der Supervision die Zusammenarbeit nie an einer Sache versucht wird, verengt sich der Blick leicht
auf die negative Problemsicht.
Andererseits ist die Reflexion der Zusammenarbeit das Herzstück der
Teamsupervision. Es ist darauf zu achten, daß sie mit Sach- oder
Fall-Themen nicht überdeckt und verspielt wird. Ich habe die
Erfahrung gemacht, daß ich die Kooperation im Team von meiner

Seite aus öfters ansprechen muß, indem ich meine Beobachtungen und Gefühle mitteile, um die Bereitschaft zu wecken und zu erhalten, solche Themen anzupacken.

Ein Charakteristikum der TZI ist die Interaktion in der Gruppe. TZI ist per se ein kooperatives Verfahren *mit* der Gruppe. Von daher unterscheidet es sich grundsätzlich von Beratung oder Supervision *in* der Gruppe. Mit Ausnahme kurzer Passagen, in denen Interview- oder Interpretationstechniken eingesetzt werden, wird der TZI-Supervisor immer wieder die Interaktion der Gruppe anregen.

Beispiel:

Bei Übernahme der Teamsupervision in einem privaten Kleinstheim wurde mir immer wieder bedeutet, wie wichtig es für die Mitarbeiter/innen sei, sich persönlich zu verstehen und zu vertrauen. Darauf beruhe das Konzept und der Erfolg der Einrichtung. In der Anfangsphase nahm ich diese Bedürfnisse auf und verwendete häufig Themen, Strukturen und einzelne „Übungen", die auf persönliches Kennenlernen und Aufnahme vertrauensvoller Beziehungen zielten. Die Teammitglieder zeigten sich darüber entzückt.

Nach sehr langer Zeit erst wurde mir verraten, wie sehr manche Mitarbeiter/innen diese Passagen der Supervison gehaßt hätten, ja eklig fanden, weil sie schon lange gewußt hätten, welche Arschlöcher bestimmte andere Teammitglieder seien, und sie mit diesen überhaupt nicht vertraut werden wollten.

Dies veranlaßte mich, in Zukunft Kooperationsprobleme im Zweifelsfall über die Bedürfnisse nach Abgrenzung anzugehen, statt über die Annäherung, und damit den Teammitgliedern die Gelegenheit zu geben, sich selbst anzunähern. In zwei Fällen erlebte ich dann, daß eine Teamarbeit erst dann möglich wurde, als sich jeweils ein Teammitglied unter dem Schutz der Supervision so verabschieden konnte, daß sowohl die Begründungen offengelegt wurden, wie auch beide Seiten ihre Achtung wahren konnten.

d) Effizienz

Der Teamsupervisor hat einen Vertrag mit zwei Partnern. Der zweite Partner neben dem Team ist die Einrichtung, deren Leitung seine Arbeit zumindest duldet, oft auch bezahlt.

Es ist nicht zu übersehen, daß dies die Einrichtung nur tut, weil sie sich von der Teamsupervision etwas verspricht: Zufriedenere Mitarbeiter, ein funktionierendes Team, qualitätvollere Arbeit oder vielleicht auch nur ein positives Image.

Diese Ansprüche sind berechtigt. Wenn sich der Supervisor mit den Zielen der Einrichtung überhaupt nicht identifizieren kann, sollte er den Auftrag nicht annehmen.

Dennoch übernimmt er diese Ansprüche nicht unbesehen, sondern nur unter der Arbeitshypothese der Supervision, die lautet: Der Weg zu allen Supervisionszielen, auch zur Effizienz, ist die Transparenz. Die Supervision trägt nicht unmittelbar zur Effizienz bei, sondern über den Umweg der Transparenz. Jede Vorstellung, Effizienz sei über Intransparenz erreichbar oder absicherbar, z.B. über Verschweigen, Verschleiern, Manipulieren widerspricht der Supervisionsvereinbarung. Ebenso gehört es zur Supervisionsvereinbarung mit dem Träger, daß die Verbesserung der Arbeitsleistungen über den Weg der Kooperation und der Beachtung der Mitarbeiterinteressen versucht wird.

Unter diesen Vorgaben kann eine Verbündung zwischen der Leitung der Einrichtung und dem Supervisor erfolgen, mehr Effizienz zu erzielen. Zugleich muß von allen Seiten das Gebot der Vertraulichkeit der Ereignisse in der Supervision akzeptiert werden.

Dies bewahrt den Supervisor davor, sich bei Konflikten des Teams mit anderen Stellen der Institution als Vertrauensperson des Teams vereinnahmen zu lassen und sich so in die Wirklichkeitskonstruktionen des Teams einschmelzen zu lassen, wie es ihn ebenso vor dem Mißbrauch durch die Institution bewahrt.

Beispiel:

Während einer Teamsupervision in einer Schule für Kranke an einer Kinder- und Jugendpsychiatrie begann die Schule, Pläne zu entwickeln, das Verhältnis zu den Klinikstationen umzustrukturieren. Der Klinikchef, der von mir zuvor in allgemeiner Form über die Ziele und Methoden einer Teamsupervision nach TZI informiert worden war, wollte mich alleine sprechen. Das Team wollte mir die Aufgabe übertragen, bei dieser Besprechung die Team-Pläne zu erläutern. Ich wäre sofort in die Rolle eines UNO-Botschafters geraten.

Statt dessen besprach ich mit dem Team die Rolle und Position des Chefarztes. Dann schlug ich vor, daß Vertreter des Teams um ein Gespräch mit ihm nachsuchten. Ich verfertigte eine schriftliche Darstellung der Gesichtspunkte, die in der Teamsupervision diskutiert worden waren, und legte sie dem Team zur Korrektur vor. Anschließend schickte ich sie schriftlich dem Chefarzt mit dem Vorschlag, mit Vertretern des Teams selbst zu sprechen. Diese Besprechung kam zustande; der Chefarzt verzichtete auf eine Unterredung mit mir und stimmte der Weiterverfolgung der Umstrukturierungspläne zu.

Gegenbeispiel:

Mit einem Team eines freien Trägers hatte ich eine Vereinbarung erarbeitet, die alle Teammitglieder unterschrieben hatten. Ich machte den Vorschlag, daß diese Vereinbarung dem Träger mitgeteilt wird. Dies stieß auf heftigen Widerstand. Offensichtlich sollte der Träger überhaupt keine Einzelheiten wissen. Ich verfertigte eine zweizeilige Mitteilung, daß ich den Supervisionsauftrag mit dem Team annehme. Die Geschäftsführung war offensichtlich sehr froh, daß eine Supervision zustande kam. Sie dankte mir, sicherte die Bezahlung zu und fragte nie mehr nach. Dabei blieb es.

Weiteres Beispiel siehe unter unter Punkt 4, Spezifizierung 2, zweites Beispiel, wo ich mich von der Heimleitung in die Leitungsaufgaben einschmelzen ließ.

e) Die dynamische Balance in der Supervision

Das Prinzip der dynamischen Balance kann wie bei jeder TZI-Gruppenarbeit so auch in der Supervision in doppelter Hinsicht verstanden werden: Für jede einzelne Sitzung und für eine Serie von Sitzungen.

Für jede einzelne Sitzung gilt, daß keiner der 4 Gesichtspunkte völlig mißachtet werden kann. Kooperation stellt sich bereits beim Aushandeln des Themas ein; ohne die Chance, Unterstützung zu erhalten, würden die Teammitglieder kaum mitarbeiten; die mögliche Effizienz der Arbeit wird auch dann, vielleicht gerade dann, im Blick sein, wenn Knackpunkte der Organisation zur Debatte stehen. Dennoch kann in einer Sitzung eine Verbindungslinie mehr im Vordergrund stehen, als die anderen: z.B. die Verbindungslinie Transparenz–Unterstützung; oder die Linie Transparenz–Kooperation; oder die Linie Transparenz–Effizienz. Die Supervision in der freien Gruppe arbeitet stärker auf der Verbindungslinie Transparenz–Unterstützung; die Teamsupervision mehr auf den Linien Transparenz–Kooperation und Transparenz–Effifzienz. Bei Ich-zentrierten Themen ist im Team im Aspekt der Unterstützung stets auch ein Wir-Anteil (Kooperation) enthalten.

Im Verlauf mehrerer Sitzungen müssen die verschiedenen Verbindungslinien nicht in gleicher Menge und Gewichtung auftauchen, aber doch vertreten sein, zumindest als einbezogene Aspekte. Der Verlauf einer Teamsupervision kann mit diesem Modell verfolgt werden: Es zeigen sich dann die Schwerpunkte der bisherigen Arbeit und die möglichen Vermeidungsstellen und verdeckten Nebenprogramme.

Deutlich werden die Linien durch ihre Übertreibung:

Wenn die Linie Transparenz–Unterstützung dominiert und über den Eckpunkt des Dreiecks hinausgetrieben wird, tendiert die Gruppe dazu, zu einem Rahmen für Einzeltherapie oder Einzelanleitung in der Gruppe zu werden. Wenn Effizienz und Transparenz zurücktreten zugunsten einer dominierenden Arbeit auf der Schiene Unterstützung–Kooperation, dann gerät die Supervision zur Gruppendynamik des Teams; bei der Monopolstellung der Linie Transparenz–Kooperation wird aus der Supervision in Verbindung mit starken Ich-Aspekten eine Gruppentherapie und in Verbindung mit starken Globe-Anteilen eine Teamberatung usf. Die Organisationsberatung und -entwicklung arbeitet auf der Schiene Transparenz–Effizienz unter Beachtung der Kooperation.

Es kann durchaus angezeigt sein, während einiger Zeit die Dominanz einer Verbindungslinie zuzulassen.

Es muß jedoch klar sein, daß die positiven Effekte der TZI an den Prozeß der dynamischen Balance gebunden sind und ohne ihn verlorengehen. Durch sie wird die gegenseitige Durchdringung von Autonomie und Interdependenz ermöglicht (vgl. Eichberger 1990): Die Teammitglieder werden mit wachsender Autonomie sich ihrer Interdependenzen bewußter. Die partizipierende Leitung, die selektive Authentizität transparent macht, stützt den Prozeß der Ko-Evolution von Eigen-Verantwortung und Team-Verantwortung. Deshalb ist m.E. die Teamsupervision nach TZI allen anderen Team-Supervisionsmodellen überlegen.

2.4.5 Abläufe in der Teamsupervision

Die Forderung nach Beachtung der dynamischen Balance wirft natürlich die Frage auf, wie der Supervisor sie mitsteuern kann, wo er doch viel stärker als der Leiter in anderen TZI-Gruppen den Themen der Gruppe folgt.
Meines Ermessens muß er den Grundgedanken bereits beim Supervisionskontrakt einführen. Zumeist werde ich schon beim ersten Kontakt gefragt, nach welcher Methode ich arbeite (sofern dies von mir nicht ohnehin bekannt ist).

a) Gesamtverläufe
Ich gebe beim ersten Kontakt mit der Gruppe bekannt, daß ich auf der Grundlage der Themenzentrierten Interaktion arbeite und auf dieser Grundlage verschiedene Schwerpunkte im Supervisionsprozeß bearbeitbar sind:
Dann nenne ich möglichst einfach die 5 Programme.
Beispiel:
Beim Beginn einer Teamsupervision wußte ich, daß dieses Team wegen schwerer innerer Zerwürfnisse über ein Jahr lang praktisch nicht mehr arbeitsfähig war und einige Teammitglieder darob am Ende ihrer Kraft. Dennoch oder deshalb wurde nur Fallsupervision nachgefragt und Angst vor Themen aus der Zusammenarbeit geäußert. Ich vereinbarte 5 Probesitzungen, für die ich jeweils den Arbeitsschwerpunkt bestimmen würde. In der 5. Sitzung könnten wir über den Kontrakt verhandeln. Ich bot für die erste Sitzung die Möglichkeit einer Fallbesprechung an; für die zweite bereitete ich ein Thema aus dem gemeinsamen Aufgabenfeld vor und bot es an. In der dritten begann ich mit einem Einstiegsthema zur Zusammenarbeit im Team; dies wurde in der 4. Sitzung fortgesetzt. In der 5.

wurde über die ersten vier Sitzungen reflektiert und ein Kontrakt ausgehandelt, bei dem das Team von mir das „volle Programm" wünschte. Ich schrieb das Ergebnis nieder und schickte es dem Team zur Unterschrift.

Sehr wichtig ist auch der Ausstieg aus der Teamsupervision. Es ist immer wieder schwer für mich, den richtigen Zeitpunkt zu finden. Es wird immer wieder ein Punkt erreicht, ab dem ich für das Team nicht mehr optimal nützlich bin. Ich gehe lieber von selbst, wenn die Erfolge noch da sind, als daß ich gegangen werde. Auch dies ist mir einmal passiert.

Beispiel:

In der schon erwähnten Schule für Kranke begleitete ich den Umstrukturierungsprozeß und schied mit seinem Abschluß aus, obwohl das Team mich noch halten wollte. Nach den positiven Reaktionen von Schule und Klinik mehrere Jahre später sehe ich, daß dies der richtige Zeitpunkt war.

Gegenbeispiel:

In dem bereits erwähnten Kleinstheim wollte ich nach über 4 Jahren im Sommer aufhören. Das Team kam mir zuvor und feuerte mich im Januar. Offensichtlich hatte ich da einiges verpaßt. Ich hatte im Dezember mein Ritual ausgelassen, am Ende des Jahres über den bisherigen Verlauf der Supervision zu reflektieren, und hatte unter emotionalem Druck der Heimleitung ein anderes Thema vorgelassen. Dieselbe Heimleitung engagierte jedoch im Januar zwei andere Fortbildner für zwei Tage, in denen die ganze bisherige Struktur aufgewühlt wurde. Woran ich glaubte, kontinuierlich zu arbeiten, wurde dem Team plötzlich als großes Defizit bewußt.

b) Verläufe in der Sitzung

An diesem Beispiel wird deutlich, daß es erforderlich ist, in regelmäßigen Abständen das Programm „Reflexion der gemeinsamen Arbeit in der Supervision" einzuschalten, auch wenn das Team dies nicht für erforderlich hält. Dies sind die einzigen Sitzungen, bei denen ich kein anderes Thema vorlasse. Wenn ich der Ansicht bin, ein bestimmtes Thema aus dem gemeinsamen Aufgabenfeld, dem Globe oder der Zusammenarbeit sei dran, so weise ich darauf hin.

Oft wird ein solcher Hinweis aufgegriffen. Mitunter schlage ich ein solches Thema auch für die nächste Sitzung vor, „wenn uns in der nächsten Sitzung dieses Thema als das dringlichste erscheint".

Ich bringe dann in der nächsten Sitzung diesen Vorschlag in die Verhandlungen ein. Mit welchem Gewicht ich ihn vertrete, ist abhängig von der Situation und dem bisherigen Gesamtverlauf. Erscheint mir das Thema nach meinen Aufzeichnungen als absolut vordringlich, so teile ich dies ohne weitere Begründung mit. Dennoch kann sich die Gruppe für ein anderes Thema entscheiden. Derartige thematische Interventionen sind aber sehr selten. Häufiger kommt es vor, daß ich vorschlage, ein angesprochenes Problem als Fallbesprechung oder als Thema aus dem gemeinsamen Aufgabenfeld oder dem gemeinsamen Globe zu bearbeiten. Ich sondiere dann in der Phase der Themensuche und Themenentscheidung einen in der Gruppe favorisierten Themenvorschlag darauf, auf welche Aspekte hin er fokussiert werden kann.

Im Gegensatz zur Leitung anderer TZI-Gruppen müssen die Strukturvorschläge für ein dann vorgenommenes Thema ohne Vorbereitung sofort erfolgen. Dies ist dadurch möglich, daß die möglichen Themenbereiche, die in diesem Team dran sein könnten, anhand der Aufzeichnungen des bisherigen Verlaufs antizipiert werden können. Ich habe meistens einige Ideen und etwas Material zu den möglichen Themen dabei, die vermutlich jetzt kommen könnten. Ich habe die Erfahrung gemacht, daß sich zwischen die so vorausgedachten Themenmöglichkeiten und den dann wirklich vorgebrachten meist nur aktuelle massive Vorkommnisse schieben, die das von mir antizipierte Thema nur aufschieben. So entstehen für das Team eine Anzahl von mir vorausgedachter Schwerpunkte, die dann meist in der einen oder anderen Form auch auftauchen.

Wichig ist dieses Vorausdenken besonders dann, wenn latente Themen an die Oberfläche drängen, die die Interaktion lähmen. Das Team zeigt sich dann oft lahm, müde, nicht arbeitswillig, wenn unter der Oberfläche heftige Gefühle brodeln.

Beispiel:

An einem schönen Sommertag äußern die meisten Teammitglieder, sie wollten jetzt lieber in das Wochenende (es ist Freitag- Nachmittag). Das wird alles sehr heiter und freundlich vorgetragen mit teilweisem Gelächter; mit Hinweisen auf die „Büdchensteher" im Park, die man vom Fenster aus sehen kann, und die es besser haben („Büdchen" sind in Frankfurt Getränke-Kioske).

Ich merke, daß ich aggressiv werde und erinnere mich an ein „MEMO" in meiner letzten Niederschrift, daß ich im Team untergründig etwas Lähmend-Aggressives spüre. Ich vermute: gegeneinander gerichtete Enttäuschungen.

Ich äußere im Inhalt aggressiv, doch gleichgültig im Ton, mir sei es recht, wir könnten nach Hause gehen, mein Geld bekäme ich auch so für diesen Termin. Es sei ja schließlich ihr Termin. Einige finden das nicht gut. Jemand äußert, so könne man ja allem aus dem Wege gehen. Ich schließe mich an: So wie ich mich jetzt aus allem herausziehe: freundlich im Ton, aber aggressiv im Inhalt. Daraus entspinnt sich ein ca. vierzigminütiges Gespräch, in dem das angesprochen wird, was unter der Oberfläche war: Überforderungsgefühle und autoaggressiv getönte Enttäuschungen („Büdchensteher-Syndrom"). Die Gruppe kann dies in freier Interaktion in dieser kurzen Zeit soweit klären, daß der Wunsch erwacht, „einfach normal was zusammen zu arbeiten". Das Team einigt sich auf eine Fallbesprechung, die dann mit voller Aufmerksamkeit durchgeführt wird.

c) Phasen im Ablauf einer Sitzung

Das Beispiel zeigt, daß die im folgenden genannten Phasen nur idealtypisch sind, d.h. wenn erforderlich von ihnen abgewichen wird. Für mich ist die erste kurze Phase eine Zeit des Sich-Einfindens, in der eine deutliche Klimaänderung der Kommunikation erfolgt. Oft sind die Teams vorher schon zusammen, manche trinken vorher zusammen Kaffe, manche haben auch vorher Besprechungen. Ich lege Wert darauf, daß sich mit der Supervision Raum und/oder Sitzweise ändern. Zu Beginn kann (muß aber nicht) jedes Teammitglied eine kurze persönliche Mitteilung von sich machen, die sich entweder auf die vergangenen Sitzungen bezieht oder wichtig ist für die Zusammenarbeit heute.

In der zweiten Phase werden Vorschläge für die heutige Arbeit gesammelt, sofern sie nicht schon vorher geäußert wurden. Die Vorschläge werden verhandelt und entschieden. Bei Problemen in der Zusammenarbeit kann dies zu einer wichtigen Phase der Störungsbearbeitung werden. Vor Festlegung des Themas lege ich Wert darauf, daß jedes Teammitglied sich zu der Entscheidung äußert. Mit der Themenbestimmung wird implizit auch das „Programm" vereinbart.

Die dann folgenden Phasen kann man als Themendarstellung und Themenbearbeitung bezeichnen. Sie verlaufen nicht wesentlich anders als Themenbearbeitungen in anderen TZI-Gruppen unter Beachtung der Spezifizierungen 1-3.

In der letzten Phase der Teamsupervision, die dem Abschluß dient, verwende ich abwechselnd zwei Schlußmöglichkeiten: Entweder ich gehe zurück auf die persönliche Empfindungen, Erinnerungen, Einfälle, die die einzelnen Mitglieder während der Sitzung hatten, oder ich erbitte ein feed-back zur heutigen Sitzung. Ersteres bevorzuge ich bei sehr aufwühlenden Sitzungen oder wenn latente Motive stark im Spiel sind. Letzteres brauche ich des öfteren für mich und meine Sicherheit in der Planung.

d) Nochmals: Programme in der Teamsupervision mit TZI
Bei allen Phasen gilt selbstverständlich, daß Störungen Vorrang haben.

Bei dem Programm Fallbesprechung achte ich darauf, daß alle Problemsichten des Falles, die im Team bereits bestehen, bei der Themendarstellungsphase geäußert werden. Statt einer Identifikation mit dem/den Falleinbringer/n sind oft andere Formen angebracht, etwa Äußerungen von Beobachtungen der weniger Beteiligten, kurze szenische Darstellungen oder Äußerung von Phantasien, die durch Anregungen vertieft werden können, z.B.: „Stellt Euch vor, Martin (das Teammitglied) nimmt Ahmed (einen Klienten) mit ins Schwimmbad", oder: „Stellt euch vor, Ihr geht mit dieser Gruppe in den Freizeitpark. Was wird passieren?"

Die Arbeit an einem Thema des gemeinsamen Aufgabenfeldes und des gemeinsamen Globe strukturiere ich wie „normale" TZI-Gruppensitzungen unter Beachtung der Spefifizierungen 1-3. Bei den

Globe-Themen ist eine Reflexion der Abläufe, Strukturen und Regeln, die in der Institution herrschen, immer wieder besonders wichtig.

Besonders interessant ist das Programm: Arbeit an Problemen der Zusammenarbeit. Auch dieses Programm kennen wir von der TZI-Gruppenarbeit aus der Bearbeitung von Gruppenkrisen. Wichtig ist es hier, eine Balance zwischen zwei zusammengehörenden Gegensätzen zu finden: Auf der einen Seite müssen die Gefühle zugelassen werden, müssen Verwirrung und Diffusion, wenn sie im Team bestehen, auch die Supervionsgruppe ergreifen können, auf der anderen Seite muß benannt werden, worum es überhaupt geht und muß das Problem an konkreten Entscheidungen festgemacht werden. Ich muß mich als Supervisor partiell ver-wickeln lassen in die oft undurchschaubaren Kollusionen, aber nur um mich daraus gemeinsam mit der Gruppe wieder ent-wickeln zu können. Ein zu früher Versuch, das Problem zu benennen und zu präzisieren ist ebenso schädlich wie ein zu später. Oft schafft sich ein Team ganz hinein in einen Problemtrichter, um dann an dessen Ende selbst wieder aufzutauchen. Hier besteht auch die Möglichkeit, sehr „abstinent" zu leiten, mit sparsamen Interventionen lange Zeit zu beobachten und auf die latenten Gefühle und Themen zu achten und diese zu benennen. Die Anfangsvereinbarung bietet jedoch bereits eine haltende Struktur, weil in ihr ja die Absicht, Probleme der Zusammenarbeit zu klären, und der Themenbereich bereits festgehalten wurden. Über die Möglichkeit, durch zirkuläres Fragen zu intervenieren, habe ich bereits geschrieben.

Die Reflexion der gemeinsamen Arbeit in der Supervisionsgruppe handhabe ich wie eine Prozeßreflexion in der TZI-Gruppenarbeit.

e) Frequenz und Feldkompetenz

Ich bevorzuge für die Teamsupervision Sitzungen mit 120 Minuten Dauer, die in der Regel alle 14 Tage stattfinden.

Für mich ist es wichtig, daß ich mit dem Aufgabengebiet des Teams soweit vertraut bin, daß ich mich in die täglichen Abläufe und Probleme antizipierend hineinversetzen kann, und daß ich die wiederkehrenden Fragestellungen und Probleme praktisch wie auch theoretisch nachvollziehen kann.

Deshalb übernehme ich Teamsupervisionen in pädagogisch-therapeutischen Einrichtungen, wobei sich mein Kenntnisstand und Aktionsradius allmählich erweitern.

Bei der Teamsupervision lerne ich sehr viel: Über pädagogisch-therapeutische Probleme, über Probleme der Kooperation und der Organisation, über Probleme der Entwicklung des Menschen und über mich. Ich habe in meinem Beruf sehr viele verschiedene Tätigkeiten auszuüben und verschiedene Rollen auszuüben: Die Tätigkeit als Teamsupervisor ist für mich die aufregendste und lehrreichste von allen.

3. Pädagogisch-therapeutische Situationen

3.1 Helmut Reiser
Entwicklung und Störung – Vom Sinn kindlichen Verhaltens

3.1.1 Nicht-Verstehen-Können als erste Verstehensleistung

Es gilt unter Pädagogen *theoretisch* als eine Selbstverständlichkeit, daß jedes kindliche Verhalten *irgendwie* zustandegekommen ist und deshalb *irgendwie* erklärbar ist – *irgendwie* halt.

Und wenn nun ein Kind ein Verhalten zeigt, das auf den ersten Anhieb völlig unverstehbar und sinnlos scheint, dann sind wir ja geschult, nach *irgendwelchen* Erklärungen zu suchen. Und wir werden dann auch irgendwelche finden, und sei es nur deshalb, um unser Nichtverstehen durch *irgendwelche* Erklärungen zu mildern.

Irgendwelche Erklärungen allgemeiner Art stellen einen direkten kausalen Zusammenhang zwischen einem äußeren Einfluß auf das Kind und seinem Verhalten auf: Weil es in einem schlechten Milieu lebt, weil es zu viel Brutales im Fernsehen sieht, weil es von seinen Eltern abgelehnt wird, weil es zuhause verwöhnt wird usf.

Praktisch aber bleibt es unfaßbar, warum Timo aus heiterem Himmel plötzlich den gesamten Tisch von Nadine abräumt, sie an den Haaren zieht und dabei noch blöde grinst. Praktisch ist es nicht nachvollziehbar, was zwei Neunjährige davon haben, sich gegenseitig blutig zu schlagen, und warum Susanne immer alles verkehrt macht, gerade so als wäre es absichtlich, aber dann entsetzlich traurig ist.

Praktisch ist es deswegen unfaßbar, weil wir nicht begreifen, was die Kinder eigentlich davon haben; weil wir nicht verstehen können, warum sie so offensichtlich gegen ihre eigenen Interessen handeln.

Irgendwelche Erklärungen, die irgendwelche Gründe finden, Gründe, die von außen auf die Kinder einwirken, tun so, als seien die Kinder Maschinen, die von außen gesteuert werden; gesteuert z.B. von Familienverhältnissen, von schlechten Vorbildern, vom Fernsehkonsum, von Reiz-Reaktionsmechanismen der schlechten Erziehung usf. Solche Erklärungen sind preiswert zu haben und beliebig zu handeln, aber praktisch befriedigen sie Lehrerinnen und Lehrer nicht.

Praktisch befriedigen sie Lehrerinnen und Lehrer deshalb nicht, weil Lehrerinnen und Lehrer nicht daran glauben können, daß sie mit Maschinen umgehen. Sie müssen darauf bestehen, daß sie mit Kindern umgehen, und das heißt mit Menschen, die die grundsätzliche Fähigkeit haben, sich selbst zu entscheiden, ihre Interessen zu erkennen, sich für sich selbst einzusetzen, kurzum: deren Tun und Lassen von einem persönlichen Sinn gesteuert ist.

Würden sie darauf nicht mehr bestehen, dann könnten sie ihren Beruf an den Nagel hängen oder als hoffnungslose Zyniker ihrer Pensionierung entgegendämmern.

Für das Verstehen der Kinder hilft uns praktisch nur das, was uns auch hilft, uns selbst zu begreifen.

Mit diesem *praktischen Nicht-Verstehen*, mit diesem *Nicht-Fassen-Können*, mit dieser Unzufriedenheit mit irgendwelchen Erklärungen wird der Sinn der Tätigkeit als Lehrerin oder Lehrer verteidigt.

Die Fassungslosigkeit, die Empörung, die Beklagung der offensichtlichen Sinnlosigkeit solcher Verhaltensweisen ist deshalb der notwendige und erste Schritt, der dazu führt, nach tieferen Verstehensweisen zu suchen. Nämlich nach solchen Verstehensweisen, die darauf beharren, daß auch ein scheinbar sinnloses Verhalten subjektiv sinnvoll sein muß. Gerade wenn wir uns nicht abspeisen lassen mit Erklärungsweisen, die die Kinder erscheinen lassen wie von außen gesteuerte Maschinen, verteidigen wir den Kern unserer erzieherischen Überzeugung, ohne die es sich nicht lohnt Erzieher zu sein:

Daß Menschen nämlich so handeln, wie sie handeln, weil dies für sie subjektiv einen Sinn macht. Auch wenn sie selbst, wie eben diese Kinder, den tieferen Sinn ihres Tuns nicht ausdrücken können-jedenfalls nicht sprachlich so elaboriert, daß wir es sofort verstünden.

Dieser Vorgang des Nicht-Verstehen-Könnens, der sich in uns

abspielt und der uns hinführt zu der These, daß da etwas sein muß, was ich jetzt noch nicht verstehen kann, dieser Vorgang, der mit negativen Emotionen, Empörung, Trauer, Zorn verbunden ist, dieser Vorgang in uns sollte uns darauf aufmerksam machen, daß die erste Verstehensleistung darin liegt, *nicht zu verstehen.*

Die Nicht-Leistung, die Störung unseres Verstehens, verteidigt den Sinn unserer erzieherischen Tätigkeit. Sie formuliert in der Form des Protestes gegen das scheinbar Offensichtlich den Anspruch, der für uns unverzichtbar ist: daß wir Kinder ansprechen als Menschen, die für sich selbst entscheiden sollen.

Und so kann uns unsere eigene Störung des Verstehens auf die richtige Fährte setzen, wenn wir uns nicht an ihr festklammern, sondern wenn wir unsere Irritation als Signal verstehen.

Wenn uns unsere Irritation zum Anlaß wird nach dem subjektiv Sinnvollen des kindlichen Verhaltens zu suchen.

Bei dieser Suche kann uns unser eigenes Erlebnis des Nicht-Verstehen-Könnens eine Idee liefern:

Kann es sein, daß die Störung des Kindes den subjektiven Lebenssinn des Kindes verteidigt? Daß das, was uns am meisten aufregt und was wir am wenigsten verstehen, gerade die Leistung des Kindes ist, womit es an seiner Weltsicht, seinem subjektiven Sinn festhält? Daß das, was nur noch als psychische Krankheit erklärbar scheint, den Kern der seelischen Gesundheit des Kindes ausdrückt?

Ich will diesen Gedanken an zwei Fallbeispielen illustrieren.

3.1.2 Zwei Fallbeispiele[1]

3.1.2.1 Sandra – oder: Der Tanz um die eigene Mitte

Eine Lehrerin berichtet von dem 13jährigen Mädchen Sandra, die ihren ganzen Unterricht durcheinanderwirbelt, die Klasse aufmischt, den Unterricht scheinbar zielgerichtet torpediert.

---

[1] Es handelt sich um zwei Beispiele, die zum Zeitpunkt der Abfassung dieses Beitrags in eine LehrerInnen-Supervisionsgruppe eingebracht wurden. Ich danke den beiden Lehrerinnen, die von sich und den Kindern berichtet und meine Zusammenfassung gelesen und korrigiert haben.

Sandra ist immer in Bewegung. Sie geht nicht durch den Klassenraum, sie tanzt durch die Klasse, dreht Pirouetten. Dabei verteilt sie links und rechts Knüffe und Schubse, wirft Gegenstände von den Tischen und verbreitet sehr effektiv Unruhe. Fast jeden Morgen schafft sie sich einen großen Auftritt, indem sie mit großartiger Geste ins Klassenzimmer eintritt und herumtanzend zu erzählen beginnt und die Aufmerksamkeit aller Anwesenden erheischt. Ähnliche Verhaltensweisen, die von der Lehrerin als Showeinlagen erlebt werden, zeigt sie auch während des Unterrichts – die Lehrerin hat den Eindruck gerade immer dann, wenn etwas Ruhe und Konzentration einzutreten drohen und besonders an Punkten, an denen die Klasse insgesamt beginnt, sich als Gruppe wohl zu fühlen.

Dabei zeigt sie Anzeichen von Anhänglichkeit an die Lehrerin, und die Lehrerin findet das hübsche Mädchen eigentlich sehr anziehend. Zu Weihnachten schenkt Sandra der Lehrerin aus eigenem Geld und eigenem Antrieb einen Plüsch-Tiger und hängt an ihn eine Karte, die ihn als Geschenk der ganzen Klasse ausweist: Darauf zeichnet sie sich als Tänzerin in der Mitte der Kinder der Klasse.

Sandra kann in dieser versteckten Form der Lehrerin etwas schenken, aber sie kann von der Lehrerin nichts annehmen: Was von ihr zu Sandra kommt, wird von Sandra brüsk zurückgewiesen.

Ebenso verhält sich Sandra zu den Kindern der Klasse: Sie kann sich um ein Mädchen, das in eine schwierige Situation geraten ist, kümmern, aber keiner darf sich um sie kümmern.

Auffällig ist, in welche Verfassung die Lehrerin gerät, wenn sie von Sandra erzählt, und in welche Stimmung die Supervisionsgruppe gerät, in der sie dies erzählt. Die Lehrerin wirkt konfus; sie lächelt, wenn sie traurige Dinge berichtet, und wirkt angespannt, wenn sie von Sandra etwas Erfreuliches erzählt. Ihre Rede wirkt auf die anderen wirr und uferlos. Immer wieder berichtet sie von dem großen Störungspegel, der von dem ständigen Sich-Bewegen Sandras ausgeht.

Die Gruppe reagiert zunächst rat- und hilflos, wie gelähmt.

Nehmen wir die Konfusion und die Irritation der Lehrerin als ihre erste Verstehensleistung und schauen, wohin uns diese Fährte führt.

Die Lehrerin hat sich bereits ausgiebig mit dem Lebensschicksal und den Familienverhältnissen dieses Kindes beschäftigt. Sandras Mutter ist Amerikanerin; die Nationalität des Vater ist türkisch, wobei noch eine andere Volksgruppenzugehörigkeit eine Rolle spielt. Die Umgangssprache zuhause ist englisch. Sandra spricht drei Sprachen: deutsch, englisch und türkisch und dazu noch etwas von der Heimatsprache des Vaters, die noch etwas anderes ist als türkisch. Die anderen Familienmitglieder sprechen zumeist jeweils zwei Sprachen. Die Familie lebte in den ersten Lebensjahrens Sandras in den Vereinigten Staaten, kam aber dann nach Deutschland. Zum Schulhalbjahr hatte die Mutter mitgeteilt, die Familie würde in die USA auswandern. Sandra kam danach nicht mehr zum Unterricht. Über Klassenkameradinnen erfuhr die Lehrerin dann aber, daß Sandra noch hier lebte, und suchte die Familie auf. Die Familie hatte sich in der Türkei aufgehalten, die Auswanderung sei verschoben, hieß es. Nun spricht Sandra ab und zu noch davon, manchmal wie von einem unwirklichen Vorhaben, manchmal wie von einem ganz konkreten demnächst ausgeführten Plan. Manchmal zustimmend und manchmal voller Ablehnung.

Wenn Sandra von ihrer Familie spricht, dann von Nichten und Neffen, die von türkischen Anverwandten zum Heiraten, zur Rückkehr in die Türkei, zum sittenstrengen Leben gezwungen worden seien, auch mit körperlicher Gewalt. Die Mitteilungen des Kindes über die Lebensverhältnisse und Lebenspläne der Familie sind widersprüchlich, verwirrend, konfus.

Im Gegensatz dazu zeigt sie gegenüber den sozialen Beziehungen und zu den Personen in der Klasse und in der Schule eine messerscharfe Beobachtungsgabe, die sie sehr genau und oft abwertend, verächtlich machend, einsetzt.

Die Lebensverhältnisse dieser Familie, ihre Sprach-, Werte-, Lebensgrundlagen, ihre Pläne und ihr realer Umgang miteinander scheinen so verwirrend und diffus zu sein, daß sie geeignet sind, ein Kind, das sich davon abhängig macht, verrückt zu machen. Wenn ich mich davon abhängig mache, dann ende ich in völliger Desorientierung; wenn ich über meine Zukunft in dieser Familie nachdenke, dann weiß ich nicht mehr ein und aus, nicht mehr was oben und unten, was vorne und hinten ist. Dann lasse ich mich lähmen.

So läßt sich Sandra auf nichts und niemanden ein: Nicht auf die Lehrerin, nicht auf die anderen Kinder, auch nicht, wie ihre Erzählungen verraten, auf ihre Familie. Die Sehnsucht, dazu zu gehören, ist stark. Aber sie kann nichts annehmen; denn etwas annehmen heißt stets auch immer, sich abhängig zu machen. Sie läßt sich auch nicht auf die Lernaufgaben ein. Sie scheut die Ruhe und muß Nachdenklichkeit und Konzentration stören, wenn sie eintreten. Ihr Leben als Tänzerin hält sie in Bewegung und am Leben. Sie läßt sich nicht lähmen und nicht von außen verrücken, verrückt machen. Sie kreist um ihre eigene Körpermitte und spürt in dieser Bewegung ihren eigenen Mittelpunkt: daß sie selbst ihr Mittelpunkt ist. Und es gilt, nicht zur Ruhe zu kommen.

In ihrer Erzählung geht die Lehrerin ganz in die Desorientierung, Konfusion und Verwirrung, die Sandra mit ihrem Verhalten abwehrt. Statt selbst verrückt zu werden, macht Sandra ihre Umgebung verrückt, und die Lehrerin übernimmt das dahinterliegende Konfusionspotential spiegelbildlich. In der Gruppe machen sich die Folgen dieses Prozesses breit: Lähmung.

Das störende Verhalten Sandras ist ihre Strategie, unbeschadet und autonom zu bleiben. Es macht subjektiv Sinn.

Es schützt sie und verhindert zugleich ihre weitere Entwicklung.

3.1.2.2 Markus – oder: Selbstgespräche über dem Abgrund

Eine Lehrerin berichtet von dem neunjährigen Markus. Markus scheint absichtlich alles falsch zu machen. Selbst wenn man ihm ganz einfache Aufgaben gibt, schafft er es, das meiste falsch zu machen; selbst das, was er gerade noch konnte.

Seine Fehler nimmt er als Bestätigung, daß er nichts kann und daß er nichts lernen wird. Er ist darüber sehr traurig.

Wenn ihn die Lehrerin darauf anspricht und ihm sagt, daß er dies doch eigentlich könne, und daß er es nun wieder geschafft habe, es falsch zu machen, gerät er in einen absonderlichen Zustand: Er führt mit sich Selbstgespräche. Dabei spricht er mit sich, als würden zwei Personen sprechen. „Markus", sagt die eine Person, „du hast es ja nun wieder falsch gemacht. Das kannst du doch." „Ach ja", entgegnet die andere Person, „ich weiß auch nicht." So wie die erste Person spricht seine Lehrerin mit ihm.

Häufiger spricht er so mit sich, als spreche seine Mutter mit ihm: vorwurfsvoll, bestimmend, scheltend, und er entgegnet immer aus aus einer Position des Unvermögens, des Nichtwissens, der Verzweiflung.

Bei manchen Selbstgesprächen läßt er seinen Vater zu sich sprechen und diese Stimme ist wütend, beschimpfend, verachtend.

Wenn er mit sich spricht, redet er auch davon, daß er nichts wert ist, daß er sich etwas antut.

Die Lehrerin hat große Angst um ihn. Sie möchte gerne, daß er am Nachmittag in eine heilpädagogische Gruppe geht. Als die Möglichkeit dazu bestand, wollte dies die Mutter von Markus nicht. Die Mutter von Markus scheint sehr dominierend und sehr wenig beeinflußbar zu sein.

Die Lehrerin hat den Eindruck, daß die Mutter große Angst hat, etwas falsch zu machen, und daß sie Markus ängstlich und hilflos festhält. Die Mutter scheint großen Einfluß auf Markus auszuüben und darauf zu achten, daß dieser Einfluß nicht geschmälert wird, daß sich nichts ändert.

Ihren Kontakt mit der Lehrerin beschränkte sie zunächst so weit wie möglich; die Lehrerin vermutet, aus Angst etwas Negatives zu erfahren oder den Vater in Wut zu versetzen. Der Vater tritt nach außen nicht Erscheinung.

So weiß die Schule über die Familie nichts Genaues, außer, daß sie sich abschließt und daß nach außen nur die Mutter in Erscheinung tritt.

In der Klasse hat es die Lehrerin auch damit versucht, die unverständlichen Fehler und die Selbstgespräche von Markus nicht zu beachten. Dabei schaukelte sich das absonderliche Verhalten von Markus immer weiter hoch und seine Angst schien stetig zu steigen. Die Lehrerin hatte den Eindruck, daß sie Markus ansprechen muß, damit er sich beruhigt. Er braucht einen Ansprechpunkt außen, damit er in sich ganz bleiben kann und mit sich zurecht kommt.

Wenn die Lehrerin spricht, wird deutlich, daß sie die Angst von Markus teilt und dessen Verzweiflung spürt, auch wenn sie gut damit umgehen kann. Die Gruppe, in der sie berichtet, reagiert aufmerksam und fachlich interessiert. Sie bietet der Kollegin eine Möglichkeit einer einfühlsamen aber distanzierten Betrachtung. Genauso reagierte die Lehrerin auf Markus, wenn sie ihm einen Ansprechpunkt außerhalb seiner beängstigenden Gefühlswelt anbot. Die spiegelbildliche Übernahme der Gefühle des Kindes ist also ebenso spürbar wie ein ergänzendes Gegenüber.

Der Versuch, zu verstehen, was einen Menschen wie Markus zu einem solchen Verhalten bewegt, wird immer ein Versuch sein, nie eine Gewißheit. Aber wenn wir beobachten, welche Reaktionen er bei uns hervorruft, können wir eine Hypothese bilden, die brauchbar ist – brauchbar für den Versuch, mit dem Kind förderlich umzugehen, und dabei wird sich die Hypothese als nützlich oder als nicht nützlich erweisen.

Wir können vermuten, daß Markus in eine große Abhängigkeit von Beurteilungen geraten ist, die von außen an ihn herangetragen werden. Er kann oder darf sich nicht selbst positiv einschätzen. Seine Abhängigkeit ist so groß, daß er ohne Ansprechpunkt außen keinen eigenen Mittelpunkt spürt, daß er zerfällt in verschiedene Teile, die aus ihm heraus miteinander sprechen, und daß die dominierenden Stimmen grobe Kopien von äußeren Stimmen sind. Seine eigene Stimme bleibt dagegen schwach und richtet sich gegen sich selbst, beginnt einen Prozeß der Selbstzerstörung.

Hat sich nun Markus diesen Bestimmungen und Bewertungen, die von außen auf ihn einreden, völlig unterworfen? Hat er sich völlig in Abhängigkeit begeben und zeigt er keinen Funken eines eigenen Willens mehr?

Offensichtlich nicht, denn er hat eine eigene Strategie entwikelt, die völlige Bestimmung von außen zu unterlaufen: Er versagt sich, indem er versagt. Er weigert sich, weiter zu wachsen, Altersgemäßes zu leisten. Man muß sich fragen, ob er damit eine Aggression der Mutter, die gegen ihn selbst gerichtet ist, übernimmt und ihr zum Zuge verhilft – dies kann aus dem vorliegenden Material nicht belegt und nicht widerlegt werden. Aber wie es auch sei: Markus schafft es durch dieses Versagen, seine eigene Aufmerksamkeit sowie die Aufmerksamkeit der Umwelt auf seine Person zu lenken, auch wenn er dabei als Versager in Erscheinung tritt. Aber er tritt in Erscheinung. Er erreicht es, daß man sich um ihn ängstigt. Und er verhindert, daß er völlig willenlos und ohne jedes eigene Tun abhängig ist. Er tut wenigsten etwas, indem er sein Können verbirgt. Er hat dann die Gelegenheit über sich verzweifelt zu sein, sich über sich zu grämen. Seine inneren Zwiegespräche schaffen ihm eine Bühne, auf der er sein Problem inszeniert; sie zeigen seine Zerissenheit und sie machen es gleichzeitig möglich, daß er zu sich spricht und sich antwortet. Wie brüchig dieses Instrument ist, wird daran deutlich, daß er in tiefe Verzweiflung gerät, wenn die Lehrerin ihn dabei nicht hört, wenn der äußere Ansprechpunkt fehlt, der ihn innerlich sammelt.

Seine Fehlleistungen machen Sinn. Was seine Strategie leistet, vermögen wir nicht abzuschätzen; denn wir wissen nicht, wieviel Schlimmeres sie abwendet.

3.1.3 Autonomie und Abhängigkeit in der Entwicklung

In beiden Fällen, die ich schilderte, führte die emotionale Reaktion der Lehrerinnen auf die Spur zu einem tieferen Verstehen. Aus der Reaktion der Personen, die mit dem Kind umgehen, an ihren Irritationen und Gefühlen läßt sich am genauesten ablesen, welchen subjektiven Sinn das Verhalten des Kindes macht.

Denn der subjektive Sinn eines Verhaltens ist stets bezogen auf die Notwendigkeit des Kindes, sich zu den anderen Menschen zu verhalten, und sei es in der Form der Kontaktverweigerung, und sich dabei zu behaupten als ein selbst handelndes Subjekt.

Der Mensch verhält sich zu sich selbst, indem er sich zu anderen Menschen verhält. Und diese anderen verhalten sich zu ihm, indem sie sich zu sich selbst verhalten.

In diesem Austausch von Gefühlen und Sinngebungen ist jeder, der mit einem anderen zu tun hat, zwangsläufig miteinbezogen. Zwar ist es uns nicht möglich, uns in die innersten Beweggründe eines anderen Menschen vollständig und klar hineinzufühlen, aber wir reagieren auf sie, indem wir die inneren Motive des anderen entweder spiegelbildlich miterleben oder ihm ein Gegenüber bieten.

Das menschliche Verhalten ist einerseits bestimmt von der Notwendigkeit, sich auf andere zu beziehen, ist bestimmt davon, daß wir von den anderen Menschen abhängig sind, ist bestimmt von dem tiefen Wunsch nach Zugehörigkeit. Anderseits ist das menschliche Verhalten bestimmt von dem Streben nach Selbstbehauptung, nach Autonomie, nach Unabhängigkeit.

Ohne die Gewißheit meiner einzigartigen und selbständigen Existenz bin ich psychisch nichtexistent. Ohne die Gewißheit der Zugehörigkeit kann ich nicht existieren. Diese beiden Strebungen gehören zusammen. Sie bilden eine Gegensatzeinheit.

Ruth Cohn nennt diese Gegensatzeinheit das anthropologische Axiom von Autonomie und Interdependenz (Cohn 1984, 357ff.).

Diese Gegensatzeinheit bildet den Motor der individuellen und der kollektiven Entwicklung. Sie findet sich in den psychologischen Entwicklungstheorien: von Freud, Adler, Piaget, Leontjew, Charlotte Bühler, Margret Mead, Erikson, Margaret Mahler usf.; also in der genetischen Psychologie, der Aneignungstheorie, dem symbolischen Interaktionismus, der Psychoanalyse.

Die neueste Fassung dieses Gedankens liefert der systemische Ansatz, der die Autonomie des handelnden Systems sowie seine Angewiesenheit auf Austausch klar beschreibt.

Die dialektische Verschränkung von Autonomie und Interdependenz hat Ruth Cohn in prägnanten Formulierungen ausgedrückt: Ich bin um so autonomer, je mehr ich mir meiner Abhängigkeiten bewußt bin. Und ich kann meiner Verbundenheit um so deutlicher nachkommen, je mehr ich mir meiner Autonomie bewußt bin.

Die Entwicklung des Kindes stellt sich in dieser Sicht als ein gleichzeitiges Herausbilden von größerer Autonomie und tieferer Verbundenheit dar. Entwicklung ist die Zunahme von Selbständigkeit, Abgegrenztheit der eigenen Person, von persönlicher Autonomie, und zugleich einer Vertiefung der Verbundenheit des Kindes mit den Wertegrundlagen des Zusammenlebens und Übernahme von Verantwortung für sich selbst und für andere.

Entwicklung ist der Prozeß der wachsenden gegenseitigen Durchdringung von Autonomie und Interdependenz.

Bei einer Störung der Entwicklung gerät die Balance von Autonomie und Interdependenz aus den Fugen. Das Kind wird hineingeworfen in eine übermächtige Abhängigkeit und muß seine Autonomie mit den Mitteln verteidigen, die ihm in dieser Situation zur Verfügung stehen. Es hält auch später starr an diesen Mitteln der Verteidigung fest, selbst wenn sie selbstzerstörerisch wirken.

Sandra kann nicht verhindern, daß sie real von der Familiensituation abhängig ist, aber sie kann immer wieder verhindern, daß ihr diese Abhängigkeit bewußt wird. Wir konnten ihre Verstrickung in die Familiendynamik noch nicht genug aufhellen: Sicher nimmt Sandra in diesem Gefüge auch einen zugewiesenen Platz ein, hat ihre Störung auch eine Funktion für die Familie. Sie kann diesen Platz in der Familie behalten und durch ihr Symptom zugleich ihre Autonomie verteidigen.

Aufgrund der übergroßen Abhängigkeit wird auch das Autonomiestreben Sandras illusionär übergroß, wird bis zur Autarkie ausphantasiert. Die Balance, die sich hier einstellt, wird starr. Die Entwicklung steht still. Nur die *dynamische* Balance, die immer wieder aus dem Gleichgewicht kippt, bei der sich die Gewichte immer wieder neu verschieben und neue Einigungen hergestellt werden müssen, treibt die Entwicklung an.

Für Sandra ist diese Dynamik zu gefährlich. Sie vermeidet sie. Äußerlich ist sie immer in Bewegung, aber innerlich steht sie still. Dieses Stillestehen zeigt sich in der Lähmung, die sie im selben Atemzug mit ihrer Hektik verbreitet. Ihre Form der Autonomiebehauptung gestattet ihr angenehme narzißtische Phantasien und körperliche Sensationen der Selbstwahrnehmung.

Markus' Störungsmuster zeigt in die entgegengesetzte Richtung. Er ist der Fremdbestimmung über sich und seinen Körper sosehr unterworfen, daß er keine angenehmen narzißtischen Phantasien über sich entwickeln kann. Die Abhängigkeiten überwuchern ihn so, daß er sein Selbst nur als ein gespaltenes in einem inneren Zwiegespräch inszenieren kann. Und dennoch behauptet er auf eine selbstzerstörerische Weise den Restbestand an Autonomiestreben.

Auch für ihn ist die Dynamisierung zu gefährlich: Womöglich würde er in die psychische Nichtexistenz fallen, wenn er sich aus der umfassenden Abhängigkeit herausbegäbe. Er tritt die Funktion des

Ich, das die Grenzen seiner selbst umreißt, ab an die Lehrerin, fragt bei ihr die Funktion seiner Selbst-Bestimmung nach und begibt sich so zu ihr in eine erneute tiefe Abhängigkeit.

In dieser Wiederholung der familiären Ausgangslage liegt die Chance zu einer Variation, die aus dem Stillstand hinausführt[2].

3.1.4 Perspektiven pädagogischen Handelns

Wir haben nur dann eine Chance, die festgefahrenen Muster der Selbstbehauptung, die sich unablässig im Kreise drehen und immer wieder dieselben Beziehungsstrukturen reproduzieren, zu unterbrechen, wenn es gelingt, uns an die inneren Regeln, mit denen das Kind seinen subjektiven Sinn verfolgt, anzukoppeln.

Die Wiederholung der Störung wird zur Chance, wenn wir in diese Wiederholung Variationen einführen können, die in der Lage sind, die eingefrorene Dynamik von Autonomie und Interdependenz wieder aufzutauen, sie in Bewegung zu bringen, sodaß sich die Beziehungsmuster verflüssigen. Diese Verflüssigung muß aktiv selbst vom Kind ausgehen, weil sich sonst der Widerstand gegen Veränderung verfestigt.

Dazu ist es erforderlich, die inneren Regeln des kindlichen Verhaltens zu erkennen, indem wir sie im ersten Schritt mitleben, uns auf sie einlassen, nicht im Sinne von Gewährenlassen, sondern im Sinne von Sich-Irritieren-Lassen, von Mit-Agieren, von Sich-Verwickeln-Lassen.

Nur wenn ich mich zunächst *ver*wickele, kann ich dann gemeinsam mit dem Kind mich aus dem Störungsmuster *ent*wickeln. Dazu ist im zweiten Schritt ein Perspektivenwechseln nötig: Von der Position der Beteiligung in die Position der Reflexion.

Diese beiden ersten Schritte dienen der Wahrnehmung, der Selbst-Wahrnehmung wie der Wahrnehmung der Verhaltensmuster des Kindes.

---

[2] Das psychoanalytische Konzept des Wiederholungszwangs wird mit dieser Sichtweise pädagogisch fruchtbar gemacht. Siehe Aloys Leber, Frühe Erfahrung und späteres Leben. In: Leber, A. u.a. 1983, 11-28.

Besonders wichtig ist es, die Anzeichen der Dynamisierung wahrzunehmen, die das Kind zeigt: Seine Ansätze, sich selbst zu behaupten, seine Anfragen an mich, seine Versuche, aus der Erstarrung freizukommen. Diese Anzeichen gilt es zu unterstützen, um eine Variation in der Wiederholung anbahnen zu können.

Dabei geht es gar nicht um irgendwelche ausgeklügelte pädagogische oder gar therapeutische Interventionen, die hier von den Lehrerinnen zu leisten wären. Förderlich ist vielmehr die Entwicklung, die sich in der Erzieherin vollzieht und die sich niederschlägt in der Entwicklung der Beziehung zwischen Kind und Erzieherin. Die Bewegung des Sich-Irritieren-Lassens und des Sich-Distanzierens, das Aufspüren der Sinngebung des Kindes und die Entscheidung für die eigene Position, das Erleben der widersprüchlichen Gefühle und das Klären der Gefühle, die Akzeptanz der inneren Regeln des Kindes und die Abgrenzung der eigenen Regeln, diese inneren Vorgänge in der Person der Erzieherin prägen eine Haltung, die zum fördernden Dialog – wie es Leber nennt (1988, 41-46) – und zu einer gemeinsamen Entwicklung führen. Stierlin nennt diese gemeinsame Entwicklung Ko-Evolution (Stierlin 1989, 93-109), Speck nennt als Ziel Ko-Autonomie (1991, 128-152).

Nach Buber (1925 zit. nach 1986, 11-40) ist der Dialog zwischen Erzieher und Kind davon gekennzeichnet, daß der Erzieher bei jeder Handlung zum Kinde hin spürt, wie seine Handlung drüben beim Kind ankommt, er aber dennoch bei seiner Position und seinen Zielsetzungen bleibt. Er spürt die Gegenseite nicht nur als Gefühl oder als Nacherlebnis, sondern als Wirklichkeit. Er umfaßt die innere Wirklichkeit, die subjektive Sinngebung des Kindes, und kann sich zugleich von ihr distanzieren.

Systemisch gesprochen geht es um die Fähigkeit, zwischen der Perspektive der Selbstregulation des Kindes, der Perspektive der eigenen Selbstregulation und der Perspektive des Außenbeobachters zu wechseln.

Das geeignete Instrument für diese Prozesse ist die professionelle Besprechung in der Gruppe, in Form der kollegialen Beratung oder in der Form der Supervision oder in der Form der externen Beratung.

Dies kann in der Form der kollegialen Beratung in der Zusammenarbeit in einem Jahrgangsteam in der Grundschule und in der Zusammenarbeit zwischen Sonderschullehrerinnen und Grundschullehrerinnen in einem Team geschehen. Der Vorteil dieser Teambildung liegt darin, daß dieses Team Gestaltungen des Schullebens und des Unterrichts gemeinsam enwickeln kann.

Manchmal ist es für Lehrerinnen und Lehrer auch ratsam, sich einer Supervisionsgruppe außerhalb ihres Teams zu bedienen, in der sie größere Distanz zu ihren Verwicklungen gewinnen können.

In Situationen, in denen die Interaktionsmuster zwischen dem Kind und seiner schulischen Umwelt festgefahren sind, ist eine Beratung von außen angebracht; die externe Beratung kann hier neue Perspektiven einführen.

Auf dem Hintergrund solcher Verständigungsprozesse, in denen sich förderliche Haltungen entwickeln, entstehen auch konkrete Möglichkeiten des Lehrerverhaltens für einzelne Situationen.

Für Sandra kann die Lehrerin zum Beispiel versuchen, in welcher Form sich Sandra an sie annähern kann. Sandra kann nichts annehmen, aber sie kann Fürsorge entwickeln. Vielleicht gelingt es Sandra, von der Lehrerin das Geschenk anzunehmen, daß die Lehrerin ihr eine wichtige Verantwortung anvertraut oder ihr eine wichtige Sache in Gewahrsam gibt. Vielleicht gelingt es der Lehrerin, die Tanzauftritte von Sandra in eine Bahn zu lenken, wo sie Sandra aufrichtig bewundern kann. So erzählt die Lehrerin einige Wochen später, daß Sandra auf dem Faschingsschulfest eine vollendet play-back-show hingelegt hat, die sie fotografierte.

Als Sandra tanzte und die Lehrerin fotografierte, kam es zu einem Blickkontakt, der für die Lehrerim ein herzliches Einvernehmen ausstrahlte. Die Lehrerin erzählte: „Sandra hat mir zugelacht. Sie hat mir ihr Lachen geschenkt."

Sandra kann wahrnehmen, daß die Lehrerin ihre Autonomie achtet und schützt, wenn die Lehrerin dies in symbolischer Form ausdrückt, z.B. bei der Behandlung von Sandras Sachen, Heften, Äußerungen.

So entspannt sich das Verhältnis zwischen der Lehrerin und Sandra ganz von selbst, wenn die Lehrerin durch Sandras Verhalten nicht mehr in die Irritation stürzt, wenn sie dies Verhalten nicht mehr als Attacke gegen sich auffaßt, sondern als Versuch des Selbstschutzes.

Markus' Lehrerin kann ihn besser stützen, wenn sie ihn nicht auf seine inneren Ängste anspricht; wenn sie nicht selbst diese Ängste übernimmt. Wenn sie ihm ein realitätsbetontes Gegenüber bietet; wenn sie darauf wartet, daß er etwas richtig gemacht hat, und dies als Selbstverständlichkeit erwähnt und damit festhält. So kann Markus erfahren, daß die Lehrerin anders ist als seine Mutter; er bemerkt es, wenn die Lehrerin einen Impuls von ihm, mit dem er sich abgrenzt, positiv beantwortet.

Die Tendenz von Markus, von der Lehrerin eine Außensteuerung zu erwarten, einen Spiegel, in dem sich ganz sieht, wird schon fast transparent, wenn er nach einiger Zeit ohne Kontakt etwas unternimmt, um sie zu sich zu holen, und wenn dies lächelnd schon fast als Spiel betrieben wird.

Sicher aber wird die Lehrerin Markus nicht heilen können. So sicher, wie sie die Familiensituation nicht ändern kann.

Sicher gibt es keine allein schulischen Maßnahmen, die die Lebensverhältnisse und die Persönlichkeitsstrukturen von Kindern wie Sandra oder Markus und den vielen anderen grundlegend ändern können.

Wir sprechen immer von Maßnahmen und übersehen dabei, daß es hier in erster Linie nicht um das Therapieren, das Heilen, das Korrigieren geht, sondern um das *Tragen*. Nicht nur um das Ertragen – um dieses sicher auch, aber grundlegender um das Tragen.

Um das Tragen der eigene Sicherheit in schwierigen Situationen, um das Tragen der Beziehungen, um das Tragen unseres subjektiven Sinns, um das Tragen der Werte des Zusammenlebens und um das Tragen der Kultur, die in jeder Schulklasse ein kleines Stück vermittelt werden soll.

Hilfe zum Tragen ist die Zusammenarbeit von Kolleginnen und Kollegen in der Schule, in der auch die Koopperation von Grundschullehrerinnen und Sonderschullehrerinnen ihren Sinn findet.

Die Störungen, unter denen heute viele Kinder leiden, können wir weder beseitigen, noch aus der Schule entfernen.

Aber wir können daran arbeiten, diese Kinder gemeinsam zu tragen, indem wir uns selbst helfen und indem wir die tragenden Fundamente des schulischen Zusammenlebens gemeinsam gestalten.

3.2 Helmut Reiser
Unbewußte Interaktionsthemen im Unterricht

3.2.1 Die Gratwanderung zwischen Überbetonen und Übersehen von Interaktionsthemen

In jeder Gruppe sind Themen präsent, deren deren volle Bedeutung dem Bewußtsein der Beteiligten nicht zugänglich ist. Manchmal werden sie „zwischen Tür und Angel" verhandelt, als Randbemerkungen, als „Ratsch" in Untergruppen, als Zwischentöne oder auch in der Form verdeckter Kundgebungen von Antipathien, Sympathien, Aggressionen und Liebeswünschen oder durch scheinbar zufällige Alltagshandlungen, wie Zuspätkommen, Verwechslungen, stillschweigende Übereinstimmungen u.ä. In einer Unterrichtsplanung und Unterrichtsweise, die an curricular festgelegten Lernzielen orientiert ist, werden solche Themen zumeist als Störungen empfunden, weil die Kinder durch heftige Gefühle, „Schwätzen", Tagträumereien, aufkeimende Aggressionen u.ä. von dem geplanten Unterricht abgelenkt werden.

Hier kann es zum Beispiel darum gehen, daß Erkrankungen von MitschülerInnen, LehrerInnen oder Familienangehörigen tiefgehende Verletzungs- oder gar Todesängste auslösen, die auf eine ganze Gruppe übergreifen; daß beim Verlust einer Lehrerin infolge von Schwangerschaft Rivalitätsgefühle auftreten, die in der Kindergruppe Konflikte und eine Abwehr gegen eine neue Lehrerin zur Folge haben; daß eine Gruppe von Mädchen in der Pubertät – unausgesprochen aber alles andere überlagernd – mit Fragen von Menstruation und Weiblichkeit beschäftigt ist; daß Jungen mit einem Lehrer Autoritätskonflikte austragen oder in eine Lehrerin verliebt sind; daß die Erfahrung von körperlichen, geistigen oder seelischen Beeinträchtigungen bei anderen Kindern Selbstwertzweifel und Fragen nach Normen von Tüchtigkeit und nach ethischen Werten aufwerfen; daß in der Klasse ein Clique von Jungen dominiert, die sich gegenseitig als starke Männer und Rabauken aufstacheln und beweisen müssen. Die Liste ließe sich lang fortsetzen.

Je weniger die Lehrkraft eine Vorstellung davon hat, was die Kinder bewegt, und je mehr sie versucht, die Ablenkungen zu unterbinden, umso mehr wird sich das psychische Geschehen und die Interaktion in der Klasse in den Untergrund verlagern und den Lernprozeß stören.

Aus der psychoanalytisch orientierten Pädagogik sind viele Beispiele berichtet, wie in solchen Situationen die unbewußten Themen, die die Interaktion bestimmen, aufgegriffen werden können (z.b. Reiser 1972, 1987, Clos 1987, Lotz 1987, Warzecha 1990, Heinemann 1992). Die hier genannten Beispiele stammen alle aus Schulen für Erziehungshilfe, in denen im Unterricht eine pädagogisch-therapeutische Gruppenarbeit gepflegt werden kann.

Die oben begonnene Liste von Auslösern und Themen zeigt jedoch, daß Kinder aller Schulformen von solchen Themen bewegt werden, da sie grundlegende, existentielle Fragen ansprechen, die unter den Kindern in irgendeiner, zumeist indirekten, Form verhandelt werden. Sie sind keine „Störungen" des Bildungsprozesses, sondern eigentlich dessen Grundlage und gegenüber dem Wissenserweb vorrangig.

Einige dieser Themen werden auch in Grundschulen aufgegriffen; zum Beispiel Themen, die sich mit der Identität der Kinder beschäftigen, mit dem Wachstum der Kinder, mit Erfahrungen von Krankheit und Behinderung, mit Ängsten von Kindern, mit Zukunftsvorstellungen etc. Kreative Unterrichtsangebote, zum Beispiel mit freien Texten, Märchen, Improvisationstheater geben den Kindern Gelegenheit, ihre Gefühle auszudrücken und Gruppenphantasien zu entwickeln.

Es besteht jedoch auch eine Scheu von Lehrerinnen und Lehrern, tiefgehende Gefühle, innerpsychische Konflikte und gruppendynamische Prozesse anzusprechen; diese Scheu ist berechtigt und zeugt von Verantwortungsbewußtsein. Solche Probleme sind dem Bewußtsein oft nicht zugänglich, weil sich die Psyche vor kränkenden, schmerzlichen und beschämenden Einsichten schützt. Diese Widerstände dienen der psychischen Stabilisierung und müssen respektiert werden.

Es ist nicht verantwortbar, psychische und gruppendynamische Probleme gegen den Widerstand der Beteiligten ans Licht der (Klassen-) Öffentlichkeit zu zerren. Wenn eine Lehrkraft solche Themen anspricht, muß sie sicher sein, daß die Kinder innerpsychisch und in der Gruppe mit den freigesetzten Emotionen und Themen so umgehen können, daß ihre Ängste gemindert werden und ihr Selbstwertgefühl stabilisiert wird.

Dies erfuhr ich eindrücklich in einer Sonderklasse, in der ein sehr dicker Junge zum Außenseiter geworden war und unter den Hänseleien seiner Mitschüler litt. Ein in der Klasse eingesetzter Lehramtspraktikant hielt diesen Zustand für unerträglich und wollte ihn durch eine Klassenkonferenz verbessern, da er diese Methode im Studium kennengelernt hatte. In Abwesenheit des Klassenlehrers, der davon abgeraten hatte, führte er dieses Gespräch durch; im Klassenzimmer zeigten sich die Schüler einsichtig und konnten verbal die Position des Außenseiters nachempfinden. In der darauffolgenden Pause jedoch brach eine Verfolgungsjagd auf den Außenseiter aus, den die Kinder mit Steinen bewarfen und durch das Stadtviertel hetzten, bis Passanten die Polizei riefen.

Die rationale Besprechung der äußeren, verhaltensorientierten Seite des Problems hatte derartig negative Folgen, weil die psychische Bedeutung, mit der die Situation aufgeladen war, nicht erkannt worden war. Die Außenseiterproblematik war eingebettet in eine frei flottierende Angst vor Verfolgung, die auf der Selbstwertproblematik der Kinder aufbaute und von einem Jungen mit Verfolgungsideen eingespeist wurde. Der nicht ausgesprochene Konflikt zwischen dem Klassenlehrer und dem Praktikanten erhöhte die Irritation. Die durch das Gespräch aktualisierten Verfolgungsängste wurden durch einen Verfolgungsexzeß von der eigenen Person auf den Außenseiter abgelenkt.

Die schädliche Wirkung eines unsensiblen Entblößens von psychischen Problemen zeigt sich nicht immer so auffällig und dramatisch. Manchmal kann ein(e) Lehrer(in) gar nicht registrieren, wie tief ein Kind von einem Gesprächsthema oder einer Äußerung seiner Klassenkameraden betroffen ist. Allerdings ist es ebenso schädlich, wenn Themen, die in der Klasse präsent sind, die sich in der

Interaktion immer wieder bemerkbar machen und von denen die Kinder stark bewegt werden, aus der Kommunikation ausgeschlossen und tabuiert werden. Oft handelt es dabei um Problemlagen, die die Lebenswirklichkeit der Kinder bestimmen und bei deren Bearbeitung sie Hilfe benötigen.

Das Ansprechen von Interaktionsthemen ist deshalb eine Gratwanderung, für die Sensibilität, Reflexionsfähigkeit und auch didaktische Phantasie notwendig ist.

Im folgenden will ich einige Anregungen geben, wie man auf diesem Grat wandern kann, ohne abzustürzen.

3.2.2 Die Beruhigung kollektiver Ängste durch Realität

In einer Sonderklasse erkrankte kurz vor einer Prüfungsstunde, die ein Referendar in der Klasse zu halten hatte, der Klassenlehrer. Die Klasse wurde kurz vor Schulbeginn routinemäßig davon informiert, daß der Unterricht gekürzt werde, weil der Klassenlehrer im Krankenhaus sei.

Das Thema der Stunde, die der Referendar zu halten hatte, waren die Regeln der Silbentrennung bei der Rechtschreibung. Die Überschrift zu der Stunde stand an der Tafel: Die Trennungsregeln.

Nach der Information über die Erkrankung des Lehrers und den künftigen Stundenplan wandten sich die Schülerinnen und Schüler nicht dem vorgesehenen Unterrichtsthema zu, sondern stellten aufgeregte Fragen und begannen untereinander zu sprechen darüber, ob der Lehrer wohl sehr krank sei, wer denn mit ihnen morgen zum Schwimmen gehen werde, wo der Lehrer denn sei und wie es ihm gehe, ob er überhaupt wiederkommen würde.

Der Referendar ließ sich auf diese Fragen ein und erklärte geduldig die zwar ernsthafte aber nicht bedrohliche Erkrankung des Lehrers; er vereinbarte mit der Klasse, dem Lehrer zu schreiben; schließlich regelte er, daß der geliebte Schwimmunterricht nicht ausfallen mußte, indem er sich bereit erklärte, diesen Unterricht zu übernehmen. Er begann seine Prüfungsstunde nach dem diesem Vorspiel mit 20 Minuten „Verspätung".

Bei der Stundenbesprechung entstand eine Debatte, ob dieses Vorspiel nötig gewesen sei. Eine Meinung war, die Klasse sei ja bereits informiert worden, der Referendar hätte durch seine Nachgiebigkeit den Schülerinnen und Schülern Gelegenheit gegeben, dem Unterricht auszuweichen; er hätte das Thema der Erkrankung des Lehrers unnötigerweise hochgespielt, statt einfach nur zu sagen, daß kein Anlaß zur Sorge bestehe, und mit dem Unterricht zu beginnen. Der Referendar wandte ein, daß die Mehrheit der Kinder traumatische Trennungserfahrungen und Trennungsängste habe, die beruhigt hätten werden müssen, bevor sie sich dem Unterricht hätten zuwenden können. Zudem sei das Thema des Unterrichts Trennungsregeln gewesen und allein dieses Wort würde die Trennungsproblematik wieder wach rufen, wenn sie nicht vorher beruhigt worden wäre. Diese Assoziation zwischen Trennungsregeln in der Rechtschreibung und Trennung durch die Erkrankung des Lehrers wurde von dem Kritiker als völlig unsachlich zurückgewiesen.

Meines Ermessens hat der Referendar die Situation richtig erkannt und gelöst. Eine kurze Information genügt nicht, um einen Schock zu überwinden; Gespräche, die bei der Verarbeitung eines Unglücks helfen, sind immer redundant, expressiv, folgen zunächst nicht der Sach-Logik, sondern der Psycho-Logik, bis es zu einer Beruhigung kommt. Der Kritiker unterschätzte auch die Bindung der Kinder an ihren Lehrer und ihre latenten Trennungsängste, die durch die Mitteilung einer ernsten Erkrankung mobilisiert werden.

Der Referendar sah richtig voraus, daß das Wort Trennung, auch wenn es in einem anderen Zusammenhang im Unterricht eine Rolle spielte, Assoziationen auslösen würde. Die psychodynamische Ladung eines Unterrichtsstoffes, wie ich sie im „Modell der Reflexion von Unterricht nach TZI" (in diesem Band) erläuterte, kann auch aus Wortassoziationen entstehen, vor allem wenn die Assoziation an das aktuelle Geschehen anknüpft, wie in diesem Fall.

Wenn Kinder zu Schülerinnen und Schülern gemacht werden, wird von ihnen erwartet, daß sie weglaufende Assoziationen unterdrükken, ihnen nicht folgen oder sie zumindest für sich behalten. Kinder, denen dies nicht gelingt, weil ihre Lebenswelten zu bedrängend sind und mächtige Assoziationen auslösen, werden leicht als verhaltensgestört bezeichnet. Oft wirkt folgender Mechanismus als Verstärker der Störung: Die mangelnde Fähigkeit des Kindes, die weglaufenden Assoziationen zu unterdrücken, führt zu Sanktionen der Lehrer; die Emotionen des Kindes werden von Trotz und Wut überlagert; entweder schafft sich die unterdrückte Thematik einen aggressiven Ausdruck, der wiederum sanktioniert wird, was den Kreislauf fortsetzt; oder das Kind verfällt in Regression und Denkhemmung.

Aber auch im unauffälligen „Normalfall" kann hinter der angepaßten Beteiligung am Unterricht Lustlosigkeit und Desinteresse an den Unterrichtsgegenständen liegen, weil die eigentlich interessierenden Themen dauerhaft in den Untergund gewandert sind.

In dem berichteten Fall beugte der Referendar einer solchen Entwicklung vor, indem er die TZI-Regel befolgte, nach der Störungen den Vorrang haben. Seine Lösung des Problems gibt einen weiteren wichtigen Hinweis: Er ging nicht auf die tieferliegenden Ängste und Phantasien der Kinder ein, sondern behandelte das Problem auf der Ebene der Realität. Es ging hier darum, die geäußerten Ängste der Kinder ernst zu nehmen, sie auf der Ebene der Realität zu beantworten und diese Antworten in aktives Handeln (durch den Vorschlag, einen Brief, zu schreiben, und durch die Regelung des Schwimmunterrichts) umzusetzen.

Dieses Vorgehen kann als Beispiel einer „Störungsbearbeitung" im Sinne der TZI gelten, wenn in einer Kindergruppe Ängste aktualisiert werden, die sich aus unbewußten Interaktionsthemen speisen.

In Gruppen und Klassen von Jugendlichen und Kindern, mit denen in dieser Weise länger umgegangen wurde und eine entsprechende Vertrauensbasis untereinander und zum Lehrer entstanden ist, kann es dann möglich werden, daß solche Anlässe zu tiefergehenden Gesprächen führen; diese sollen aber von den Kindern/Jugendlichen selbst ausgehen. Der Lehrer/die Lehrerin als Gesprächsleiter(in) muß sich dabei an den Kindern/Jugendlichen orientieren, die das Gespräch am heftigsten betrifft, und die Intensität und Dauer nach deren Verarbeitungsvermögen beeinflußen. Da dies manchmal Kinder/Jugendliche sind, die sich scheinbar überhaupt nicht beteiligen, muß er/sie dazu die Gruppe und die einzelnen sehr gut kennen.

Wenn die in solchen Situationen erkennbaren Interaktionsthemen gründlicher behandelt werden sollen, ist es empfehlenswert, die Behandlung des Themas vorzubereiten und dabei einen der im folgenden vorgestellten Wege zu wählen.

3.2.3 Die Verfremdung des Exemplums

Als Beispiel berichte ich aus einer in integrativen Klassen, in der behinderte und nichtbehinderte Kinder gemeinsam unterrichtet werden. Eine Aufgabe ist hier das Ansprechen und Verarbeiten des Erlebens der Beeinträchtigungen.

In den ersten Jahren, in denen Erfahrungen im integrativen Unterricht gesammelt wurden, stellte ich eine große Zurückhaltung vieler Lehrkräfte gegenüber dieser Aufgabe fest, da sie befürchteten, durch das Sprechen über Besonderheiten von Kindern Kränkungen und Stigmatisierungen auszulösen.

In Fortbildungen zu diese Frage zeigte sich jedoch, daß unterschieden werden kann zwischen Themen, die direkt angesprochen und als Unterrichtsthemen behandelt werden können, und solchen, bei denen ein anderes Vorgehen angezeigt ist.

Direkt erlebbare Folgen etwa von Sinnes- und Körperbehinderungen werden in integrativen Klassen immer wieder in spontanen Gesprächssituationen und auch in vorbereiteten Klassengesprächen behandelt, da es dann auch darum geht, gegenseitiges Verständnis zu ermöglichen und praktische Umgangsweisen zu erläutern.

Die Lehrerkräfte einer Klasse mit einem blinden Mädchen fanden jedoch, daß diese Gespräche nicht ausreichten, um die nichtbehinderten Kinder an ein einfühlendes Verstehen der Isolation heranzuführen, denen ein blinder Mensch ausgesetzt ist, und daß das blinde Mädchen noch bessere Gelegenheiten haben müßte, sich mit ihrer „Sicht" der Welt zu befassen und sie auszudrücken.

Sie führten ein Unterrichtsprojekt über die menschlichen Sinne durch, bei dem sie sich mit Tasten, Riechen, Sehen und Hören beschäftigten. Als Beispiel für den Ausfall von Sinnesleistungen wählten sie das Hören. Sie trugen mit den Kindern die Erfahrungen über Hör-

behinderungen zusammen, besuchten eine Klasse der Hör-
behindertenschule, beschäftigten sich mit der Gebärdensprache usf.
Als Exemplum im Sinne des exemplarischen Unterrichts wählten sie
bewußt nicht die Blindheit, sondern eine „fremde" Behinderung.
Dadurch geriet das blinde Mädchen nicht in eine unangenehme
Sonderrolle als lebendes Unterrichtsbeispiel. Vielmehr konnte sie
während des ganzen Projekts ihre Erfahrungen in dem Umfang
einbringen, wie sie dies wollte. Von ihr und den anderen Kindern
wurden oft Vergleiche zwischen dem Blindsein und der Gehör-
losigkeit angestellt und so wurde ohne Tabuierung und doch wie
nebenbei ihre Situation thematisiert. Das Klassenthema aber war
nicht die besondere Position des blinden Mädchens, sondern die
Fragestellung, wie Menschen mit einer Sinnesbehinderung leben
können und wie ich ihnen dabei helfen kann. Die Angst vor der
Gefahr, selbst zu erblinden oder andere Schäden zu erleiden, wurde
so mit anderen Beispielen der aktiven Bewältigung beantwortet.
Das Beispiel zeigt, daß es hier um weit mehr geht, als um die
Bearbeitung einer Störung, die vom Unterrichtsziel ablenkt. Vielmehr
wird die Störung, an der ja das Interesse der Kinder anknüpft, zum
Ausgangspunkt eines Unterrichtsangebots gemacht, das Lehrziele auf
verschiedenen Ebenen verfolgt. Lehrziele auf der emotionalen und
der interaktiven Ebene werden verknüpft mit Lehrzielen auf der
kognitiven Ebene; dies geschieht nicht nur, um die curricularen
Anforderungen an den Unterricht zu befriedigen, sondern vor allem,
um eine Lernfähigkeit aufzubauen und zu stabilisieren, die auf
eigenem Interesse und Neugier basiert.
Die Lösung des Problems, Unterrichtsthemen anzupacken, die sich
emotional und gruppendynamisch als heikel erweisen können, wird
in diesem Beispiel dadurch gefunden, daß das Exemplum, mit dem
das Interaktionsthema aufgegriffen wird, den Oberflächenbezug
„verfremdet". Kinder wie Lehrkräfte können stets auf den sicheren
Boden des offiziellen Unterrichtsthemas zurück, das nicht auf die
heiklen emotionalen und interaktiven Probleme der anwesenden
Personen konzentriert ist, sondern quasi daneben liegt. Wichtig ist,
daß der Unterricht einen Stoff hat, der außerhalb der aktuellen
Interaktion bedeutsam und curricular legitim ist, und daß mit den

Parallelen dieses Stoffes zu den Interaktionsthemen sensibel umgegangen wird.

Ich denke, daß sich dieses Beispiel auf viele Situationen umsetzen
läßt, bei denen es um Integration von Kindern mit unterschiedlichen
Lebenswelten, kulturellem Hintergrund, Lernausgangslagen in die
Gruppe geht. So können in der interkulturellen Erziehung die
sichtbaren Unterschiede der kulturellen Traditionen offen vorgestellt
und benannt werden. Wenn aber in der Klasse tief verwurzelte
Vorurteile, konflikthafte religiöse Bindungen, Ambivalenzen bei
unvereinbaren Zukunftsorientierungen u.ä. die Interaktion beeinflus-
sen, dann empfiehlt es sich nicht, diese Probleme am Beispiel des
Verhaltens einzelner Mitglieder der Klasse zu thematisieren. Vielmehr müssen dann diese Erscheinungen als Ausdrucksformen
allgemeiner kultureller, gesellschaftlicher und existentieller Probleme
erkannt werden, für die dann eine Exemplifizierung an einem nicht
in der Klasse vorfindbaren, „danebenliegendem" Beispiel angeboten
werden kann. Auf diese Weise kann das grundlegende Problem ohne
zu große Betroffenheit bearbeitet und eine Bereitschaft zur Einsicht
vorbereitet werden; die Parallelen zu dem in der Klasse vorherr-
schenden Problem können dann dosiert nach der Tragfähigkeit der
entwickelten Vertrauensbasis eingebracht werden, wobei der Lehrer/
die Lehrerin als Gesprächsleiter(in) nichts forcieren sollte.

Viele Vorschläge zur „Metakommunikation" im Unterricht und zur
Bearbeitung von Konflikten im Klassenzimmer übergehen diese
Regeln der Zurückhaltung und der exemplarischen Bearbeitung und
übersehen dabei die unbewußten Prozesse, die völlig konträre
Richtungen zu den in rationalen Gesprächen geäußerten Einsichten
und Absichten einschlagen können.

3.2.4 Die Arbeit mit doppeltem Boden

Die Empfehlung, ein „danebenliegendes" Exemplum zu wählen, gilt
für Situationen, in denen es um zwar problemgeladene aber
greifbare, auch in Faktenwissen umsetzbare Tatbestände geht.
Noch anders stellt sich die Situation dar, wenn unbewußte innerpsy-

chische und gruppendynamische Konflikte, die auf frühkindlichen Traumen, Frustrationen, Fehlentwicklungen aufbauen, die Interaktion dominieren.

Hier empfehle ich, ein -um in dem Bild zu bleiben- „darüberliegendes" Exemplum zu wählen. Dies heißt ein Thema, in dem ein tieferliegendes Problem sich widerspiegelt, das aber in sich selbst auch ohne diese Tiefenschicht interessant und unterrichtlich bearbeitbar ist.

Dies liegt zum Beispiel vor in Märchen, in denen Aussagen über seelische Vorgänge kulturell gespeichert sind; dies geschieht von selbst, wenn Kindern die Gelegenheit gegeben wird, sich kreativ zu äußern durch Gestalten, Malen, Phantasiegeschichten, Improvisationsspiel usf. Die tiefere Ebene springt aber auch bei „normalen" Unterrichtsthemen, die psychodynamisch aufgeladen sind, an.

Ein einprägsames Beispiel erlebte ich in einer Sonderklasse, die in einer Phase starker ambivalenter Bindung zu ihrer Lehrerin steckte. Im Biologieunterricht kam der Kuckuck vor und die Kinder reagierten heftig darauf, daß der Kuckuck seine Eier in anderer Vögel Nest legt. Die Lehrerin ließ einen Phantasieaufsatz schreiben und gab nur die Anweisung, daß in der Überschrift „Kuckuck" vorkommen solle.

Ich halte es für wichtig, die Kinder darauf hinzuweisen, daß sie eine Geschichte erfinden können, wie sie es sich vorstellen, und daß es etwas anderes ist, wie es sich mit dem Kuckuck im Wald verhält. Die Assoziationen, die sich an das biologische Thema knüpfen, sind eine Zwischenebene zwischen den unbewußten Inhalten der Innenwelt und den realen Inhalten der Außenwelt.

Der Unterricht muß darauf abzielen, die Differenz der Ebenen zu klären, das heißt dazu befähigen, Innen und Außen zu unterscheiden. Die Aufgabenstellung soll in dieser Explorationsphase, in der versuchsweise auf emotionale Reaktionen und Assoziationen der Kinder eingegangen wird, möglichst offen sein. Die Anweisung, daß in der Überschrift „Kuckuck" vorkommen soll, ist ausreichend. Das Material, das auf diese Weise entsteht, kann dann näher daraufhin betrachtet werden, ob sich Themen finden, die für die Gesamtgruppe interessant und bearbeitbar sind.

Die Aufsätze der Kinder zeigten Identifikationen aus sehr unterschiedlichen Positionen: Aus der Sicht der anderen, „richtigen" Kinder wurde geschildert, wie das Kuckuckskind sie aus dem Nest wirft. Aus der Sicht des Kuckuckskindes wurde beschrieben, wie es von den Eltern in einem fremden Nest allein gelassen wird. Wieder andere Aufsätze schilderten verwickelte Familienauseinandersetzungen unter verschiedenen (geschiedenen) Eltern, in denen mehrere Nester vorkamen. In einer Geschichte kam ein Geschwistermord, in einer anderen ein Kindesmord vor. Die meisten Geschichten konnten auf dem Hintergrund der Biografie der Kinder unmittelbar als verschlüsselte Mitteilung ihres Erlebens von Familie verstanden werden. Aber jedes Kind befand sich innerhalb des Rahmenthemas an einer anderen Stelle. Das Gefühl der mangelnden Versorgung sowie Wut, Verzweiflung und Trauer trat in fast allen Geschichten zutage.

Der Altmeister der psychoanalytischen Gruppentherapie Foulkes (1992, 99) spricht von einer dynamischen Gruppenmatrix, die sich aus den individuellen Anteilen, die die einzelnen in die Interaktion einbringen, auf dem Boden der alle umfassenden kulturellen, gesellschaftlichen und sozialen Situation bildet (ebenda 170f).

Aus der psychoanalytische Erforschung der Gruppenprozesse kann gefolgert werden, daß sich ein unbewußtes Gruppenthema herausbildet (vgl. Pühl 1988, 94) und „daß die unbewußte Thematik das Beziehungsgeschehen dominiert und insbesondere in konflikthaften und konfliktträchtigen Interaktionen die inhaltliche Arbeit (z.B. die Lernarbeit) der Gruppe behindern kann" (Trescher 1984, 89; zum Ertrag der psychoanalytischen Gruppenforschung für die Pädagogik siehe Finger-Trescher 1987).

Cohn spricht nicht von der dynamischen Gruppenmatrix, sondern von der dynamischen Balance der in die Gruppe einströmenden Anteile; diese können bewußter oder unbewußter Art sein. Wichtig ist ihr, das Thema der Gruppe zu erfassen. Dies setzt voraus, daß sich in der Gruppe kollektive Interessen (bewußt) oder Phantasien (unbewußt) herausbilden oder sich durch den Anstoß der Themensetzung herausbilden lassen.

Für pädagogisches Vorgehen scheint es mir charakteristisch, daß nach dem gemeinsamen Erleben in der aktuellen Gruppensituation und seinen realen Bezügen gefragt wird. Die Perspektive der Bearbeitung richtet sich aus der aktuellen Gruppensituation heraus in die Zukunft.

Das Gefühl der mangelnden Versorgung und das Bedürfnis nach Einnisten bestimmte auch die Beziehung zwischen der Kindergruppe und der Lehrerin. Es erschien in der Entwicklung zu mehr Vertrauen günstiger, erst diesen Themenkomplex aufzugreifen, bevor der Themenkomplex der Geschwisterrivalität aufgegriffen werden konnte, der mit dem Kuckucksthema auch angestoßen worden war.

Deshalb folgte eine längere fächerübergreifende Unterrichtseinhalt über die Versorgung von Nachwuchs in der Tierwelt, z.B das Brutverhalten von Vögeln, von Fischen (wobei der Stichling ein interessantes Beispiel bot), von Säugetieren (wo die Beuteltiere eine Fülle von Assoziationen und entsprechende Begeisterung auslösten).

An dem Vorgehen möchte ich festhalten, daß in einer offenen Explorationsphase zuerst in Erfahrung gebracht wird, was die Kinder mit einem Stoff, der Emotionen und Assoziationen auslöst, verbinden. Bereits diese Exploration soll auf einem doppelten Boden erfolgen, das heißt die Kinder werden nicht zu sich selbst, zu ihren Ängsten und Bedürfnissen befragt, sondern äußern sich zu einem anregendem Thema aus der Außenwelt. Wenn hier verschlüsselt etwas aus ihrer Innenwelt mitgeteilt wird, dann ist es nicht statthaft, diese Verschlüsselungen zu enthüllen. Vielmehr wird im nächsten reflexiven Schritt nach der gemeinsamen Thematik und derem Bezug zur konkreten Situation der Gruppe, zu der auch die Lehrkraft gehört, gesucht. Dies war hier der Themenkomplex „Nest und Brutverhalten".

Nach dem System der Themenzentrierten Interaktion erfolgt die Entscheidung für ein Thema und die Formulierung und Strukturierung eines Themas aus der Reflexion der Aufgabenstellung, der Umgebungsbedingungen der Gruppe, der Beteiligung der einzelnen und der Gruppenentwicklung.

Die hier vorgestellte pädagogisch-therapeutische Gruppenarbeit im Unterricht wählt Themen, die in der Innenwelt der einzelnen Schülerinnen und Schüler bedeutsam sind, die zugleich in der

Gruppe als unbewußte Interaktionsthemen präsent sind und die zugleich als Aufgabe, die reale Welt zu erfahren, zu formulieren sind. Das individuell verschiedenartig besetzte, kollektive Thema „Nest" wird in unserem Beispiel in dem biologischen Thema „Brutverhalten" codiert.

Mit dem Begriff Codierung will ich ausdrücken, daß tieferliegende individuelle Bedürfnisse und Ängste sowie kollektive Phantasien auf einer „darüberliegenden" Ebene verhandelt werden, ohne daß die tiefere Ebene enthüllt wird. Diese darüberliegende Ebene kann eine Sachbearbeitung sein, wie bei dem Beispiel aus der Biologie oder auch eine kreative Gestaltung durch Bild, Theater, Text, Erzählung.

In der Bearbeitungsphase erhalten die Schülerinnen und Schüler Gelegenheit, sich mit verschiedenen Aspekten des angebotenen Themas zu beschäftigen. In der Wiederholung des Themas in verschiedenen inhaltlichen Aspekten liegt die Chance der individuellen Differenzierung und der Vertiefung. Dabei werden Differenzierungs- und Formierungsprozesse auf zwei unterscheidbaren Ebenen angestoßen:

Auf der innerpsychischen Ebene wird die Differenz zwischen Innen und Außen bearbeitet, das heißt die Fragen: Was bewegt mich bei diesem Thema, welche Gefühle und Vermutungen habe ich? Und dagegen: Welche Realität kann ich zu diesem Thema in Erfahrung bringen, was kann ich real ergreifen, begreifen, beschreiben. Für eine kreative Gestaltung liegt dieser Verarbeitungsprozeß in der Aufgabe, meine Empfindung, meine Vorstellung, meine Erfindung auszudrükken, also aus meinem Inneren zu einer äußeren Form zu bringen.

Auf der interaktionellen Ebene wird die Differenz zwischen mir und den anderen bearbeitet: Was bewegt mich, was bewegt die anderen? Was haben die anderen in Erfahrung gebracht und was interessiert mich daran? Wie können wir gemeinsam etwas in Erfahrung bringen, unser Wissen und unsere Gefühle austauschen und ausdrücken? Bei einer kreativen Gestaltung zeigen wir uns z.B. unsere Bilder, erzählen uns unsere Geschichten oder – eine Interaktionsstufe weiter – spielen zusammen eine Theaterszene.

Bei unserem Beispiel kann so das Versorgungsthema als Thema der Außenwelt bei den Tieren behandelt werden und wirkt zugleich als

Thema der Innenwelt sowohl der einzelnen wie der Gruppe. Parallel zu der Beschäftigung mit den verschiedenartigen Nachwuchs-Versorgungen bei den Tierarten kann in der Klasse ganz konkret und gemeinsam an einer besseren Versorgung der Grundbedürfnisse, zum Beispiel Sicherheit, Nahrung, Anerkennung, gearbeitet werden.

Man darf sich von einer solchen Arbeit an tieferliegenden gemeinsamen Themen jedoch nicht erhoffen, daß die Verstörungen einzelner Kinder oder die Probleme des Zusammenlebens der Kinder kurzfristig beseitigt werden. Sicherlich wird die Vertrauensbasis vertieft und erweitert werden und es kann auch eine Beruhigung im Verhalten eintreten. Aber bei Kindern mit einem hohen emotionalen Nachholbedarf, was nicht nur in Sonderklassen anzutreffen ist, sondern auch in Grund- und Hauptschulklassen, wird die Festigung der Vertrauensbasis auch dazu führen, daß neue Konfliktebenen auftauchen, zum Beispiel die – auch in unserem Beispiel angelegte – Geschwisterrivalität oder Kampfsituationen zwischen den Geschlechtern.

Wirksam wird das Aufgreifen von Interaktionsthemen im Unterricht durch eine kontinuierliche Arbeit. Wenn über längere Zeiten, sei es durch Sachthemen im täglichen Unterricht oder in Intervallen durch Projekte, Interaktionsthemen aufgegriffen werden, dann bilden diese Unterrichtseinheiten den emotionalen und interaktionalen Kern der Entwicklung der Gruppe und der Kinder. Unterrichtsphasen der Binnendifferenzierung, der Übung, der Einführung kognitiver Inhalte werden durch sie zusammengebunden. Obwohl zeitlich nur ein kleiner Teil des Unterrichts können sie dennoch die gruppenstiftende Funktion übernehmen, die ein entwicklungsorientierter Unterricht benötigt.

Für den heilpädagogischen Unterricht wurde diese Arbeitsweise – wie erwähnt – in verschiedenartigen Zusammenhängen und Begründungen mehrfach beschrieben. In der Grundschule besteht eine größere Zurückhaltung gegenüber der Beachtung unbewußter Interaktionsthemen.

Ich will deshalb mit dem folgenden Beitrag ein Beispiel aus der Grundschule vorstellen.

3.2.5 Ein Beispiel: Märchenarbeit in der Grundschule

3.2.5.1 Einführung in das Beispiel

Es handelt sich um eine Projektarbeit in einer integrativen vierten Klasse. Die Klassenlehrerin ist Eva Walther-Narten; das Projekt wurde von Andrea Martinec durchgeführt und in ihrer wissenschaftlichen Hausarbeit für die 1. Staatsprüfung für das Lehramt an Sonderschulen beschrieben und ausgewertet (Martinec 1994).

In der Klasse werden 9 Mädchen und 9 Jungen unterrichtet, darunter ein Junge mit sonderpädagogischem Förderbedarf, André, der nach den Richtlinien der Schule für Lernhilfe unterrichtet wird. Das Projekt wurde nach den Anregungen der Themenzentrierten Interaktion und der Gestaltpädagogik vorüberlegt und durchgeführt.

Ich will nicht den gesamten Projektablauf schildern, bzw. aus der Abhandlung von Martinec übernehmen, sondern das Beispiel auf den Punkt konzentrieren, wie unbewußte individuelle Thematiken und unbewußte Gruppenthemen in einer unterrichtlichen Arbeit, die fächerübergreifend auch kognitive Lernergebnisse zeitigt, zusammenfließen.

In einer Reflexion zur Situation der Klasse und der einzelnen Kinder machten die Klassenlehrerin und die Studentin drei Themenkomplexe aus, die mutmaßlich die Kinder beschäftigten:

– Für die Kinder stand der Wechsel aus der Grundschule in andere Schulen bevor: Hieraus könnten sich Ängste, Zweifel an der eigenen Leistungsfähigkeit, Verlust an Geborgenheit ergeben, aber auch Lust am eigenen Entwicklungsfortschritt, Wandlung und Wachstum.

– In der Klasse war es Gesprächsstoff, daß ein geistigbehinderter Junge plötzlich aus der Klasse verschwunden war, weil er in ein Heim gegeben wurde. Hieraus ergaben sich Fragen zu der Auswirkung von Behinderungen.

– Schließlich ging es in der Kommunikation in der Klasse um Liebe und Verliebtsein. Bis vor kurzem hatte sich die Klasse mit Sexualkunde beschäftigt und die hierzu ausgelegten Bücher wurden von den Kindern immer wieder in die Hand genommen.

Die Studentin entschied sich, ein Volksmärchen anzubieten, das diese Themen einbinden konnte, und ein weiteres Märchen bereit zu halten für den Fall, daß das erste Märchen nicht angenommen wurde. Das Projekt wurde während einer Unterrichtswoche mit täglich vier Unterrichtsstunden durchgeführt.

Nach einer Einstimmung in die Beschäftigung mit Märchen trug die Studentin das Märchen „Das Eselein" in der Originalfassung der Gebrüder Grimm von 1812 vor. Die Kinder reagierten darauf sehr interessiert und angeregt. Sie waren sofort mit Spaß dabei, das Märchen zu spielen.

Im Märchen „Das Eselein" bekommt eine Königin nach langer Unfruchtbarkeit einen Knaben, der als Esel geboren wird. Sie lehnt ihn ab, während der König ihn als seinen Erben aufziehen will. Das Eselein wächst fröhlich und munter heran und lernt – trotz seiner Hufe – ganz wunderbar das Lautenspiel. Als es jedoch in einem Brunnen sein Spiegelbild erblickt, betrübt es sich darüber so sehr, daß es in die weite Welt geht. Es kommt an einen anderen Königshof und wird wegen seiner Kunst, die Laute zu spielen, von den Wachen dort eingelassen. Es verlangt, beim König zu sitzen, und wird von diesem neben seine Tochter gesetzt. Nach einiger Zeit will es wieder nach Hause, aber der König hat es lieb gewonnen und will es halten, indem er ihm sein halbes Reich anbietet. Erst als der König ihm seine Tochter zur Frau geben will, bleibt er, und es wird lustig Hochzeit gefeiert. In der Hochzeitsnacht streift er seine Eselshaut ab und wird zu einem schönen Jüngling. Am Morgen schlüpft er in die Eselshaut zurück.

Der König wundert sich, wie glücklich seine Tochter ist, und ein Diener verrät ihm das Geheimnis. In der darauffolgenden Nacht entwendet er die Eselshaut, die der Prinz abgelegt hat, und verbrennt sie. Am nächsten Morgen bestätigt er dem Prinzen, der seine Haut vermißt, daß er ein schöner Mann ist, und so bleibt dieser und erbt zwei Reiche.

Dieses Märchen wurde wegen der Entwicklungsmotive, die in ihm stecken, ausgesucht. Der Held ist ein Junge, was im Hinblick auf André gewählt wurde. Das Entwicklungsmotiv kann im Hinblick auf die Entwicklung zum Manne, die Lösung vom Elternhaus und die

Aufnahme erwachsener sexueller Kontakte verstanden werden, was bei den Mädchen reziprok die Entwicklung zur Frau anspricht. Die Verbindung zu einer Behinderung, die seit Geburt dem Prinzen anhaftet, finde ich sehr problematisch, da die Hoffnung, diese wie eine Haut abstreifen zu können, irreal ist und zur Entmutigung führen kann.

Das Märchen wurde von den Kindern in ein szenisches Spiel übersetzt. Dabei beschränkte sich die Leiterin auf die Moderierung der Rollenwahl, der Verhandlungen der Ideen der Kinder und auf Anregungen zur Lösung der dabei auftretenden Konflikte und auf Hinweise zur möglichen Gestaltung der Szenen. Die Umsetzung in Szenen folgte den Anregungen der Kinder, die ihre Ideen so lange verhandelten, bis Einvernehmen über den Fortgang erzielt worden war. So wurde z.B. der Wunsch von zwei Mädchen, im letzten Spieldurchgang die Hauptrolle zu übernehmen, so gelöst, daß die Rolle doppelt besetzt wurde. Es gab zwei Eselein, die alles zusammen erlebten, und folglich auch zwei Prinzessinnen.

Das szenische Spiel wurde durch die Bereitstellung von Rohmaterial für Kostüme und Requisiten und durch warming-up-Übungen unterstützt. Die Szenen wurden durch eine musikalische Begleitung angereichert. Das Märchen wurde von der Klasse dreimal gespielt, wobei die Szenen sich veränderten und erweiterten.

Zusätzlich malten die Kinder zu einer Szene ihrer Wahl ein Bild und zeigten sich die Bilder in einer Vernissage. In einem mehr kognitiven Unterrichtsteil wurde der historische Ort, an dem die Märchen entstanden, aufgezeigt; anhand von Märchenbüchern, die in der Klasse gesammelt worden waren, wurden charakteristische Märchenanfänge, Märchenenden und Märchenfiguren zusammengetragen. Dies diente auch zur Vorbereitung für die Aufgabe, ein eigenes Märchen zu schreiben, in dem eine Verwandlung vorkommt.

Jedes Kind fertigte zu seinem eigenen Märchen eine kleine Theaterbühne an, indem ein Schuhkarton wie eine Guckkastenbühne quer in seinen Deckel gestellt wurde und als Bühne bemalt und mit Figuren und Requisiten ausstaffiert wurde.

Die Auswertungsmöglichkeiten eines so reichhaltigen Geschehens sind vielschichtig. Ich lasse im folgenden Andrea Martinec mit einem

Teil der Auswertung zu Wort kommen, in dem es um die kollektiven und die individuellen Themen der Kinder geht.

3.2.5.2 Andrea Martinec: Auswahl aus der Auswertung des Projekts

Zur Verschiebung der Themenschwerpunkte:
Im Verlauf der drei Aufführungen wurden Einzelheiten sowohl sprachlich, als auch räumlich und motorisch immer differenzierter ausgestaltet, so daß zunehmend mehr Szenen entstanden. Sie steigerten sich von acht beim ersten Mal bis zu dreizehn in der dritten Aufführung und wurden durch Personenwechsel oder Pausen immer deutlicher voneinander unterschieden.

Da ist zunächst die Geburt des Eseleins. Im Märchen wird der Kinderwunsch und das Entsetzen beim Anblick des Kindes erwähnt, nicht aber der Geburtsvorgang an sich. Im Theaterstück wurde dieser aufgeführt. Andreas trat als schwangere Frau auf, die unter Schmerzen ein, beziehungsweise zwei Kinder gebar. Die Ablehnung des Eseleins stellte er sehr dramatisch dar, dieses wirkte dadurch aber nicht eingeschüchtert. Die Szene der Selbsterkenntnis, die ja den Wendepunkt in dem Handlungsablauf bildet, wurde immer nur spärlich ausgeschmückt. Während die Kinder für andere Szenen Requisiten, wie z.B. Stühle und Tücher, vorher bereitlegten, verzichteten sie an dieser Stelle entweder ganz darauf oder legten in der Situation ein zufällig vorhandenes Tambourin als Brunnen auf den Boden.

Der Torhüter, der im Märchen die Ankunft des Eseleins meldet, entwickelte sich zu einer Wachmannschaft, bestehend aus sechs bis acht Kindern, davon sieben Jungs. Sie wollten einen Hauptmann bestimmen, der die Nachricht überbringen mußte. André wurde gefragt, da er in der ersten Übungsphase vorneweg marschierte. Während meiner Hospitationen war mir aufgefallen, daß er oft plötzlich und unvermittelt die Geräusche eines Maschinengewehrs mit dazugehörender Mimik und Gestik nachahmte und auch abgehackt sprach. Diese Gewohnheiten konnte er im Stück gut einsetzen. Die Anwesenheit der Wachen auf der Bühne dehnte sich immer weiter aus. Zum Schluß postierten sie sich nach ihrem ersten Auftritt bis zum Ende des Stückes an der Seite des Königs. Sie übernahmen auch die Verbrennung der Eselshaut. Auf mich wirkten sie wie stille Beobachter auf der Bühne. Sie nahmen das Geschehen interessiert auf und hatten daran teil, da sie ja verkleidet und mit Waffen den König bewachten, mußten aber selbst wenig agieren. Sie traten immer als Gruppe auf und zogen dadurch die Aufmerksamkeit auf sich. Ihre Wirkung möchte ich als „stark" im doppelten Sinne bezeichnen.

Eine Figur, die im Märchen überhaupt nicht auftaucht, ist der Pfarrer, den Andreas in das Stück einführte. Dadurch gewann die Hochzeit an Bedeutung. Während im Märchen nur erwähnt wird, daß sie stattgefunden hat, spielten die Kinder eine ganze Trauung, beim dritten Mal sogar mit zwei Brautpaaren und anschließendem Ball, auf dem die Paare zur selbst erfundenen Hochzeitsmusik von vier Jungen tanzten. Im Mittelpunkt der Theateraufführungen standen also die Themen Sexualität und Liebe, sowie Bewachung und Sicherheit.

Individuelle Ergebnisse einzelner Kinder:

Die Verarbeitung der Vorgänge während des Projektes und anderer Märchen oder märchenähnlicher Geschichten fiel bei allen Kindern der Klasse individuell sehr verschieden aus. Ich möchte nun beispielhaft die Arbeitsergebnisse von André und Sabine darstellen. Sie beschäftigten sich in der Auseinandersetzung mit dem Gegenstand „Märchen", für den Außenstehenden sichtbar, mit für sie persönlich aktuellen und wichtigen Themen. In ihren Ergebnissen werden weiterhin sehr unterschiedliche Arbeitsweisen deutlich. Ich beziehe mich in den Beispielen auch auf die Aussagen, die die Kinder selbst im Interview oder während der Vernissage zu ihren eigenen Werken gemacht haben.

André:

André verhielt sich während der Hospitationen mir gegenüber eher reserviert. Er hatte eine enge Beziehung zur Klassenlehrerin und ließ sich zu Beginn der Projektwoche von ihr versichern, daß er bei mir nichts machen müsse, was er nicht könne. In den folgenden Tagen wandte er sich mit Fragen bezüglich des Projektes direkt an mich. Vor der zweiten Theateraufführung erkundigte er sich, ob es nicht schlimm sei, wenn sie nicht weiter wüßten und reagierte auf meine Bestätigung hin beruhigt.

Mit seiner Rolle als Wachhauptmann war er sehr zufrieden und wollte am zweiten Tag gerne in einem Kampfanzug auftreten. Diesen Wunsch verwehrte ich ihm, um realistische Darstellungen aus dem Stück fernzuhalten, bin mir aber heute nicht mehr sicher, ob die Identifikation mit der Rolle dadurch für ihn schwieriger wurde.

In der Mitte seines Bildes steht ein großes Schloß. Der König sitzt nach Andrés Erklärung davor und „macht frische Luft". An den Seiten und auf dem Turm stehen Soldaten mit Helmen aus Fell, die den König bewachen. Auf dem Dach des Schlosses sind zwei Fahnen gehißt. Die Deutschlandfahne zeigt, daß „das so ein Land ist, da leben die Deutschen". Er bezeichnet das Schloß als „unser Haus, wo wir wohnen". Die rechte Fahne bedeutet für André Krieg. Die darauf abgebildeten Symbole (ein Schwert und ein Mensch) stehen für „starke Männer", die Verbrechen begehen. Zwischen der Deutschlandfahne und dem Spitzdach fährt ein „computergesteuertes" Auto.

Links neben dem Schloß wachsen Blumen, die der König „richtig sortiert" hat. Auf der rechten Seite befinden sich unter dem Baum zwei Kreuze, „da sind zwei tote Männer". Daneben stehen ein Brunnen, ein Mann und ein Esel. Darüber schweben Engel, „die gehen in den Himmel, weil Frankenstein sie zerquetscht hat". Der Vogel hebt Frankenstein, der aus Holz gebaut ist, zum Spaß an einer Schnur hoch.

Das Bild ist sehr genau und detailliert gezeichnet. Wie die Klassenlehrerin berichtete, hatte André bis dahin ausschließlich Autos gemalt. Auf diesem Bild ist das Auto nur eine kleine Einzelheit auf dem Dach des Schlosses. Es steht also nicht im Zentrum des Bildes. André greift in seiner Darstellung verschiedene Aspekte des Märchens und des Theaters auf. Mittelpunkt des Bildes ist das gut bewachte Schloß. Auch in seiner Beschreibung sind die Begriffe „Soldat", „Armee", „Krieg" und „Bewachung" zentral. Das Schloß hat sehr exakte, aber dünne Mauern. Die Soldaten und die Fahnen werden als Symbole zur Demonstration von Stärke eingesetzt. Auf der rechten Seite neben dem Schloß taucht der Brunnen aus dem Märchen auf, aus dem ein Mann mit Hilfe seines Seiles Wasser schöpft. Die Gräber und der Esel stehen drumherum. André scheint durch diese Anordnung einen Zusammenhang zwischen den einzelnen Elementen herzustellen. Die Spiegelung im Brunnenwasser endet vielleicht tödlich. Die Toten schweben als Engel gen Himmel. Neben den Gräbern und auf der anderen Seite des Schlosses sind aber auch Pflanzen zu sehen, die der König selbst pflegt, indem er sie ordnet. Sterben und Wachstum, Tod und Leben stehen sich hier bildlich gegenüber. Über allem scheint die Sonne, und zwei dunkle Wolken ziehen am Himmel.

Das Märchen vom Schuh dachte André sich selbst aus. Er schrieb es ganz alleine auf und ließ dabei immer eine Zeile zur Korrektur frei. Viele Sätze beendete er nicht, oder er ordnete die Satzteile falsch an, so daß es manchmal schwierig war, den Sinn zu erkennen. Ich korrigierte den Text, indem ich die Sätze vollständig aufschrieb und frage bei ihm nach, wenn mir der Inhalt unklar war. Das Märchen lautet folgendermaßen:

„Es war ein Schuh. Er hatte ein Haus. Das Haus ist 1000 Jahre alt und kaputt, weil es schon vor 1000 Jahren kaputt war. Der Schuh hat kein Haus mehr und geht zu dem Haus von der Oma und sagt: ‚Du, gibst du mir Geld, damit ich ein Haus kaufen kann für 1000 DM?' Das Haus ist schön. Der Schuh geht zu seinem Haus und da war es schon sehr schön. ‚Danke für das Haus.' Dann ist was passiert, und der Schuh ist weg. Er lebt in einem Schloß und ein Monster holt sein Geld. Es hat 1000 DM geklaut, das ist viel Geld. Dann ist der Schuh tot."

Im Interview zu dem Märchen erklärt André, der Schuh wohne in einem alten Haus, weil er nicht so viel Geld habe. „Die haben nicht so gut geölt, nicht so gut geklebt, mit den Nägeln nicht so gut ...", daher sei das Haus alt geworden und der Schuh müsse ein neues kaufen. Die Oma lebe weit entfernt in ihrer eigenen Wohnung. Der Schuh möge die Oma, aber sie „spricht wie ein Monster". Sie möge den Schuh nicht und wolle nur ihre Ruhe haben. Im Gespräch führte André das Verschwinden des Schuhs näher aus. Er sei ein Dach runtergegangen und so in ein Schloß gekommen. Zur Todesursache erklärt er, das Monster habe dem Schuh das Geld geklaut, und „dann war der Schuh tot. Ohne Geld kann er nicht leben. ... Das Geld ist so das Leben."

Wieder tauchen die Bilder Haus und Tod auf. An dem alten Haus sind zu viele Mängel, deshalb ergreift der Schuh die Initiative und sucht Hilfe bei der Oma, die ihn eigentlich gar nicht mag. Die Motive der Oma, ihm trotzdem zu helfen, werden nicht beschrieben. Der Schuh möchte die unzulängliche Behausung durch eine neue ersetzen. Hier sehe ich eine Parallele zu dem Bild des Eseleins, das seine Eselshaut abwirft. Unklar bleibt die Ursache und Art des Verschwindens. Der Schuh findet sich jedenfalls in einem dritten Haus, dem Schloß, wieder. Die Begegnung mit dem Monster geht für den Schuh tödlich aus, obwohl ihm keine körperliche Verletzung zugefügt wird. André setzt Geld mit Leben gleich. Wenn dem Schuh die materielle Grundlage entzogen wird, stirbt er.

Die Gestaltung des Märchenkartons bereitete André große Schwierigkeiten. Er legte den Karton mit Pappe aus und zeichnete die Umrisse des Hauses auf die Rückwand. Damit wollte er seine Arbeit beenden. Es fiel mir sehr schwer, ihn zur Ausgestaltung des Hintergrundes zu motivieren. Da er nicht wußte, wie er weiterarbeiten konnte, führte ich ihm verschiedene Möglichkeiten vor. Schließlich malte er den Boden mit Buntstiften an und ergänzte die Rückseite des Kartons. Die Aufgabenstellung war wahrscheinlich zu komplex. Er mußte die Szene auswählen, das Material selbst bestimmen und dazu noch einen Raum bearbeiten. Die Darstellung fiel, ganz im Gegensatz zu seinem Bild, spärlich und undifferenziert aus.

André thematisiert in seinen Werken durchgängig das Bedürfnis nach Schutz, sei es durch ein Haus oder durch Soldaten. Im Theaterstück übernimmt er die Schutzfunktion aktiv und wird sogar Hauptmann der Wachmannschaft. Dadurch gewinnt er Macht über die Schutztruppe, die seinen Anweisungen folgt. Die Macht der Beschützer kommt aber sowohl auf seinem Bild, als auch in seinem Märchen nicht gegen die Macht des Todes an. Im Märchen hängt der Tod mit dem Umzug in das neue Haus zusammen, denn in diesem verschwindet der Schuh. Vielleicht kannte er sich darin noch nicht gut genug aus und geriet auf seiner Erkundungstour auf das Dach, ohne zu wissen, wohin es führt. Das Bild der Behausung, sei es durch ein Haus oder die Haut, beinhaltet meiner Meinung nach auch das Thema Behinderung. André kann seine Behinderung nicht einfach ablegen, indem er „aus der Haut fährt". Diese Versuche enden tödlich.

Sabine:

Sabine spielte in allen Theateraufführungen die zweite Dienerin, deren Aufgabe es ursprünglich war, das Brautpaar in der Hochzeitsnacht zu beobachten. Die Rolle wurde im Laufe der Aufführungen erweitert, und sie trug mit den anderen Dienerinnen z. B. zusätzlich den Schleier der Braut. Auch auf ihrem Bild beschäftigt sie sich mit der Prinzessin.

Sabine selbst beschreibt ihr Bild so: „Ich hab' die Prinzessin mit dem Ball gemalt, in ihrem Zimmer." Die Prinzessin steht vor dem Fenster. Im Hintergrund fliegen Vögel zwischen den Wolken. An der Wand hängt ein Bild von dem Vater der Prinzessin. Darunter steht ein Springbrunnen.

Das Bild wirkt farblich, sowie in der Darstellung und Anordnung der einzelnen Elemente sehr harmonisch. Sabine verwendet hauptsächlich

blau. Das rote Kleid und der Ball heben sich klar davon ab und ziehen die Aufmerksamkeit des Betrachters auf sich. Sie stellt die Gegenstände deutlich und schlicht dar, ohne sie differenziert auszugestalten. Auch sie kombiniert einzelne Märchenelemente neu. Der Brunnen steht im Märchen im Zusammenhang mit dem Eselein. Sabine verlagert ihn in das Zimmer der Prinzessin und zwar genau unter das Bild des Königs, der die Szene von oben zu beobachten scheint. Der Brunnen wird nicht, wie auf Andrés Bild, mit Arbeit in Zusammenhang gebracht, sondern dient zur Dekoration des Zimmers.

Im folgenden möchte ich auf Sabines selbstgeschriebenes Märchen „Schneeröschen" eingehen.

Schneeröschen

„Es lebte einmal eine Königin, die ein kleines Kind bekam. Als sie das Kind bekam, lag sie in den Schulden einer gemeinen Hexe. Das Kind wuchs heran und ward sehr nett. Eines Tages starb ihre Mutter, und das war genau an dem 13. Geburtstag Schneeröschens (so hieß die Tochter der Königin). Als drei Wochen vergangen waren, kam eine alte Frau ins Schloß und verlangte Schneeröschen in einer stillen Kammer. Als Schneeröschen eintrat, stand dort die Hexe, die einen Fluch über ihre Mutter gelegt hatte. Schneeröschen wollte weglaufen, aber die Tür war fest verschlossen. Die alte Hexe verwandelte Schneeröschen in eine Kröte. Sie könnte nur ein Mensch werden, wenn ein Prinz sie an die Wand werfe. Es vergingen 1o Jahre, bis sie endlich an ein Schloß kam. Dort lebte ein Prinz. Schneeröschen schlich sich in das Schloß. Dort schlief der Prinz. Schneeröschen hüpfte auf ihn. Der Prinz zuckte zusammen, schrie auf und warf Schneeröschen an die Wand. Plötzlich stand vor dem Prinz eine schöne Frau namens Schneeröschen. Am nächsten Morgen wurde eine Hochzeit gefeiert, und so hieß Schneeröschen jetzt Schneewittchen, und sie lebten glücklich bis an ihr Ende."

Sabine erklärt im Interview, daß die Mutter in der Schuld der Hexe stehe, weil diese ihr ein Mittel gegeben habe, damit sie ein Kind bekomme. Der Vater sei schon vor der Geburt des Kindes an Altersschwäche gestorben. Ich fragte sie, warum der Prinz erschrecke, als die Kröte auf sein Bett springe. Sie sagte: „Weil er sehr ängstlich ist, und weil eine Kröte mitten in der Nacht ins Bett springt." Auf meine Nachfrage hin, ob der Prinz beim Anblick eines anderen Tieres genauso erschrocken wäre, führt sie aus: „Na ja, eine Kröte ist auch naß und halt mit Warzen und so. Da hat er sich halt erschreckt."

Der Name der Hauptfigur setzt sich aus zwei bekannten Figuren der Grimmschen Märchen zusammen, nämlich Schneewittchen und Dornröschen. Beide stammen aus Märchen, die die Schwierigkeiten von Mädchen in der Pubertät thematisieren und dabei besonders auf die Beziehung zum anderen Geschlecht eingehen. Als drittes Grimm'sches Märchen spielt in dieser Geschichte „Der Froschkönig oder Der eiserne Heinrich" eine Rolle. Der Frosch der Gebrüder Grimm ist ein verwunschener Prinz, der sich wieder zurückverwandelt, als die Prinzessin ihn an die Wand wirft. In „Schneeröschen" wird die Prinzessin in eine Kröte verwandelt. Sie muß dann lange suchen, um den Prinzen zu finden, der sie auf die gleiche Weise von dem Zauber erlöst.

Schneeröschen hat keinen Vater. Die Mutter wird durch das Mittel der Hexe schwanger und erzieht Schneeröschen alleine. Am 13.

Geburtstag ihrer Tochter stirbt die Mutter. Das Kind entwickelt sich also zur Jugendlichen, deren Unabhängigkeitsbedürfnis wächst. Sie mag zwar traurig sein, kann aber auch ohne die Mutter weiterleben. Dieser harmonische Zustand hält allerdings nur drei Wochen an, dann zieht eine Krise in Gestalt der Hexe herauf. „Als drei Wochen vergangen waren, kam eine alte Frau ins Schloß und verlangte Schneeröschen in einer stillen Kammer." Entweder weiß Schneeröschen unbewußt, daß es dieser Auseinandersetzung nicht ausweichen kann, oder sie fühlt sich in ihrer neuen Lebenssituation unverwundbar. Sie fragt nicht nach der Herkunft oder der Absicht der alten Frau, sondern geht ein wenig naiv und unbedarft in die stille Kammer. Die Macht der Hexe, als mütterlicher Gestalt, ist aber immer noch größer, als ihre eigene, und so wird sie in eine Kröte verwandelt. Gleichzeitig erfährt sie, wie sie ihre menschliche Gestalt wiedererlangen kann. Das bloße Wissen darum führt allerdings noch nicht zur Lösung. Schneeröschen muß erst innerlich reifen, denn sie zieht zehn Jahre lang durch die Welt, bis sie den Prinzen findet, der sie erlöst. Diesen sucht sie nachts in seinem Bett auf und drückt so ihre sexuellen Wünsche aus. Die ernsthafte Beziehung kann aber erst zwischen zwei Menschen entstehen, die ihre eigene Persönlichkeit vollständig entwickelt haben. Der Prinz lehnt diese rein sexuelle Beziehung infolgedessen ab und wirft die Kröte an die Wand. Am nächsten Morgen findet die Hochzeit statt und zum Ausdruck ihrer abgeschlossenen Persönlichkeitsentwicklung wandelt Schneeröschen ihren Namen und heißt von nun an Schneewittchen.

Sabine ist sich dieser Gedanken, die ich hier entwickelt habe, und der psychologischen Bedeutung der Märchen, die sie in ihrem Text verwendet, sicher nicht bewußt. Sie verwendet Motive, deren Gehalt sie rational noch nicht erfassen kann, aber sie wird von ihnen angesprochen und beschäftigt sich damit in ihrer Phantasie. So entsteht aus der Kombination bekannter Märchenmotive eines neues Märchen mit eigenem Inhalt, der über das bloße Zusammensetzen hinausgeht. Sabine kann sich hier mit Hilfe der Märchen eigenen Fragen, Wünschen und Ängsten hinsichtlich des Themas Liebe und Sexualität widmen, ohne sie formulieren zu müssen. Beim Theaterspielen verfolgt sie als Dienerin mit großem Interesse die Hochzeitsnacht und begründet ihre Ablehnung gegen die Rolle des ersten Königs damit, daß er vorher mit der Königin geschlafen haben müsse, da diese schwanger sei. Auf dem Bild stellt sie die Prinzessin und ihren Vater dar. Das selbstgeschriebene Märchen handelt von einer Prinzessin, die verwandelt und von einem Prinzen erlöst wird.

In dem Märchenkasten inszeniert sie die Szene, in der der Prinz und die Prinzessin sich im Schlafzimmer des Prinzen gefunden haben. Ein Vorhang kann hier bei Bedarf heruntergelassen werden. So stellt Sabine ihre Gedanken und Emotionen immer in neue Zusammenhänge. Auf der sachlichen Ebene versteht sie die Entwicklung des menschlichen Lebens von der Zeugung bis zur Geburt. Diese Erkenntnisse lösen bei ihr aber scheinbar widersprüchliche Emotionen aus, die sie noch nicht einordnen kann. Hier stehen verschiedene Ebenen nebeneinander: Obwohl Sabine weiß, daß Kinder durch den Geschlechtsverkehr von Mann und Frau entstehen, liegt die Ursache von Schneeröschens Geburt in einem Heilmittel, das der Mutter von einer Hexe verordnet wurde. Durch eine solche „märchenhafte" Form der Auseinandersetzung kann Sabine beiden Ebenen, der kindlich-phantastischen und der erwachsen-rationalen, Beachtung schenken, so lange sie selbst noch nicht sicher genug ist, denn keine ihrer Vorstellungen wird als falsch gewertet.

2.3.5.3 Kommentar

Während der Bearbeitung des Märchens durch die Kinder schieben sich zwei Motive in den Vordergrund, die durch die Szenenerweiterungen und Einfügungen gewichtig werden:
Das sexuelle Thema (Zeugung, Geburt, Hochzeit, Hochzeitsnacht) und das Thema der Abwehr von Bedrohung (Wachmannschaften, Sicherheit).
Auffällig ist die Verteilung der Rollen: Die meisten männlichen Sprechrollen werden von Mädchen übernommen. Nur ein Junge spielt den König, André den Wachhauptmann und Andreas die gebärende Königin und auch den Pfarrer, den er in das Stück einführt. Die meisten Jungen konzentrieren sich auf die Wachen und die Hochzeitsmusik.

Diese Verteilung ist m.E. nicht zufällig, sondern drückt die Scheu der Jungen aus, sich dem sexuellen Entwicklungsmotiv zu nähern. Diese Scheu ist die eigentliche Eselshaut, in der es in dem Theaterstück der Kinder geht, und deren Abstreifen von den Jungen mit großer Wachsamkeit beobachtet wird. Auch der Held im Märchen vermißt bis zuletzt seine Schutzhaut, und muß von dem König, einem Mann, mehrmals bestätigt bekommen, daß er ein vollwertiger Mann ist. Das Thema des Stücks zeigt sich so nicht nur im Inhalt, sondern auch in der Gruppendynamik.

Den Kindern gelingt es, anhand des Leitfadens des Märchens und mit Hilfe der gut dosierten Leitung und Struktur im Spiel bis zur Lösung zu kommen. Im Spielverhalten regeln sie aufkeimende Rivalitäten durch die Doppelbesetzung der Hauptfigur, des Eseleins, was eine Doppelbesetzung der Prinzessin nach sich zieht. Die beiden Mädchen, die parallel das Eselein spielen, sprechen sich mit Bruder an und demonstrieren so eine Lösung des Konflikts zwischen den Männern in Brüderlichkeit. Der zweite König wehrt sich an dieser Stelle gegen die Einführung einer weiteren Königin, da er mit zwei Töchtern schon genug von Frauen umgeben sei.

Das Mann-Frau-Thema schlägt also in verschiedenen Variationen durch; daß die Lösungen von den Mädchen gesucht werden und viele Jungen dabei Sicherheit suchen, scheint mir für die gegenwärtige geschlechtliche Sozialisation nicht untypisch. Hier stellt sich die Frage, ob die Jungen noch andere Möglichkeiten für sich gefunden hätten, wenn eine männliche Lehrkraft an dem Projekt beteiligt gewesen wäre. Andreas ist der einzige Junge, der das sexuelle Thema aufnimmt und weiter vorantreibt. Interessant ist bei ihm, wie auch bei den Mädchen, die komplementäre Rollenidentifikation: Er spielt die gebärende Frau, so wie die Mädchen die Männerrollen spielen. Offenbar ist es reizvoll, die geschlechtliche Spannung von der Gegenseite her erleben zu können.

Sabine agiert im Theaterstück und bei ihrer individuellen Produktion im Hauptstrom dieses Themas. André dagegen schließt sich an das Thema der Sicherheit und Bewachung an, da er hier aufs heftigste bedroht ist. Die Bedrohung ist real, da die integrative Klasse, und damit seine Geborgenheit in ihr, mit der Grundschule endet, und seine weitere Schullaufbahn für ihn unsicher ist. Er kann nicht mit wachsendem Stolz und Freude in die Zukunft blicken, die nach der Grundschulzeit die neuen aufregenden Themen der Pubertät bereithält.

Aber auch er nimmt die Chance wahr, sich auszudrücken und sich in das Geschehen einzubeziehen. Sein Thema wird zu einem Leitmotiv für einige Jungen. Der Ausdruck seiner Innenwelt in seiner Spielbeteiligung, seinem Märchen und seinen bildlichen Gestaltungen vermittelt uns sein Gefühl der Bedrohung. Es gelingt ihm, im bildlichen, im sprachlichen und im sozialen Ausdruck Fortschritte zu machen. Die Tatsache, daß er seine inneren Bilder äußern kann und daß er gehört wird, ist der erste Schritt aus der Mutlosigkeit, die wir nicht so plastisch erfahren hätten, wenn es dieses Projekt nicht gegeben hätte.

4. Dialog zur Konzeptualisierung von TZI

4.1 Helmut Reiser: Brief 1
Die innere Systematik der TZI

Lieber Walter !

Wir suchen in unseren Abhandlungen Unterschiedliches und so finden wir auch Unterschiedliches, obwohl wir uns beide mit TZI beschäftigen. Dennoch finden wir auch Gemeinsames.

Ich habe Dein Suchen so verstanden: Du fragst nach dem Erwerb von pädagogischer Handlungskompetenz und nach der Herstellung von pädagogischer Professionalität. Von diesem Ausgangspunkt aus entwickelst Du Deine Vorstellung von pädagogischen Konzepten, die in Sinnbezügen organisiert sind, die Du in den drei Komponenten Vision, Haltung und Methode beschreibst. Gegen diese Ebene der Konzepte hebst Du dann einerseits die Ebene der erziehungswissenschaftlichen Theorien und andererseits die Ebene der pädagogischen Situationen ab. Wenn Du dann TZI untersuchst, findest Du die Sinnbezüge Vision, Haltung und Methode wieder; so stellt sich TZI als ein pädagogisches Konzept dar; allerdings, so schreibst Du später, ist die TZI für eine pädagogische Konzeption noch unvollständig, weil sie keine pädagogischen Aussagen über das Aufwachsen von Kindern enthalte. Sie sei eher ein allgemeines Lernkonzept.

Wenn ich Deinem Gedankengang folge, erscheint er mir in sich schlüssig, obwohl mir die Schlußfolgerung nicht paßt. Deshalb stelle ich zunächst meinen Ausgangspunkt daneben.

Meine Frage ist nicht die nach der Herstellung von Handlungskompetenz. Ich frage nach der inneren Systematik von TZI. Wenn ich von der TZI als einem pädagogischem System spreche, so meine ich zunächst damit ein gedankliches System, das vor, neben und nach dem Handeln existiert als Reflexionssystem. Ich will dieses gedankliche System untersuchen.

Deshalb gehe ich auch – im Vergleich zu Dir ganz konventionell – von der Gliederung in Theorie und Methode aus, die das System vorgibt, und behandle die Axiomatik, als sei sie eine Theorie, und das Gruppenprozeßmodell, als sei es eine Methode. Zusätzlich führe ich die Ebene der Techniken ein, um generelle Handlungsempfehlungen und feldspezifische unterscheiden zu können. Du hast zurecht bemerkt, daß hier aber die Grundsätze der Techniken, die ich aufzähle, besser in die Methodenebene passen würden.

Die Absicht, die ich verfolge ist die, das gedankliche System weiterzuentwickeln. Ich stoße auf Elemente des Systems, auf operative Regeln des Systems und auf Widersprüchliches und Nebelhaftes. Meine Kernthese ist die, daß ich im System der TZI eine dialektischen Struktur der Aussagen und eine dialektischen Verknüpfung der Handlungsempfehlungen in klassischen Dreier-Schritten vorfinde. Ich identifiziere die Aussagen und Handlungsempfehlungen als Umsetzungen des ersten Axioms auf den verschiedenen Ebenen. Danach versuche ich, von der logischen Stringenz dieses Befundes her die Aussagen, die ich als nebelhaft, widersprüchlich und weltanschaulich überladen empfinde, zu kritisieren. Im Vergleich zu Dir beginnt in diesem Teil mein Interesse an TZI an der Theorie der TZI und es zielt auf eine Kritik und Weiterentwicklung der Theorie der TZI.

Wenn wir nun die Einteilungen in Ebenen vergleichen, die wir für unsere je eigenen Zwecke eingeführt haben, so sind sie dennoch ähnlich: Meine Ebenen der Methode und der Techniken sind Deiner Ebene der Konzeption zuzurechnen. Deiner Ebene der Situationen entspricht meine Ebene der pädagogischen Praxis, die ich nur erwähnt habe. Wichtig ist mir der Bruch, den ich zwischen der Praxis und der Konzeption konstatiere, da auf der konkreten Handlungsebene persönlichkeitsspezifische Komponenten eine wesentliche Rolle spielen, sodaß die Konzeption nur als Reflexionswissen eine Rolle spielt. Dies entspricht deiner Aussage der Unmöglichkeit eines technologischen Transfers und hier setzt ja auch deine Frage an.

Ebenso wichtig ist mir der Bruch zwischen Theorie und Methode. So rechne ich die Axiomatik zur Theorie, um zu betonen, daß sie eine Fragehaltung erzeugt, aber keine methodischen Hinweise geben kann. Ich sehe, daß ich stärker als Du stets die Differenzen der Ebenen betone.

Es gibt in der Tat eine durchgehende Verbindungslinie im System und das sind die Postulate. Bezeichnenderweise zählst Du sie auf zur Identifizierung der „Haltung". Wenn ich mit dem Begriff Haltung operieren wollte, dann würde ich ihn auch zur zentralen Kategorie der Handlungsorientierung erheben. Mir genügt hier die Benennung der Postulate und der Leitungsregeln und ich vermeide hier den Begriff Haltung, den ich an anderer Stelle benutzt habe (1983), weil er mir so vieldeutig erscheint. Ebenso geht es mir hier mit dem Begriff „Vision". Visionen entzünden sich an realen Grenzen des erzieherischen Einflusses und ohne sie ist Pädagogik nicht denkbar. Aber sie haben die Gefahr in sich, zu Illusionen zu verschwimmen oder zu Dogmen zu gerinnen (vgl. Reiser 1993, 329ff.). Deshalb möchte ich die Rede von TZI als einer „humanistischen Vision" problematisieren, wie ich es in den letzten Teilen meines Beitrags (die Du noch nicht kanntest) getan habe. Sicher spielen die visionären Sinnbilder, die Du beschreibst, im Selbstverständnis der TZI eine zentrale Rolle. Gerade die sind es aber, die ich ideologiekritisch betrachte und deshalb kann ich sie nicht verwenden, um TZI zu identifizieren.

Obwohl ich also mit der Einteilung der Ebenen konventioneller begonnen habe, wird dann meine Darstellung der TZI viel radikaler. Du identifizierst im ersten Schritt TZI mit dem Gruppenprozeßmodell, im zweiten Schritt mit dem Einbezug des Unbewußten in die themenorientierte Interaktionsdynamik und im dritten Schritt mit Vision, Haltung und Methode, wie sie sich in den Selbstzuschreibungen der TZI- Vertreterinnen und Vertreter finden. So findest Du in TZI ein generelles Lernkonzept, das noch anzureichern wäre durch Aussagen über das Aufwachsen von Kindern.

Ich vermisse solche konkreten Aussagen über pädagogische Verhältnisse hingegen nicht. Ich finde in TZI ein System von Aussagen, das ich als ein Rahmensystem für die vielfältigsten Formen des Kooperierens (Arbeitens und Lernens) in Gruppen begreife. Dafür ist dieses System so vollständig, wie es als Reflexionssystem sein muß und so offen, daß es für alle möglichen Kooperationsprozesse adaptiert werden kann. Ich versuche, es aus sich selbst anschlußfähig für wissenschaftliches Denken zu machen, indem ich die innere Systematik beschreibe und alle nicht begründbaren und historisch bedingten Zutaten in die Entstehungsgeschichte verweise. Was ich der TZI hinzufügen möchte, sind philosophische Überlegungen, die meines Ermessens dem System entsprechen und hilfreich sein können, es zu erhellen; was ich gerne von der TZI als Reflexionssystem trennen möchte, ist der Nebel, der aus dem Holismus und Humanismus aufsteigt und den Kopf umhüllt.

So ist meine Darstellung einem aktuellen Ziel verpflichtet, das mich die Differenzen zwischen den Ebenen und die Reflexion betonen läßt. Deine Absicht ist von der Anlage her „ganzheitlicher", weil Du darüber schreibst, wie pädagogische Kompetenz ausgebildet werden kann. Ich aber schreibe hier nur über einen Baustein dieser Kompetenz: das kritische Denken.

Die humanistisch aufgeladene Weltanschauung steht nach meiner Beobachtung dem kritischen Denken, wie es im System der TZI angelegt ist, allzu oft im Wege. Du bemerkst, daß interessanterweise der humanistische Optimismus bei Ruth Cohn mit einem psychoanalytischem Skeptizismus gepaart ist. Hier finde ich wieder die spezifische dialektische Art des Denkens, mit der Ruth Cohn bei allen Visionen immer wieder Erdhaftung findet. Das Kostbare an TZI liegt für mich eben darin: In dieser Art, Gegensätze als vollgültige Differenzen und zugleich als Einheit zu begreifen. Diese Fähigkeit, in Gegensatzeinheiten wahrzunehmen, zu fühlen und zu denken ist für mich das oberste Lehrziel auch der wissenschaftlichen Ausbildung, für das TZI sehr hilfreich ist.

Pädagogische Kompetenz ist meines Ermessens auf vielerlei Wegen lehrbar und erreichbar, und manche dieser Wege sind für manche Personen sicher noch besser geeignet als TZI. Persönlichkeitsbildung leisten z.B. psychoanalytische Gruppen, Gestaltgruppen, Gruppendynamik und viele anderen mehr, Handlungskompetenzen können erworben werden durch vielerlei Projektmethoden. TZI aber bietet ein prägnantes reflexives Rahmensystem. Und da TZI keine Erfindung ist, sondern eine Entdeckung, können wir immer wieder beobachten, daß Menschen, die Erfahrungen dieser Art gemacht haben, für sich ein Reflexionssystem entwickeln, das TZI nahe kommt. Oft ist für sie TZI dann eine Entdeckung, die ihre Erfahrungen systematisiert.

Das schmälert nicht die Chancen, die TZI im Pädagogikstudium bietet, relativiert aber ihre Bedeutung für diesen Zweck. Dagegen spezifiziert es die Bedeutung von TZI als eines Reflexionssystems für verschiedenartige Handlungszusammenhänge.

Die zentralen Aussagen dieses Reflexionssystems liegen für mich in der Dialogik: Im zwischenmenschlichen Dialog und im Verhältnis des Subjekts zu Gegenständen, im Themenprinzip, wie Du es beschreibst. Deshalb hebe ich auf die dialogische Pädagogik Martin Bubers ab.

Ich nehme an, daß wir uns darin einig sind, was den Kern des Systems der TZI, wie ich es nenne, bzw. der Konzeption, wie Du es nennst, ausmacht. Vielleicht sollten wir das noch einmal herausstreichen.

4.2 Walter Lotz: Brief 2
Zum Theorie-Praxis-Dilemma der Pädagogik

Lieber Helmut,

Du untersuchst die theoretischen und methodischen Aussagen der TZI-Systematik, ich untersuche die Brauchbarkeit dieser Systematik hinsichtlich der Organisationsstruktur pädagogischen Handelns. Eine gemeinsame Bemühung in unseren unterschiedlichen Anliegen scheint mir dabei zu sein, die innere Verbindung der einzelnen Aussage-Elemente der TZI, ihre Funktionen im Gesamtsystem, aber auch eventuelle Brüche und Widersprüchlichkeiten in Struktur und Inhalten der Aussagen aufzufinden und darzustellen.

Mich interessiert dies vor dem Hintergrund meiner beruflichen Tätigkeiten: Als Professor an einer Fachhochschule habe ich es sowohl mit Studium als auch mit Ausbildung zu tun. Ich soll den Studierenden zum einen wissenschaftliche, zum anderen fachlich-praktische Qualifikationen vermitteln. Wenn ich die Anforderungen der Abschlußarbeit nach dem Studium und dem einjährigen Berufspraktikum ernst nehme, dann ist es meine Aufgabe, dazu beizutragen, daß die „Umsetzung der im Studium gewonnenen Kenntnisse und Fähigkeiten in der beruflichen Praxis ... nach wissenschaftlichen Grundsätzen"[1] gelingen kann.

Das Verhältnis von Theorie und Praxis in der Pädagogik unterscheidet sich aber erheblich von den praktischen Umsetzungsmöglichkeiten in technologischen Disziplinen: Wenn ich aus einer Chemievorlesung nach Hause komme, dann kann ich auf dem Küchentisch mit der entsprechenden Apparatur nach der formelhaften Theorie aus dem Lehrbuch eine chemische Verbindung herstellen. Und die Studentin im Fachbereich Bauingenieurwesen wird ihr wissenschaftliches Wissen auf den Gebieten Baumechanik und Baustatik recht umstandslos in ihrer praktischen Arbeit einsetzen können. Mit erziehungswissenschaftlicher Theorie aber kann ich nicht erziehen; Theorie-Ebene und Praxis-Ebene gehen nicht bruchlos ineinander über.

In Deinem Brief 1 meinst Du, stärker als ich die Differenzen zwischen den Ebenen zu betonen; ich suche in der Tat stärker nach den Verbindungen, weil mir die Brüche zwischen Theorie und Methode, Methode und Technik bzw. die zwischen (erziehungs-) wissenschaftlichen Theorien, pädagogischen Konzeptionen und pädagogischen Situationen so grundlegend zu sein scheinen. In Diplomprüfungen und Kolloquien erlebe ich immer wieder, wie brillant eine Theorie vorgetragen werden kann, ohne daß sich mit ihr die Reflexion der Praxis betreiben läßt; oder daß ein berufliches Vorgehen berichtet wird, das nur noch praktisch zu sein scheint und nichts Konzeptualisierendes mehr aufweist.

In diesem Brief möchte ich noch einmal auf das Theorie-Praxis-Problem eingehen; dazu greife ich meinen Strukturierungsvorschlag (Kap. 1.2.1) auf, beziehe darauf Aussagen und Handlungsempfehlungen der TZI und berücksichtige dabei vor allem Deine Überlegungen aus dem Brief 1.

---

[1] Paragraph 10 Abs. 1 und 2 der „Verordnung über die staatliche Anerkennung von Sozialarbeiterinnen und Sozialarbeitern und von Sozialpädagoginnen und Sozialpädagogen" vom 16. Juni 1992 (GVBl. vom 18.9.1992, 381ff.).

Hinsichtlich der „Ebene (erziehungs-) wissenschaftlicher Theorien" haben wir m.E. keine Differenzen; diese Ebene dient zur systematisierten Begründung, zur Darstellung allgemeiner Organisationsprinzipien, zur theoriebezogenen Analyse und Reflexion der Praxis. Von da aus sind aber keine unmittelbaren Orientierungen für das pädagogische Handeln abzuleiten. Die Axiome der TZI bieten hier mit ihrer dialektischen Struktur einen allgemeinen Begründungszusammenhang, aber keine Handlungsvorgaben im Sinne einer eindimensionalen pädagogischen Theorie. Die axiomatische Problemstellung bietet aber mehr als z.b. eine „Negative Pädagogik", die sich nur „auf die kritische Analyse der Objektivationen pädagogischer Praxis und Theorie konzentriert" (Gruschka 1988, 11). Sie enthält Problemstellungen und zeigt Richtungen möglicher Lösungen auf; Du siehst in Deinem ersten Aufsatz (Kap. 1.1) darin Orientierungen sowohl in der Art des Denkens als auch in der Inhaltlichkeit der axiomatischen Aussagen. Betrachte ich dieses Angebot der TZI-Systematik, dann erscheint es mir der Theorie-Praxis-Problematik angemessen zu sein und bietet mit seiner dialektischen Struktur einen sowohl konturierten als auch offenen theoretischen Hintergrund, der m.E. zwischen der „Negativen Pädagogik" und einer eindimensionalen Theorie liegt.

Allgemein betrachtet sehe ich auch Übereinstimmung hinsichtlich der Ebene, die Du „Ebene der Methode" nennst und die bei mir „Ebene pädagogischer Konzeptionen" heißt. Auch diese Ebene hält kein situatives Anwendungswissen bereit, auch sie geht nicht bruchlos in die Praxis über. Aber sie bietet Orientierungen an, aus denen in der jeweils konkreten Situation Handlungsweisen generiert werden können.

Wenn Du nun schreibst, daß Du Deine „Ebene der Methode" und „Ebene der Techniken" meiner Konzept-Ebene zurechnest, dann sehe ich das hinsichtlich des Vergleichs der Ebenen anders: Ich möchte nämlich mögliche Techniken (z.B. die Hilfsregeln) meiner „Ebene pädagogischer Situationen" zuordnen. Techniken geben Handlungsweisen vor, sie beschreiben ein konkretes situatives Vorgehen. Das wird übrigens auch bei Deinem Übersichtsschema (s. S. 17) sehr deutlich, wenn die bis dahin in „Theorie-" und „Methode-Ebene" durchgehaltene Dialektik hier nicht mehr auftaucht. Dies muß auch so sein, wenn es sich wirklich um Techniken handelt; und jede dialektische Vorgabe kann nicht als eine direkt anwendbare Regel gefaßt werden, aber Techniken können das wohl.

„Sprich per ‚Ich' und nicht per ‚Wir' oder ‚Man'"[2], das ist eine anwendbare Hilfsregel, eine konkrete Vorgabe für das situative Handeln. Hier muß ich nichts mehr ausbalancierend handhaben, es reicht, wenn ich die Hilfsregel als Technik anwende. Daß solche Techniken nur als Hilfestellungen zur Verwirklichung der („höherwertigen") Postulate dienen sollen, halte ich für ein zentrales Moment im Aussagesystem der TZI. Ohne diesen Hinweis, der bei Cohn (1975, 128) gleich hinter der Darstellung der Hilfsregeln kommt, könnte das dialektische Aussagesystem letztlich wieder zur reinen Anwendung verkommen. Wichtiger als irgendwelche Techniken sind TZI-Aussagen der „Theorie-" und „Methode-" bzw. „Konzept-Ebenen"; wo deren Inhalte das Handeln entsprechend der besonderen Merkmale des Theorie-Praxis-Verhältnisses sowohl konturierend als auch offen orientieren, da können Techniken leicht kontrapunktierend wirken.

Weil ich wirkliche Techniken auf Grund ihres situativen Charakters nur der „Ebene pädagogischer Situationen" zuordnen kann, halte ich die Vergleichbarkeit unserer „untersten" Ebenen nur dann für gegeben, wenn auf ihnen tatsächlich konkrete Verfahrensweisen beschrieben werden. Dies scheint mir aber bei den Inhalten, die Du Deiner „Ebene der Techniken" zuschlägst, nicht unbedingt der Fall zu sein (vgl. Kap. 1.2.2.4); so ist z.B. das dort angegebene „Thema" ja ein methodisches Grundprinzip der TZI und keine Arbeitstechnik. Insofern sehe ich die Inhalte Deiner „Ebene der Techniken" weitgehend auf meiner „Ebene pädagogischer Konzeptionen", während wirkliche Techniken dort nicht hingehörten. Ich glaube aber, daß wir uns hinsichtlich des Stellenwertes der Techniken im System der TZI einig sind; sie können nur ein „instrumenteller Wurmfortsatz" in einem offenen dialektischen System sein. So, wie

---

2 Dieser Teil der ersten Hilfsregel (Cohn 1975, 124) wird von Matzdorf und Cohn später (1992, 76f) umformuliert.

wir Methoden und Konzeptionen als handlungsgenerierende Momente in dem nicht instrumentalisierbaren Tätigkeitsfeld der Erziehung verstehen, sind Techniken als Inhalte einer pädagogischen Systematik auch weitgehend überflüssig.

Eine für unsere Diskussion wichtige Frage finde ich in Deinen Bemerkungen zu „Vision" und „Haltung". Zunächst einmal ist mir beim Durchlesen Deines Briefes aufgefallen, daß Du hinsichtlich der „Methode" als eines dritten Konzeptionsaspektes anscheinend weniger Bedenken hast als im Hinblick auf „Vision" und „Haltung". Ich glaube aber, daß Deine Problematisierungen zu „Vision" und „Haltung" letztlich auch auf die „Methode" zutreffen. Alle drei Konstitutionselemente einer pädagogischen Konzeption laufen Gefahr, entweder zu schwammig, diffus und nebelhaft, oder aber zu feststehend, vorschreibend und unmittelbar praktisch zu sein. Diese Gefahr sehe ich auch als Ausdruck des schwierigen Theorie-Praxis-Verhältnisses in der Pädagogik und m.E. hast Du damit recht, daß Visionen die Gefahr in sich haben, zu Illusionen zu verschwimmen oder zu Dogmen zu gerinnen. Aber auch Haltungen können zu bequemer Willkür und Methoden zu unangemessenen nachträglichen Legitimierungen[3] verschwimmen, oder zum Rollenformalismus (anstatt Haltung) und regelhafter Starrheit (anstatt Methode) gerinnen. Ich glaube aber, daß man dieses Balancedilemma mit seinen beiden Gefahrenpolen des Verschwimmens und Gerinnens letztlich aushalten muß, weil ein offenes System diese Schwierigkeiten mit sich bringt. In diesem Zusammenhang scheint es mir auch manchmal, als suchten wir die „Quadratur des Dreiecks"; wir beharren einerseits auf mehrperspektivischen Sichtweisen, auf einer offenen Bestimmung dialektischer Gegensatzeinheiten, auf dem Vorzug der Frage- und Problemstellungen vor den fertigen Lösungen. Und dann haben wir unsere Probleme mit den Vieldeutigkeiten z.B. bei Visionen und Haltungen. Andererseits kommt es ja darauf an, mit welcher Inhaltlichkeit Visionen und Haltungen konturiert werden; ich sehe

---

[3] Meines Erachtens war (und ist?) der „Situationsorientierte Ansatz" für solche Legitimationen einer „nicht-situationsorientierten" Praxis oft verwendet worden.

Deinen Aufsatz (Kap. 1.1) dafür als sehr wichtig an, indem er die Gefahren der humanistisch überhöhten Sinnbilder deutlich macht und aufzeigt, daß die theoretische Reflexion als Korrektiv für abgehobene Visionen und Haltungen unverzichtbar ist. Wo die humanistische Vision das kritische Denken erschlägt und die „eia-popeia"-Haltung die Differenzen zwischen den Menschen negiert, da steckt das nur scheinbar „Lebendige Lernen" im Würgegriff einer TZI-Illusion. Deswegen auf Visionen und Haltungen zu verzichten, das kann aber meine Antwort nicht sein; daß Vorsicht und Reflexivität die Visionen und Haltungen begleiten müssen, das ist mir aus Deinem Brief und einigen Erinnerungen an entsprechende TZI-Erfahrungen sehr deutlich geworden.

Um zum Schluß zu kommen, möchte ich noch einmal auf das grundlegende Problem der Brüche und Verbindungen zwischen den Ebenen zurückkommen. Einen mir sehr sympathischen Ausdruck unseres Theorie-Praxis-Dilemmas in der Pädagogik habe ich bei Bernhard Koring gefunden, der nach über 300 Seiten theoretischer und empirisch-hermeneutischer Untersuchungen zur Professionalisierung der Pädagogik zu dem Schluß kommt, daß die empirisch-hermeneutische Forschung zwar die Objektivität der Ausgangspunkte der Reflexion garantieren könne, aber: „in der objektiven Wahrheit (...) kann sich (...) Reflexion nicht erschöpfen, weil sie Reflexion für eine Praxis ist, die sich der vollständigen rationalen Letztbegründung entzieht. (...) Der Glaube an den Sinn des Pädagogischen und die Hoffnung auf positive Wirkungen sind nicht deduktiv zu begründen: Mit dieser irrationalen Komponente muß die Reflexion ebenso leben wie jeder Pädagoge, der auf den Sinn seines Tun vertraut" (Koring 1989, 337). Nach 300 Seiten herber Soziologie beim Glauben und Hoffen zu landen, das finde ich einen mutigen Abschluß.

4.3 Helmut Reiser: Brief 3
Nochmals zum Theorie-Praxis-Verhältnis und zur Systematik der TZI – Nachfrage nach der methodischen Haltung

Lieber Walter,

ich möchte mit Deinem interessanten Hinweis beginnen, daß auf der Ebene der Techniken die dialektische Struktur nicht mehr durchzuhalten ist: Die Techniken selbst sind klare Anweisungen; dialektisch gedacht wird zwar bei den Überlegungen, welche Technik eingesetzt werden soll. Diese Überlegungen jedoch sind Bestandteile der Methodik mit grundsätzlicherer Gültigkeit aber größerer Handlungsoffenheit.

Diesem Hinweis kann ich folgen. Er zeigt, daß Deine Kritik an meiner inhaltlichen Füllung der Technik-Ebene richtig ist: Die fünf Grundsätze, die ich in den ersten Spalten der Technik-Ebene aufgezählt habe (Perspektive der Veränderung, Beachtung der Gegenseite, Ausgang von der subjektiven und konkreten Basis, Thema, Prozeßsteuerung durch Struktur) gehören in die Methoden-Ebene. Damit sind unsere Einteilungen in diesem Punkt wieder vergleichbar und auch unsere Auffassungen des Theorie-Praxis-Verhältnisses erweisen sich als identisch.

Es eröffnet sich damit aber auch ein weiteres interessantes Problem: Wenn die technischen Anweisungen nicht dialektisch strukturiert sind, dann sind sie nicht der Transmissionsriemen zum pädagogischen Handeln, bestenfalls „instrumenteller Wurmforstsatz", wie Du schreibst. Das pädagogische Handeln operiert nämlich mit der Ambivalenz und Mehrdeutigkeit von Gefühlen, Bedeutungen und Interaktionen. Die handlungsleitenden Sinnbilder (partizipierende Leitung, selektive Authentizität) bleiben deshalb dialektisch strukturiert.

Ich glaube, hierin liegt ein Grund, warum TZI oft so schwierig zu erklären und zu vermitteln ist: Weil die technischen Anleitungen nicht die Handlungen strukturieren. Und gerade deshalb entspricht die Systematik der TZI dem pädagogischen Geschäft.

Dieser Gedanke führt mich zum Konstrukt der „Haltung", das Du verwendest und das ich vermieden habe. Offensichtlich entsteht durch die Erkenntnis, daß die Techniken nicht die pädagogischen Handlungen strukturieren, der Bedarf nach einem Konstrukt, das Sinnbezüge, Methoden, Technikauswahl und persönliche Eigenschaften, die schwierig zu definieren sind, bündelt, wie immer es eingegrenzt und benannt werden kann.

Die Schwierigkeit, die ich damit habe, ist die, daß ich keine „TZI-spezifische" Haltung mit hinreichender Schärfe beschreiben kann: Ist sie identisch mit einer „humanistischen" Haltung oder eine spezielle Unterart von ihr, in welchem Verhältnis steht sie zu einer „wissenschaftlichen" Haltung, bewahrt sie allgemeingültige Werte wie Toleranz, Respekt, Mut etc. auf eine beschreibbar spezifische Weise, ist sie überhaupt abzugrenzen von anderen „reformpädagogischen" Haltungen? Ist die Kategorie Haltung überhaupt geeignet, präzise Beschreibungen abzugeben?

Ich kann mir dagegen vorstellen, daß es so etwas gibt wie eine TZI-Identität, die durch Identifikationen mit der Vision, mit der Methode, aber auch mit dem konkreten Netz von Bekanntschaften und Freundschaften und dem Verein WILL zustande kommt. Für mich persönlich spielte für diese „TZI-Identität" vor allem die Identifikation mit den Intentionen von Ruth Cohn und mit ihrer spezifischen Denk- und Rede- und Lebensweise eine große Rolle. Ihre Schriften und mündlich überlieferten Sätze bieten nach meiner Beobachtung einen gemeinsamen Bezugspunkt derjenigen, die sich mit TZI identifizieren.

Diese Identität legt bestimmte Sichtweisen nahe, wie zum Beispiel: Orientierung an Wertfragen, Respekt vor den subjektiven Sinnbezügen anderer Menschen, Bemühen um Authentizität, Vertrauen in die Einsichts- und Entwicklungsfähigkeit anderer Menschen, Vertreten der eigenen Autonomie, Übernahme von Verantwortung innerhalb der eigenen Möglichkeiten.

Diese Sichtweisen und Wertorientierungen müssen nicht der TZI alleine zugeschrieben werden, und es kann auch nicht angenommen werden, daß sie bei TZI-Anhängern stärker oder besser vertreten seien als anderswo.

Entscheidend ist m.E. im Sinne der TZI, daß diese Sichtweisen und Wertorientierungen individuell sind. Sie sind individuell auf verschiedenen Böden gepflanzt, in individuell verschiedenen Prozessen gewachsen und führen zu individuell verschiedenen Entscheidungen. Die TZI-Postulate fordern nicht, daß eine vorgebbare Haltung gewonnen und vertreten werden solle, sondern sie fordern, daß jede Person für sich eine Haltung entwickeln und vertreten solle. Das Schwierige und nur dialektisch zu Fassende daran ist, daß dennoch die Haltungselemente nicht beliebig sind und deshalb die Forderung der Postulate nicht nur eine subjektiv-ausdeutbare formale ist.

TZI weist also keine weltanschauliche Haltung auf, die es zu übernehmen gäbe, so wie es etwa die Anthroposophen bieten. Im Vergleich zur Anthroposophischen Pädagogik zeigt sich bei TZI eine völlig andere Fassung der Frage nach der Haltung: Bei TZI geht es um den eigenständigen Erwerb einer individuell einzigartigen Haltung, nicht um die Übernahme einer als richtig gedeuteten vorgegebenen Haltung.

Andererseits huldigt TZI aber auch keinem weltanschaulichen Neutralismus: Der Anspruch auf eine eigene individuell einzigartige Haltung schließt den aktiven Respekt der Individualität der anderen ein, und dieser aktive Respekt ist dann eine inhaltliche Bestimmung der Haltung. Die philosophischen und religiösen Begründungen für diese Denkfigur bleiben bewußt offen.

Ruth Cohn pflegt sich auf den einfachen religiösen Satz zurückzuziehen: Liebe deinen Nächsten wie dich selbst, der für mich in der Buberschen Übersetzung noch prägnanter wird: Liebe deinen Nächsten, denn er ist wie Du.

Das Praktizieren der TZI soll den Prozeß befördern, daß Personen eine individuelle Haltung entwickeln. Wenn ich die Identifikation mit den Personen und dem sozialen System der TZI außer acht lasse, dann konzentriert sich in meinerWahrnehmung die Haltung auf die axiomatischen Kernsätze.

Diese Kernsätze sind dialektisch und offen konstruiert, zum Nachdenken einladend. Ich sagte, daß die Sätze von Ruth Cohn hier einen gemeinsamen Bezugspunkt bilden. Deshalb zitiere ich Ruth Cohn mit einer Äußerung, die für mich den Kern der „Haltung" ausdrückt: „Ich habe im Spaß oft gesagt: ‚Mein erstes Semester für alle TZI-Lernende ist: Alle Menschen sind gleich, im zweiten Semester: Alle Menschen sind verschieden und im dritten Semester: Alle Menschen sind gleich und verschieden.' Darüber kann man sehr lange nachdenken. Wenn man das tut, kommt ganz viel dabei raus!" (Cohn/Klein 1993, 16).

Was dabei herauskommen kann, ist zum Beispiel die Integrative Pädagogik, die sich um die das gemeinsame Leben von Behinderten und Nichtbehinderten bemüht. Die Integrative Pädagogik hat den Slogan: „Alle sind gleich, alle sind verschieden" vor Jahren aus Italien übernommen – völlig unabhängig von TZI. TZI ist eine von mehreren möglichen Annäherungen an eine Haltung des Respekts vor dem Menschen und der Natur; sie wird sich auf der Haltungsebene treffen mit anderen Annäherungen. Auf der Ebene pädagogischer Konzepte kann sie viel zur Reflexion und zur Verwirklichung beitragen.

Ich identifiziere die Haltung des Respekts als „die" pädagogische Haltung schlechthin, als ein grundlegendes Bestimmungsmerkmal des Pädagogischen.

So gehen die möglichen Elemente des Begriffs „Haltung", die ich eben diskutiert habe, einerseits im Bereich der „Visionen"auf, in meiner Fassung in den Bereich der philosophischen Reflexion ein. Andererseits liegen sie im Bereich der Subjektivität der einzelnen, den ich in Deiner Gliederung in der Ebene der pädagogischen Situationen suchen würde, in meiner Gliederung in dem von mir nicht behandelten Teil „Praxis". Das heißt, ich kann weiterhin gut ohne das Konstrukt der Haltung operieren, mehr noch: der Verzicht dient in meiner Perspektive der Klarheit gegenüber dem Miß-verständnis, es gäbe mit TZI eine materiell bestimmbare weltanschau-liche Haltung.

Es könnte jedoch auch gemeint sein, daß TZI eine spezifische methodische Haltung einnimmt.

Wenn ich nachfrage, mit welchen speziellen Sinnbildern, Denkfiguren und methodischen Konzepten die TZI Pädagogik betreibt, dann fallen mir die Bestandteile der Selbst-Bezeichnungen ein: „Thema", „Inter-

aktion und „lebendiges Lernen". Ruhen diese Konzepte auf einer
methodischen Haltung auf, die von anderen methodischen Haltungen
unterscheidbar ist?
Unabhängig von der mehr akademischen Frage, welche Aspekte
unserer Beschreibungen von TZI wir unter welchen Begriffen
unterbringen, scheint mir dies eine wichtige Frage zu sein.
Deshalb schlage ich vor, daß wir die Differenzen in der Begrifflichkeit
unserer Beschreibungen stehen lassen und diese Frage weiter
diskutieren. Ich nehme an, daß wir dann auf eine vertiefte
Beschreibung der dynamischen Balance zurückkommen.

4.4 Walter Lotz: Brief 4
Weiterführende Überlegungen zum Haltungsaspekt der TZI

Lieber Helmut,
in diesem Brief möchte ich noch einmal auf mein Konzeptionselement
der Haltung eingehen. Mir ist es wichtig dabei zu betonen, daß alle
drei Elemente – Vision, Haltung und Methode – nur dialektisch
konstituierbar sind, damit aus der Vision keine erstarrte Ideologie,
aus der Haltung keine zwanghafte Rechthaberei und aus der
Methode keine Rezeptologie wird. Statt dessen stehen diese drei
Elemente im Spannungsverhältnis zur Lebensrealität, zur mehrperspektivischen Sichtweise und zu den jeweiligen Besonderheiten einer
Situation. Erst aus den Spannungen zwischen einem visionären
Entwurf und seinen realen Begrenzungen, zwischen überzeugter
Haltung und der immer wieder einforderbaren Mehrperspektivität,
zwischen dem methodischen know how und der Offenheit für die
jeweilige Situation läßt sich „Lebendiges Lernen" gewinnen.
Mit dem Begriff der Haltung habe ich versucht, ein konzeptuelles
Element zu erfassen, das sinnbezogene Grundeinstellungen im
Hinblick auf fachspezifische Handlungsanlässe zusammenfasst. Im

Spannungsfeld von Kontur und Offenheit gewinne ich damit zwar keine instrumentelle und lineare Handlungsorientierung, wohl aber eine Ausrichtung, die mein Handeln orientiert. Betrachte ich die pädagogische Konzeption der TZI, dann sind in den Postulaten, im Themenprinzip, in der „selektiven Authentizität", im Vorstellungsbild der Leitung als „Modellpartizipant" u.a. solche konzeptuellen Vorgaben enthalten. Zusammengenommen begründen sie eine Haltung, die als konzeptueller Rahmen sowohl konturiert als auch offen für alternative Perspektiven ist. Ich möchte diese Kontur einmal hinsichtlich einiger inhaltlicher Schwerpunkte zusammenfassen: M.E. bestimmt sich eine TZI-typische Haltung durch

- die gemeinsame Suche nach Themen, in denen unterschiedliche Menschen Begegnungen miteinander und Bezugnahmen auf Sachverhalte und Aufgaben finden können,
- die Offenheit für die daraus sich ergebenden Prozesse und die daran beteiligten Personen,
- die gegenseitige Achtung und Wertschätzung als Grundlage der Gemeinsamkeit,
- die Transparenz und prinzipielle Hinterfragbarkeit von Person und Rolle,
- das Interesse am jeweiligen Gegenüber in seinem So-Sein,
- den gegenseitigen Respekt und die zutrauende Toleranz,
- das partnerschaftlich-teilnehmende Miteinander,
- die Verantwortlichkeit jedes einzelnen und seine selektive Authentizität in der Begegnung.

Diese Bestimmungsmomente sind keine festgefügten materiellen Vorgaben, die die einzelnen Personen gleichschalten und austauschbar machen würden, aber sie enthalten mehr als die nur formale Aufgabenstellung, *irgendeine* Haltung zu entwickeln. Die TZI-spezifischen Aussagen zur Haltung bieten eine inhaltliche Kontur, die subjektiv und situativ zu handhaben ist – bis hin zu ihrer Negation, falls es der Situation entspricht. Die Konzeption der TZI legt das Fundament einer inhaltlichen Ausgangsbasis zur Generierung einer persönlichen Haltung, die den einzelnen Personen eine wertebezogene Grundeinstellung aufzeigt, ohne diese dadurch in ihrem konkret-situativen Verhalten festzulegen.

Eine interessante Frage, die Du in Deinem zweiten Brief anschneidest, ist die nach der Spezifität einer TZI-Haltung. Betrachte ich mir z.B. die o.g. inhaltlichen Schwerpunkte einer TZI-typischen Haltung, dann fällt mir daran auf, daß auch von anderen Konzeptionen aus ähnliche Haltungsaspekte entwickelt werden. Und doch meine ich, daß unterschiedliche Konzeptionen (z.b. Gestaltpädagogik, Personenzentrierter Ansatz, Psychoanalyse u.a.) jeweils eigene Schwerpunkte aufweisen. Das Spezifische der TZI liegt z.b. im Vergleich mit dem Personenzentrierten Ansatz in der komplexeren Blickrichtung auf die Personen und Sachen/Aufgaben. Mir scheint, daß deshalb auch der besonderen Bedeutung des Empathischen im Personenzentrierten Ansatz ein eher „thematisches Verstehen", das sowohl die Personen als auch die Sachen/Aufgaben und Interaktionen in ihrer wechselseitigen Beeinflussung einbezieht, in der TZI entspricht. Es wäre sicher interessant, Gemeinsamkeiten und Differenzen unterschiedlicher Konzeptionen näher unter die Lupe zu nehmen. Ich möchte aber hier bei einer näheren Betrachtung der TZI-Haltung bleiben; dabei interessiert mich die spezifische Verbindung zweier Dimensionen in der TZI: der personalen Beziehungen untereinander und der Bezugnahme auf Inhalte, Lernstoff und Aufgabenstellungen.

TZI will „lebendige" Lernprozesse initiieren; wenn ich darüber nachdenke, was das im Hinblick auf mein Fachgebiet (die Entwicklung pädagogischer Handlungsorientierung) bedeutet, dann kann damit ja nicht gemeint sein, sich in Aus- und Weiterbildung irgendwelche feststehenden Erklärungen für pädagogische Phänomene anzueignen, auf deduktive Interpretationen mit Hilfe eines von Einzelsituationen abstrahierenden Regelwissens zu setzen oder sich den Deutungsklischees eines jeweiligen „pädagogischen mainstream" zu verpflichten. Denn das würde gerade das Lebendige außen vor lassen. In der pädagogischen Arbeit komme ich ja ohne innere Beteiligung, ohne subjektive Anteilnahme und persönliches Micheinlassen gar nicht aus. Ich brauche diese „unmittelbare Teilhabe" neben meiner Distanz zum Geschehen, neben der Reflexion des Abgelaufenen und dem Versuch, das, was mit anderen und mir passiert ist, zu verstehen. Für dieses Verstehen können pädagogische Konzeptionsaussagen und wissenschaftliche Theorien herhalten –

aber immer nur im Zusammenhang der Reflexion dessen, was mich innerlich als Mensch bewegt. Das interessante und auch anstrengende an dieser Aufgabe ist gerade das Oszillieren zwischen der Sicherheit einer Erklärung und der Unsicherheit ihrer Vorläufigkeit, zwischen dem Verstandenen und dem Zweifel, der einen Perspektive und einer Vielzahl möglicher anderer Perspektiven, dem mir Bekannten, Vertrauten und dem Unbekannten, Fremden, Befremdlichen. Mich darauf einzulassen macht dynamisches Balancieren erforderlich.

Nun taucht die dynamische Balance zum einen in jeder „Ich-Du-Begegnung" auf. Aber auch in der „Ich-Es-Bezugnahme" spielt sie eine Rolle. Wenn ich Erziehung und Bildung als das Bemühen betrachte, die Innenwelt der Heranwachsenden mit der Außenwelt kultureller Bestände in Verbindung zu bringen, die äußere Realität auf die innere Realität zu beziehen, Außerpsychisches und Innerpsy-chisches in ein fruchtbares Wechselverhältnis zu bringen, dann ist mein pädagogisches Handeln eine Gratwanderung zwischen der Dominanz des Subjektiven über die Sachbezüge und der Dominanz des Objektiven über die Innenwelt des lernenden Subjekts. Gebe ich die Sachen den subjektiven Bedeutungsbildungen einfach frei, dann verlieren sich letzlich die Subjekte in ihren „weglaufenden Assozia-tionen"; sie heben dabei ihr Getrenntsin von den Sachen scheinbar auf, verleugnen die Separation und setzen damit ihre Entwicklung zu Autonomie und Interdependenz aufs Spiel. Liefere ich aber die Subjekte den Sachen aus, indem der Lernstoff die Lernenden dominiert, dann verfehlen diese ihre Möglichkeiten zur Anknüpfung an die Sachbezüge, zum Gebrauch der Inhalte und zur Unterschei-dung von Innen und Außen.

Auf dieser Gratwanderung kann mir das Themenprinzip ein wichti-ger Kompaß sein, der mir statt der Himmelsrichtungen das TZI-Reflexionsmodell zeigt. Daran orientiert kann ich immer wieder neu versuchen, das ES pädagogischer Ziele und Inhalte mit dem ICH der jeweils besonderen Bedeutungsbildungen der Lernenden zu verbin-den; verbinden kann ich aber nur etwas, das getrennt ist und sich in der Verbindung nicht symbiotisch auflöst.

Diese Gratwanderungen machen das Lebendige im Lernprozeß aus. Mein wissenschaftlicher Hintergrund und meine konzeptuelle Fachlichkeit könne diese Gratwanderungen nicht zum Sonntagsnachmittags-Spaziergang im kunstvoll angelegten Stadtpark machen. Das Widerständige des Konkreten, das Ambivalente im Konkreten und das Befremdliche am Konkreten machen es einzigartig gegenüber allen Verallgemeinerungen von Konzeptionen und Wissenschaften. Und deshalb ist mir die im Kapitel 1.2.1.3 angeführte „Ebene pädagogischer Situationen" so bedeutsam. Sie ist etwas Eigenes, das sich nicht vollständig konzeptuell oder wissenschaftlich in den Griff bekommen läßt. Und sie ermöglicht und verlangt etwas, das weder auf der „Ebene pädagogischer Konzeptionen" noch auf der „Ebene (erziehungs-)wissenschaftlicher Theorien" vorkommt: den unmittelbaren, nicht-abstrahierten und nicht mit Hilfe irgendwelcher Kategorien erfaßten „subjektiven Faktor", ohne den Begegnungen zwischen Menschen nicht gelingen können.

Damit komme ich auf grundlegende Aspekte der TZI zurück. Wenn sich die Dialogik der TZI nicht nur auf die Begegnung mit Menschen bezieht, sondern auch auf Dinge, Aufgaben, Sachverhalte, Lerninhalte usw., dann gewinnt für mich das Thema eine viel umfassendere Dimension, als wenn ich es nur als ein instrumentelles Hilfsmittel einsetze. Folge ich in dieser Sichtweise Matthias Kroeger (Kroeger in Löhmer/Standhardt 1992, 111ff.), dann sehe ich im Thema letztlich ein existenzielles Prinzip: die Umwandlung menschlich unbezogener Sachen in Perspektiven eröffnende Themen (ebd. 113) und, so könnte man ergänzen, die Umwandlung von auf Sachverhalte nicht bezogenen Individuen in interessierte und engagierte, sich ihrer Interdependenz bewußte Menschen.

In dieser Sichtweise erscheint mir menschliche Existenz durch zwei Dimensionen charakterisiert: In der ersten Dimension geht es um Getrenntsein und Verbundensein, um Autonomie und Interdependenz, um personale Beziehungen, deren Gelingen „Begegnung" genannt werden kann. Eine zweite Dimension stellt die Verbindung der Innenwelt des Subjekts mit der äußeren Welt der Tatsachen in den Mittelpunkt. Gelingt diese Verbindung, kann man von „Bezugnahme" sprechen; d.h. daß der Mensch sich auf die äußere Tatsachenwirklichkeit bezieht, ohne dabei seine innere Realität aufzugeben oder zu verleugnen. Das, was mit dem Themenprinzip intendiert ist, liegt im Schnittpunkt dieser beiden Dimensionen. Wo Begegnung ermöglicht und zur Bezugnahmen angeregt wird, kann es zur Themenzentrierten Interaktion kommen. Insofern sehe ich die TZI im Schnittbereich zweier existenzieller Dimensionen, was einerseits ihre Faszination ausmacht und andererseits das so gar nicht „künstliche", sondern sehr realistische an der TZI-Arbeit.

Diese beiden Dimensionen sind für mich zentrale Koordinaten von Erziehung, Bildung und Therapie. In ihnen finde ich auch die Anwort wieder, die Sigmund Freud auf die Frage gegeben hat, was denn ein psychisch gesunder Mensch können sollte: Lieben und Arbeiten. In der Liebe gelingt die Ich-Du-Begegnung, die nicht entfremdete Arbeit stellt die gelungene Bezugnahme des Subjekts auf die Tatsachenwelt dar.

Das Spiel mit diesen zwei Dimensionen läßt sich noch weiter treiben: an jedem „Ende" der beiden Gegensatzeinheiten finden sich existenzielle „Notlösungen", bei denen – als Preis für die scheinbare Auflösung eines psychosozialen Konflikts – die dynamische Balance des dialektischen Wechselspiels auf der Strecke bleibt. Wo die Sachen den Eigensinn der Subjekte erschlagen, finden sich zwanghafte Verhaltensmuster: Der Zwang hält an einer verzerrten Objektivität fest (z.B. wenn beim Waschzwang überall bedrohliche Bakterien lauern) und zwingt die Person in das Korsett einer scheinbaren Bezugnahme auf Tatsachen. Auf der „Gegenseite" einer hysterischen Symptomatik wird die Wirklichkeit äußere Sachverhalte vom Bewußtsein und anderen psychischen Vorgängen getrennt (dissoziiert) gehalten, z.B. wenn der an einem schweren Autounfall schuldige Fahrer wie ein kleines, erschrockenes Kind mit piepsiger Stimme spricht und sich als kleines, unschuldiges Kind darstellt (vgl. Mentzos 1980, 15f). Auch für die Gegensatzeinheit von Getrenntsein und Verbundensein lassen sich solche Einfrierungen der dynamischen Balance finden: Das falsche Bild von Autonomie vermittelt ein schizoider Modus, bei dem der mitunter verwirrende menschliche Kontakt weitgehend gemieden oder durch schroffe, distanzierende Verhaltensweisen „vom Leib" gehalten wird (vgl. Riemann 1982, 20ff.). Auf der „Gegenseite" eines falschen Bildes vom Verbundensein lauern depressive Stimmungen, in denen die soziale Bezogenheit zur

Sucht verkommt. In allen vier Varianten bleibt die Flexibilität menschlichen Erlebens und Handelns auf der Strecke, gerinnt die dynamische Balance zum Not-wendenden eindimensionalen Lebensprinzip.

4.5 Helmut Reiser: Brief 5
Bezugnahme und Begegnung

Lieber Walter,
ich glaube, nun haben wir uns in diesem Briefwechsel zu einem Kernpunkt vorgearbeitet, an dem das Paradigma der TZI komprimiert zutage tritt.

Das Paradigma versteht die beiden existentiellen Dimensionen der Ich-Du-Beziehung und der Ich-Es-Beziehung, Begegnung und Bezugnahme, wie zwei rechtwinklig zueinanderstehende Achsen und stellt Pädagogik in den Schnittpunkt der beiden Achsen. In diesem Schnittpunkt ist jede der beiden Dimensionen vollständig und autonom vertreten und doch mit der anderen verbunden. Dies ist ein gleichberechtigtes Verhältnis und unterscheidet sich deshalb vom Begriff der Erziehung nach Buber, wonach Erziehung bedeuten kann, „eine Auslese der Welt durch das Medium einer Person auf eine andere Person einwirken zu lassen" (Buber 1986, 42). Denn die Welt, der Globe Ruth Cohns, wirkt nicht nur durch das Medium einer Person, sondern unmittelbar. Die Personen sind durch Kooperation an dieser außerhalb ihrer selbst existierenden Sache verbunden, nicht dadurch, daß die eine Person der anderen Person Medium für die Welt ist. Wenn Bezugnahme und Begegnung gleichwertig und gleichgewichtig sind, entfällt die Hierarchie im pädagogischen Bezug, die dadurch entsteht, daß der Pädagoge sich im Besitz der Welt wähnt, die sich der Zögling anzueignen habe. Ihre subjektiven Welten und ihre Bezugnahmen auf Realität werden gleichberechtigt; sie sind durch den Modus der Kooperation verbunden, nicht durch den Modus der Belehrung. Kooperation erfordert in Gruppen Leitung; Leitung heißt dann jedoch Angebote zur Themafindung und Strukturierung der Kooperationsprozesse, nicht Hinführung zu vordefinierten Zielen.

Diese Leitung erfordert Zurückhaltung in der Beeinflussung, gleichberechtigte Partizipation und aktiven Respekt der Interessen, Vorerfahrungen, Ziele, Arbeitsweisen der anderen.

Die grundsätzliche Erkenntnis des Ungleichgewichts in der pädagogischen Beziehung, die Buber analysiert, wird dadurch nicht aufgehoben. Die Vision der Gleichberechtigung wird bei TZI in der Spannung zum realen Gefälle zwischen Erzieher(in) und Kind gehalten; sie wird weder negiert in der Forderung irrealer Partnerschaft, noch verschoben in die Zukunft wie im klassischen Modell des pädagogischen Bezugs bei Nohl. Vielmehr ist es die pädagogische Aufgabe, immer wieder Themen und Strukturen aufzuspüren, in denen sich gleichberechtigte Bezugnahme einstellen kann, und Aufgaben so zu formulieren, daß meine Sichtweise und die Sichtweise der anderen gleichwertig zur Kooperation beitragen.

Die Beziehung des Kindes zur Sache soll so durch die Begegnung unterstützt aber nicht ersetzt werden. Ebenso wie die Begegnung sich in der Kooperation gleichgewichtig einstellt.

Dies erinnert mich an eine frühere Bemerkung meines psychoanalytischen Lehrers Aloys Lebers zur TZI, der damals meinte, die TZI setze voraus, was eigentlich erst hergestellt werden müsse.

Ich beziehe diese Bemerkung hier auf den Umstand, daß Kindern mit Lern- und Verhaltensstörungen diese eigenständige Bezugnahme zu Sachen schwerfällt, daß sie den Umweg über das Medium von Personen gehen – im Guten, wenn sie einer Person zuliebe sich mit Dingen beschäftigen, die sie ihnen nahebringt, wie im Bösen, wenn sich der Konflikt mit Personen immer wieder zwischen sie und die Sachen stellt.

Könnte uns das Unbewußte, das wir auch in der TZI in Rechnung stellen, einen Strich durch unsere Absichten machen? In der psychoanalytischen Gruppentherapie gilt die Regel, daß jede sachliche Bezugnahme auch als Ausdruck eines Beziehungsthemas verstanden wird, und in der psychoanalytischen Pädagogik sind wir geneigt, die Beziehungsthemen als vorrangig zu betrachten und das Verhalten zu Sachen wie auch die Inhalte von Sachen als Ausdruck des Beziehungsgeschehens zu werten. Diese Sichtweise gründet sich darauf, daß eine Heilung des gestörten Weltbezugs dadurch angestrebt wird, daß eine Klärung und Korrektur der Beziehungsmodi erfolgt.

Ich glaube, daß die Gleichwertigkeit der beiden Dimensionen der pädagogischen Arbeit entspricht. Sie baut auf die Eigenaktivität des Kindes, die bereits vor der Geburt einsetzt und die nach der Geburt beobachtbar ist. Die Theorie des Selbst nach Kohut und die neuere Säuglingsforschung beschreiben die Gleichwertigkeit von eigenaktiver Weltzuwendung und Beziehung in Absetzung von älteren psychoanalytischen Theorien der frühen Symbiose. Es erscheint deshalb nicht unrealistisch, auf die Attraktivität der Entdeckung, Erforschung und Handhabung von Sachen als einen Motor der Entwicklung zu setzen. Buber nennt diesen Motor den Urhebertrieb, während er den zweiten Motor den Trieb nach Verbundenheit nennt.

Die Gleichwertigkeit von Begegnung und Bezugnahme kann die Differenz der TZI zur psychoanalytischen Pädagogik markieren, es sei denn, die psychoanalytische Pädagogik entwickelt sich dem Konzept der Triangulierung folgend oder in Verbindung mit dem systemischen Ansatz der genetischen Psychologie in dieselbe Richtung, wie hier, angedeutet weiter.

Aber dennoch ist der Einwand Lebers nicht so unberechtigt: Es ist immer wieder eine spannende Frage, ob die Bezugnahme zu Sachen einem eigenständigen Entdeckungs- und Gestaltungsdrang folgt, oder ob sie unter der Herrschaft des Wiederholungszwangs steht. Aber so schwierig scheint mir dies nicht zu unterscheiden sein: Wenn die Beschäftigung einer Gruppe oder eines einzelnen mit einer Sache produktiv und lusterregend ist, dann sind auch die unbewußten Anteile dieser Tätigkeit gut eingebunden. Da wo die Beschäftigung mit einer Sache von Angst, Langeweile, Rivalität, Depression oder Destruktion gekennzeichnet ist, liegt nach TZI eine Störung vor, die uns nach den unbewußten Ursachen Ausschau halten läßt. Was aber ist dann nach dem System der TZI vorgesehen? Mitunter erfolgt ein therapeutisches Intermezzo mit psychoanalytischen oder gestalttherapeutischen Verfahren, um das Schiff wieder flott zu machen. Mitunter folgen weite Strecken therapeutischer Gruppenarbeit, vor allem in Persönlichkeitsarbeitsgruppen. Und manchmal ist auch eine mehr oder weniger oberflächliche Beruhigung, Ablenkung, Klärung erforderlich, vor allem in leistungsorientierten Arbeitssettings.

Mit der psychoanalytischen Pädagogik gemeinsam könnte TZI haben, daß in diesen Krisenpunkten der Verwirrung von Begegnung und Bezugnahme, an denen Unbewußtes dominiert, die Schnittstelle durch Themen und Gestaltungen hergestellt wird, durch die im Weltbezug psychisch Bedeutsames repräsentiert wird. In diesem Buch habe ich versucht, dies in dem Kapitel über unbewußte Interaktionsthemen im Unterricht darzustellen.

Deshalb kann TZI nicht darauf beharren, etwas vorauszusetzen, was erst herzustellen ist: Die chairpersonship, die auch die eigentätige Zuwendung zur Welt einschließt. Würden die aus dem Unbewußten aufbrechenden Störungen des eigenaktiven Weltbezugs nicht beachtet, so würde das Beharren auf der Alleingültigkeit des oberflächlichen subjektiven Erlebens dazu beitragen, ein falsches Selbst aufzubauen und einen narzißtisch verzerrten Weltbezug zu festigen. TZI kann auch in diese Richtung entgleisen.

Besonders gut an dem Bild der beiden Achsen und ihrer Schnittstelle gefällt mir, daß damit auch die Prozesse zwischen zwei Personen, die an einer Sache arbeiten, und nicht nur die Prozesse in Gruppen als themenzentrierte Interaktion verstanden werden können. Eine themenzentrierte Interaktion liegt dann vor, wenn Bezugnahme und Begegnung, das heißt die Dimension Ich-Du und die Dimension Ich-Es, in einer kooperativen Tätigkeit gleichwertig verbunden sind. Diese Vision vereinigt Ziel und Methode unserer pädagogischen Konzeption in einem Bild.

4.6 Walter Lotz: Brief 6
Ausblick auf die themenzentrierte Arbeit im pädagogischen Praxisfeld

Lieber Helmut,

wir sind bei der Essenz der TZI angekommen; in unserem Verständnis ist Themenzentrierte Interaktion die gleichwertige Verbindung von Begegnung (Ich-Du-Dimension) und Bezugnahme (Ich-Es-Dimension) in einer kooperativen Tätigkeit. So definierst Du zum Schluß Deines letzten Briefes eine „themenzentrierte Interaktion". Daß Du dabei das „themenzentriert" klein schreibst, interpretiere ich dahingehend, daß Dir die Vision einer kooperativen Beziehung, in der sowohl personale Begegnungen als auch Bezugnahmen auf Sachverhalte ermöglicht werden, wichtiger ist als das Etikett „TZI".

Dies führt mich zu einer Überlegung, die weniger an der theoretischen Konzeptionalisierung der TZI als an der Realisierung themenzentrierter Interaktionen in den unterschiedlichen Praxisfeldern orientiert ist. Ich möchte damit auch zum Abschluß unsere theoretisch-systematisierenden Überlegungen in die unterschiedlichsten pädagogischen Arbeitsbereiche und die darauf abzustimmenden spezifischen Anwendungsmöglichkeiten mit TZI „entlassen".

In der letzten Woche habe ich einen TZI-Methodenkurs mit-geleitet, in dem wir in einer Arbeitseinheit auch den Transfer der Erfahrungen aus den Ausbildungskursen in die jeweiligen beruflichen Arbeitswelten erörterten. Es war für mich sehr erstaunlich, wie nahtlos an den Vorgehens- und Erlebnisweisen der Ausbildungskurse orientiert, die TeilnehmerInnen ihre Vorstellungen von Möglichkeiten einer eigenen Arbeit mit TZI in ihren Arbeitsfeldern entwickelten – immer verbunden mit einem resignativen Seufzer: „Das geht in Wirklichkeit in meinem Arbeitsbereich ja doch alles nicht!" Auf der einen Seite klammerten sich ihre Überlegungen unmittelbar an die Gestaltungsweise und Erlebnisintensität der Ausbildungskurse, an denen sie bereits teilgenommen hatten, an; andererseits erschienen ihnen die dort gemachten Erfahrungen nicht in ihre eigene Berufspraxis übertragbar zu sein. Es gab viel Frust zu spüren; angesichts ihrer nur als Enttäuschungen realisierbaren Ideal-Erwartungen war das allerdings auch gut nachvollziehbar. Wir versuchten daraufhin, uns über die Essenz der TZI zu verständigen und kamen darüber allmählich wieder ins Fahrwasser einer realistischen Betrachtung der Möglichkeiten und Erschwernisse einer Arbeit mit TZI in den unterschiedlichsten pädagogischen Feldern (vgl. dazu u.a. Cohn und Terfurth, 1993).

Ein wichtiger Schwerpunkt unserer Diskussion war die Frage, auf welche Weise z.B. im Arbeitsbereich Schule die subjektive Bezugnahme auf die Lerninhalte gestaltet werden könnte. In den Darstellungen der TeilnehmerInnen wurden zunächst verschiedene Erschwernisse genannt: der institutionelle Rahmen „Schule", der den „subjektiven Faktor" tendenziell ausblende, die Teilnahmepflicht am Unterricht, die Tatsache, daß Schülerinnen und Schüler die Verknüpfung von Lerninhalten mit eigenen Interessen nicht gelernt hätten, ihre Unlust, wenn sie mit dieser zusätzlichen Anforderung konfrontiert würden, das u.U. heikle und brisante Moment, wenn eigene Betroffenheiten eines Sachthemas angesprochen würden (z.B. wenn der Unterrichtsstoff „Armut in Deutschland" zu einer Betrachtung unterschiedlicher sozialer Lebenskontexte der SchülerInnen führt), die Entwicklungsphase Pubertät, in der Schülerinnen und Schüler ihre eigene Verunsicherung nicht zum Thema machen wollen u.a.. Angesichts solcher Ausgangsbedingungen erschien die Arbeitsweise der TZI-Ausbildungskurse ein unerreichbarer Standard, an dem die eigenen Bemühungen zu messen nur zur Selbst-Abwertung führen kann – oder zur Einschätzung „Mit TZI ist hier nichts zu machen!". Ließen wir aber die besondere Situation der Ausbildungskurse einmal aus dem normierenden Blick und besannen wir uns auf das Essentielle der TZI, dann war es durchaus möglich, Überlegungen darüber anzustellen, welche Art einer subjektiven Bezugnahme zu den Sachen und welche Art der Begegnung in den jeweiligen Kontexten evtl. ermöglicht werden könnte – und welche Widerstände berücksichtigt und ernst genommen werden müssen. Als es erst einmal „erlaubt" war, dazu zu stehen, daß ein bestimmter TZI-Jargon im entsprechenden Arbeitsfeld gar nicht angemessen, oder die in den Ausbildungs-

kursen kennengelernte Art und Weise der Themenformulierung und -einführung u.U. gar nicht angebracht ist, „fielen einige Steine vom Herzen". Der Druck, TZI nach Vorgabe der Ausbildungskurse machen zu müssen, war so groß gewesen, daß er den eigenen Weg, themenzentriert zu arbeiten, versperrt hatte. Vor diesem Hintergrund wurde aber auch klar, daß auf Grund der Voraussetzungen und Bedingungen einer Arbeit mit TZI im Unterricht die methodische Vorgehensweise eines TZI-Ausbildungskurses nicht der normgebende Maßstab sein kann, an dem sich die eigene Unterrichtsgestaltung auszurichten habe. Der Ausgangspunkt für ein themenzentriertes Arbeiten kann dann eher bei der Essenz der TZI als beim Modell der Ausbildungskurse gefunden werden. Beziehe ich mich auf diese Essenz, dann könnte meine Aufgabe als Lehrer darin bestehen, „die Gegenstände ein Stück weit zu subjektivieren und die Subjektivität ein Stück weit zu vergegenständlichen, so daß zwischen dem fremden Gegenstand und der nahen Subjektivität etwas Neues entsteht: ein Drittes, nämlich ein Gegenstand, der mit objektiver Bedeutung und (!) mit subjektiver Bedeutsamkeit belehnt werden kann" (Ziehe 1991, S. 71). Wenn es mir dazu noch gelingt, Ansätze zu entdecken, in denen die kooperative Interaktion in der Lerngruppe als dritte Dimension neben der Sachbezogenheit und dem Subjektbezug berücksichtigt werden kann, dann ist das Dritte, von dem Ziehe hier spricht, nichts anderes als das Thema im Verständnis der TZI. Indem ich als Lehrender die möglichst gleichwertige Verbindung von Begegnung und Bezugnahme in einer kooperativen Tätigkeit als Leitvorstellung vor Augen habe, darf ich auch meine Wege suchen und finden, auf denen ich mich in meinem spezifischen Arbeitszusammenhang dieser Vorstellung annähere. Das visionäre Moment dieses Leitbildes kann eine TZI-spezifische Haltung generieren, mit der ich das methodische Instrumentarium der TZI feldspezifisch und situationsbezogen handhaben kann. Denn wenn die TZI in unterschiedlichen pädagogischen Praxisbereichen Eingang finden soll, dann müssen die dort jeweils Tätigen auch als feldspezifische ExpertInnen angesehen werden, die die Wege der Umsetzung der TZI in ihre Arbeitsbereiche selbst ausloten und konturieren.
Es ist allgemein mein Eindruck, daß TZI viel zu wenig einerseits von

ihrer verbindlichen Essenz und andererseits von der Vielgestaltigkeit ihrer Anwendungsmöglichkeiten in den unterschiedlichsten Praxisbereichen aus betrachtet wird, und daß statt dessen der besondere Fall der Ausbildungskurse die grundlegenden Sichtweisen dominiert. Wenn dies aber dazu führt, daß TZI – in den Köpfen der Auszubildenden – nur in der „reinen Lehre" oder gar nicht vorkommen darf, dann bleiben praktische Möglichkeiten und fachliche Kompetenzen auf der Strecke. Ein Weg aus dieser „Alles oder nichts-Sackgasse" scheint es mir zu sein, sich zunächst einmal auf das Essentielle der TZI zu besinnen; auf der grundlegenden Perspektive einer möglichst gleichwertigen Verbindung von Begegnung und Bezugnahme in einer kooperativen Tätigkeit aufbauend, lassen sich mit Hilfe konzeptioneller Bestandteile der TZI methodische Wege finden, die den jeweiligen Arbeitsfeldern und situativen Besonderheiten entsprechen.

In einer auf solche Weise „strukturierten Freiheit", d.h. der Verpflichtung auf das Essentielle der TZI und der methodischen Offenheit für Arbeitsfelder und -situationen, könnten neue Spielräume erprobt und gefunden werden, die die TZI mit verschiedenen Gesichtern – entsprechend der unterschiedlichsten Praxiskontexte – versehen. Die Konzeption der TZI kann dazu eine Leitlinie für das berufsbezogene Handeln abgeben, ohne daß aus jedem Anwendungsfall gleich ein kleiner Ausbildungskurs werden muß. Auf dem sicheren Fundament des Essentiellen die eigenen Kompetenzen und realistischen Möglichkeiten auszuprobieren – was wäre das anderes als „Lebendiges Lernen"?

5. Literaturverzeichnis

Adorno, Theodor W.: Ästhetische Theorie. In: ders.: Gesammelte Schriften (Band 7). Frankfurt 1970

Amann, Irene und Gerda Quast: Lehrerfortbildung mit Themenzentrierter Interaktion – oder: der Einzelne, die Gruppe und der Stoff. In: Birmelin, Rolf u.a. (Hg.): Erfahrungen lebendigen Lernens. Mainz 1985

Aristoteles: Die Nikomachische Ethik. Hg. von O. Gigon. München 1978 (3)

Aufenanger, Stefan und Margrit Lenssen (Hg.): Handlung und Sinnstruktur. München 1986

Baacke, Dieter und Theodor Schulze (Hg.): Aus Geschichten lernen. München 1979

Battke, Achim: Mitten im Grauen der Welt...kleine Schritte. Eine Annäherung an die Ethik der TZI. In: „Themenzentrierte Interaktion" 6 (1992), Heft 2

Bauer, Elisabeth: Autorität als Unterrichtsgrundsatz und Unterrichtsthema – wie läßt sich das vereinbaren ? In: „Themenzentrierte Interaktion" 4 (1990), Heft 2

Beltz, Helga u.a.: Auf dem Weg zur arbeitsfähigen Gruppe. Mainz 1988

Benner, Dietrich: Grundstrukturen pädagogischen Denkens und Handelns. In: Lenzen, Dieter und Klaus Mollenhauer (Hg.): Theorien und Grundbegriffe der Erziehung und Bildung. Band 1 der Enzyklopädie Erziehungswissenschaft (Hg.: Dieter Lenzen) ; Stuttgart 1983

Bernstein, Reiner: Den Globe einbeziehen. In: „Themenzentrierte Interaktion" 4 (1990), Heft 2

Birmelin, Rolf u.a. (Hg.): Erfahrungen lebendigen Lernens. Mainz 1985

Brandau, Hannes (Hg.): Supervision aus systemischer Sicht. Salzburg 1991

Braunmühl, Ekkehard: Antipädagogik. Weinheim und Basel 1976

Breidenstein, Gerhard: Die globale Krise. Symptome, Diagnose, Heilungskräfte. In: Standhardt, Rüdiger und Cornelia Löhmer (Hg.): Zur Tat befreien. Gesellschaftspolitische Perspektiven der TZI-Gruppenarbeit. Mainz 1994, 170-183

Brück, Horst: Seminar der Gefühle. Reinbek 1986

Brusten, Martin und Klaus Hurrelmann: Abweichendes Verhalten in der Schule. Eine Untersuchung zu Prozessen der Stigmatisierung. München 1973

Buber, Martin (1923): Ich und Du. In: Buber, Martin: Das Dialogische Prinzip. Heidelberg 1984, 7-136

Buber, Martin (1925): Rede über das Erzieherische. In: Buber, Martin: Reden über Erziehung. Heidelberg 1986, 11-49 (Nachdruck der Erstausgabe von 1953)

Buber, Martin (1943): Das Problem des Menschen. Heidelberg 1948

Buber, Martin (1953): Elemente des Zwischenmenschlichen. In: Buber, Martin: Das Dialogische Prinzip. Heidelberg 1984, 271-298

Buber, Martin (1954): Nachwort: Zur Geschichte des dialogischen Prinzips. In: Buber, Martin: Das Dialogische Prinzip. Heidelberg 1984, 301-320

Buber, Martin und Carl Rogers (1957): Dialogue between Martin Buber and Carl Rogers. In: Psychologia 1960, Heft 3, 208-221

Bühler, Charlotte: Die Rolle der Werte in der Entwicklung der Persönlichkeit und in der Psychotherapie. Stuttgart 1975

Buchmann, Rudolf: Pädagogik und Menschenwürde. Bern und Stuttgart 1985

Clos, Regina: Wer braucht eine Monsterschule ? In: Reiser, Helmut und Hans-Georg Trescher (Hg.): Wer braucht Erziehung ? Impulse der psychoanalytischen Pädagogik. Mainz 1987, 19-38

Cohn, Ruth C.: Von der Psychoanalyse zur Themenzentrierten Interaktion. Stuttgart 1975

Cohn, Ruth C.: Buch II. In: Farau, Alfred und Ruth C. Cohn: Gelebte Geschichte der Psychotherapie. Stuttgart 1984

Cohn, Ruth C.: Der Globe. In: „Themenzentrierte Interaktion" 2 (1988), Heft 1

Cohn, Ruth C.: Verantworte Dein Tun und Dein Lassen – persönlich und gesellschaftlich. Offener Brief an Günther Hoppe. In: Themenzentrierte Interaktion 8 (1994), Heft 2, 85-87

Cohn, Ruth C. und Irene Klein: Großgruppen gestalten mit Themenzentrierter Interaktion. Mainz 1993

Cohn, Ruth C. und Christina Terfurth (Hg.): Lebendiges Lehren und Lernen. TZI macht Schule. Stuttgart 1993

Cohn, Ruth C. u.a.: Der schützende und produktive Rahmen der Aggressionsbehandlung in der TZI. In: Themenzentrierte Interaktion, 8 (1994 a) Heft 2, 34-49/ Vorabdruck von: dieselben: TZI und Aggression – ein Gespräch. In: Löhmer, Cornelia und Rüdiger Standhard (Hg.): TZI. Pädagogisch-therapeutische Gruppenarbeit nach Ruth C.Cohn. Stuttgart 1992b, 193-268

Craemer, Diether: Die dynamische Balance. In: „Themenzentrierte Interaktion" 2 (1988), Heft 1

Deppe-Wolfinger, Helga/Prengel, Annedore und Helmut Reiser: Integrative Pädagogik in der Grundschule. München 1990

Deppe-Wolfinger, Helga/Cowlan, Gabriele/Kreil, Gisela/Kron, Maria und Helmut Reiser: Der Weg der integrativen Erziehung vom Kindergarten in die Schule. Bonn 1991 (Heft 12 der Schriftenreihe: Lernziel Integration)

Deppe-Wolfinger, Helga/Cowlan, Gabriele/Kreil, Gisela/Kron, Maria und Helmut Reiser: Integrative Grundschulklassen in Hessen. Bonn 1994 (Heft 13 der Schriftenreihe: Lernziel Integration)

Dewe, Bernd u.a.: Auf dem Weg zu einer aufgabenzentrierten Professionstheorie pädagogischen Handelns. Einleitung in: Dewe, Bernd u.a. (Hg.): Erziehen als Profession. Opladen 1992

Diederich, Jürgen: Didaktisches Denken. München 1988,

Dieterich, Rainer (Hg.): Pädagogische Handlungskompetenz. Paderborn 1983

Eichberger, Michael: TZI in der Gruppensupervision mit Lehrern. In : Pühl, Harald (Hg.): Handbuch der Supervision. Berlin 1990, 441-451
Erdheim, Mario: Die gesellschaftliche Produktion von Unbewußtheit. Frankfurt 1982

Farau, Alfred und Ruth C. Cohn: Gelebte Geschichte der Psychotherapie. Zwei Perspektiven. Stuttgart 1984
Fend, Helmut: Sozialgeschichte des Aufwachsens. Frankfurt 1988
Finger-Trescher, Urte: Ergebnisse der psychoanalytischen Kleingruppenforschung und ihre Übertragbarkeit auf die pädagogische Praxis. In: Büttner, Christian und Hans-Georg Trescher (Hg.): Chancen der Gruppe. Mainz 1987, 134-149
Flitner, Andreas: Konrad, sprach die Frau Mama.... Über Erziehung und Nicht-Erziehung. München 1985
Foulkes, Siegmund H.: Gruppenanalytische Psychotherapie. München 1992
Frankena, William K.: Analytische Ethik. München 1981 (3)
Funke, Dieter: Themenzentrierte Interaktion als praktisch-theologisches Handlungsmodell. In: WILL-Europa: Lebendig Lernen. Grundfragen der Themenzentrierten Interaktion. Sondernummer, Arlesheim 1984

Giesecke, Hermann: Das Ende der Erziehung. Stuttgart 1985
Giesecke, Hermann: Pädagogik als Beruf. Weinheim und München 1987
Girgensohn-Marchand, Bettina: Der Mythos Watzlawick und die Folgen. Eine Streitschrift gegen systemisches und konstruktivistisches Denken in pädagogischen Zusammenhängen. Weinheim 1992
Greimel, Arnulf: Lehrer werden als Entwicklungsprozeß. In: „Themenzentrierte Interaktion" 4 (1990), Heft 1
Gruschka, Andreas: Wie Schüler Erzieher werden. Wetzlar 1985
Gruschka, Andreas: Negative Pädagogik. Wetzlar 1988

Haag, Ludwig: TZI im Lateinunterricht. In: „Themenzentrierte Interaktion" 2 (1988), Heft 2
Haeffner, Gerd: Philosophische Anthroplogie. Stuttgart/ Berlin/ Köln, 1989 (2)
Hagmann, Thomas und René Simmen (Hg.): Systemisches Denken in der Heilpädagogik. Luzern 199o
Hahn, Karin u.a. (Hg.): Gruppenarbeit: themenzentriert. Mainz 1987
Hahn, Karin u.a. (Hg.): Beachte die Körpersignale. Mainz 1991
Hahn, Karin u.a. (Hg.): Aggression in Gruppen. Mainz 1994
Hartig-Gönnheimer, Monika: Entwicklung und Störungen des Selbst bei sprachbehinderten Kindern. Berlin 1994

Heigl-Evers, Annelise und Ulrich Streeck.: Theorie der psychoanalytisch-inter-
aktionellen Therapie. In: Kongreßbericht: Sozialtherapie in der Praxis. Kassel
1983

Heigl-Evers, Annelise und Franz Heigl: Die themenzentrierte interaktionelle
Gruppenmethode (Ruth C. Cohn): Erfahrungen, Überlegungen, Modifikationen.
In: WILL-Europa (Hg.): Lebendig Lernen, Euro-Info Sondernummer, Arlesheim
1984

Heigl-Evers, Annelise und Bernd Nitzschke: Das analytische Prinzip „Deutung"
und das interaktionelle Prinzip „Antwort". In: Heigl-Evers, Annelise und Jürgen
Ott (Hg.): Die psychoanalytisch- interaktionelle Methode. Göttingen 1994, 53-108

Heinemann, Evelyn: Psychoanalyse und Pädagogik im Unterricht der Sonderschule. In: Heinemann, Evelyn u.a. (Hg.): Gewalttätige Kinder. Frankfurt/M. 1992,
39-89

Hierdeis, Helmwart und Theo Hug: Pädagogische Alltagstheorien und erziehungswissenschaftliche Theorien. Bad Heilbrunn 1992

Hoppe, Günter: „Misch Dich ein! Greif ein!" Ein drittes Postulat für die TZI? In:
„Themenzentrierte Interaktion" 7 (1993), Heft 2

Hoppe, Günther: „Misch Dich ein! Greif ein!" Ein drittes Postulat für die TZI? In:
Standhardt, Rüdiger und Cornelia Löhmer (Hg.): Zur Tat befreien. Gesellschaftspolitische Perspektiven der TZI-Gruppenarbeit. Mainz 1994, 65-76

Horn, Klaus (Hg.): Gruppendynamik und der „subjektive Faktor". Frankfurt 1971

Humboldt, Wilhelm von: Plan einer vergleichenden Anthropologie. Zit. nach
Flitner, Andreas und Kiel, G. (Hg.): Gesammelte Werke, Bd.1, Darmstadt 1960

Huschke-Rhein, Rolf: Systemtheorien für die Pädagogik. Systemische Pädagogik,
Band 3; Köln 1990

Huschke-Rhein, Rolf (Hg.): Zur Praxisrelevanz der Systemtheorien. Systemische
Pädagogik, Band 4; Köln 1990

Iben, Gerd (Hg.): Das Dialogische in der Heilpädagogik. Mainz 1988

Jantsch, Ernst: Die Selbstorganisation des Universums. München/Wien 1992

Johach, Helmut: Wie human sind die sozialen Berufe ? In: „Themenzentrierte
Interaktion" 7 (1993), Heft 1

Johach, Helmut: Auf dem Marsch durch die Institutionen oder: Wieweit kann TZI
die Gesellschaft verändern? In: Standhardt, Rüdiger und Cornelia Löhmer (Hg.):
Zur Tat befreien. Gesellschaftspolitische Perspektiven der TZI-Gruppenarbeit.
Mainz 1994, 77-98

Kamps, Walter: Handlungsorientierter Unterricht und TZI. In: „Themenzentrierte
Interaktion" 5 (1991), Heft 2

Kegan, Robert: Die Entwicklungsstufen des Selbst. München 1986

Kernberg, Otto F.: Der gegenwärtige Stand der Psychoanalyse. In: Psyche 48
(1994), Heft 6, 483-508

Klafki, Wolfgang u.a.: Erziehungswissenschaft (Funk-Kolleg Bd.1). Frankfurt 1970
Klafki, Wolfgang: Die bildungstheoretische Didaktik im Rahmen kritisch-konstruktiver Erziehungswissenschaft. In: Gudjons, Herbert u.a. (Hg.): Didaktische Theorien, Hamburg 1980, 11-27
Klafki Wolfgang: Neue Studien zur Bildungstheorie und Didaktik. Weinheim und Basel 1991 (2)
Knepler, Georg: Geschichte als Weg zum Musikverständnis. Leipzig 1977
Koring, Bernhard: Eine Theorie pädagogischen Handelns. Weinheim 1989
Koring, Bernhard: Grundprobleme pädagogischer Berufstätigkeit. Bad Heilbrunn 1992
Kroeger, Matthias: Themenzentrierte Seelsorge. Stuttgart 1973
Kroeger, Matthias: Profile der themenzentrierten Interaktion. In: Birmelin, Rolf u.a. (Hg.): Erfahrungen lebendigen Lernens. Mainz 1985
Kroeger, Matthias: Anthropologische Grundannahmen der Themenzentrierten Interaktion. In: Löhmer, Cornelia und Rüdiger Standhardt (Hg.): TZI. Pädagogisch-therapeutische Gruppenarbeit nach Ruth C. Cohn. Stuttgart 1992
Kutter, Peter: Das direkte und indirekte Spiegelphänomen. In: Pühl, Harald (Hg.): Handbuch der Supervision. Berlin 1990, 291-301

Langmaack, Barbara: Themenzentrierte Interaktion. Weinheim 1991
Langmaack, Barbara und Michael Braune-Kricke: Wie die Gruppe laufen lernt. Weinheim und Basel 1985
Lauff, Werner: Pädagogische Ansprüche an erziehungswissenschaftliche Lehre und Forschung. In: Lauff, Werner und Hans Günther Homfeldt: Pädagogische Lehre und Selbsterfahrung. Weinheim und Basel 1981
Leber, Alois u.a.: Reproduktion der frühen Erfahrung. Frankfurt/M. 1983
Leber,Alois: Zur Begründung des fördernden Dialogs in der Heilpädagogik. In: Iben, Gerd (Hg.): Das Dialogische in der Heilpädagogik. Mainz 1988, 41-61
Löhmer, Cornelia und Rüdiger Standhardt (Hg.): TZI. Pädagogisch-therapeutische Gruppenarbeit nach Ruth C. Cohn. Stuttgart 1992
Löhmer, Cornelia und Rüdiger Standhard: Theorievermittlung in der TZI-Ausbildung. In: diess. (Hg.): TZI. Pädagogisch-therapeutische Gruppenarbeit nach Ruth C. Cohn. Stuttgart 1992, 252-263
Lorenzer, Alfred: Kritik des psychoanalytischen Symbolbegriffs. Frankfurt 1970
Lorenzer, Alfred: Sprachzerstörung und Rekonstruktion. Frankfurt 1973
Lorenzer, Alfred: Die Wahrheit der psychoanalytischen Erkenntnis. Frankfurt 1976
Lorenzer, Alfred: Sprachspiel und Interaktionsform. Frankfurt 1977
Lorenzer, Alfred: Das Konzil der Buchhalter. Frankfurt 1981
Lorenzer, Alfred (Hg.): Kultur-Analysen. Frankfurt 1986
Lotz, Walter: Vom interagierenden zum handelnden Erzieher. Überlegungen zur Tiefenhermeneutik pädagogischer Interaktion. In: Reiser, Helmut und Hans-Georg Trescher (Hg.): Wer braucht Erziehung? Mainz 1987, 161-180

Lotz, Walter: Die Bedeutung von Sinnbildern für das pädagogische Handeln. In: Iben, Gerd (Hg.): Das Dialogische in der Heilpädagogik. Mainz 1988

Lotz, Walter: Kann man erziehen lernen? In: „Päd:Extra" 20 (1992), Heft 10

Lotz, Walter: TZI im Pädagogikstudium. In: Portele, Gerhard und Michael Heger (Hg.): Hochschule und Lebendiges Lernen. Beispiele für Themenzentrierte Interaktion. Weinheim 1995

Lotz, Walter: „Lebendiges Lernen" will gelernt sein. Überlegungen zu Vermeidungsmechanismen im Pädagogik-Studium. In: Löhmer, Cornelia und Rüdiger Standhardt (Hg.): Lebendiges Lernen in toten Räumen. Gießen 1995

Luhmann, Niklas und Karl-Eberhard Schorr: Reflexionsprobleme im Erziehungssystem. Stuttgart 1979

Macha, Hildegard u.a.: TZI als hochschuldidaktische Methode. In: „Themenzentrierte Interaktion" 2 (1988), Heft 1

Mann, Renate und Konrad Thomas: TZI an der Hochschule. In: „Themenzentrierte Interaktion" 2 (1988), Heft 1

Martinec, Andrea: Märchenarbeit im Unterricht als Impuls für emotionale und soziale Entwicklung. Wissenschaftliche Hausarbeit zur Ersten Staatsprüfung für das Lehramt an Sonderschulen. Frankfurt/M. 1994 (unveröffentlicht)

Masschelein, Jan: Kommunikatives Handeln und pädagogisches Handeln. Weinheim 1991

Maturana, Humberto und Francisco J. Valera: Der Baum der Erkenntnis. Bern und München 1987

Matzdorf, Paul: Die humanistischen Axiome der TZI. Grundlagen und Perspektiven für pädagogisches, therapeutisches und politisches Handeln. In: Birmelin, Rolf u.a. (Hg.): Erfahrungen lebendigen Lernens. Mainz 1985

Matzdorf, Paul: Das TZI-Haus. Zur praxisnahen Grundlegung eines pädagogischen Handlungssystems. In: Cohn, Ruth C. und Christina Terfurth: Lebendiges Lehren und Lernen. TZI macht Schule. Stuttgart 1993

Matzdorf, Paul und Ruth C. Cohn: Das Konzept der Themenzentrierten Interaktion. In: Löhmer, Cornelia und Rüdiger Standhardt (Hg.): TZI. Pädagogisch-therapeutische Gruppenarbeit nach Ruth C. Cohn. Stuttgart 1992

Meinberg, Eckhard: Das Menschenbild der modernen Erziehungswissenschaft. Darmstadt 1988

Mentzos, Stavros: Hysterie. Zur Psychodynamik unbewußter Inszenierungen. München 1980

Modesto, Helga: Demokratisches Verhalten in der TZI-Gruppe. In: „Themenzentrierte Interaktion" 4 (1990), Heft 1

Moser, Martin: Kooperation und/oder Geschwisterlichkeit. In: „Themenzentrierte Interaktion" 4 (1990), Heft 1

Muche, Jürgen: Autonomie und Interdependenz. In: „Themenzentrierte Interaktion" 2 (1991), Heft 2

Müller, Burkhard: Sozialpädagogisches Können. Freiburg 1993

Neill, Alexander : Theorie und Praxis der antiautoritären Erziehung. Reinbek 1969

Ockel, Anita: Ich bin mein eigen' chairman. In: Birmelin, Rolf u.a. (Hg.): Erfahrungen lebendigen Lernens. Mainz 1985

Ockel, Anita und Ruth C. Cohn (1981): Das Konzepts des Widerstands in der Themenzentrierten Interaktion. In: Löhmer, Cornelia und Rüdiger Standhardt (Hg.): TZI. Pädagogisch-therapeutische Gruppenarbeit nach Ruth C.Cohn. Stuttgart 1992, 175-206

Olszowi, Eleonore: Überlegungen zu den anthropologischen Grundlagen der TZI. In: Hahn, Karin u.a. (Hg.): Gruppenarbeit: themenzentriert. Mainz 1987

Orban, Peter: Sozialisation. Frankfurt 1973

Osswald, Elmar: Paradigmenwechsel in der Schule. In: „Themenzentrierte Interaktion" 4 (1990), Heft 2 sowie 5 (1991), Heft 1

Parin, Paul: Das Ich und die Anpassungsmechanismen. In: ders.: Der Widerspruch im Subjekt, Frankfurt/Main 1978, 78- 11

Peterßen, Wilhelm H.: Handbuch der Unterrichtsplanung. München 1988 (3)

Peterßen, Wilhelm H.:Lehrbuch Allgemeine Didaktik. München, 1989 (2)

Platzer, Karl: Fortbildung und Ausbildung von Lehrern. In: „Themenzentrierte Interaktion" 4 (1990), Heft 1

Platzer-Wedderwille, Karl R.: Lehrerausbildung und Unterricht mit der TZI. In: „Themenzentrierte Interaktion" 1 (1987), Heft 1

Pühl, Harald: Angst in Gruppen und Institutionen. Frankfurt/M. 1988

Quitmann, Helmut: Humanistische Psychologie. Göttingen/ Toronto/ Zürich 1985

Raguse, Hartmut: Was ist Themenzentrierte Interaktion? In: Hahn, Karin u.a. (Hg.): Gruppenarbeit: themenzentriert. Mainz 1987a

Raguse, Hartmut: Einige Gedanken über Krisen in TZI-Gruppen. In: „Themenzentrierte Interaktion" 1 (1987b), Heft 1

Raguse, Hartmut: Kritische Bestandsaufnahme der TZI. In: Löhmer, Cornelia und Rüdiger Standhardt (Hg.): TZI. Pädagogisch-therapeutische Gruppenarbeit nach Ruth C. Cohn; Stuttgart 1992a

Raguse, Hartmut: Vermiedene Themen in Gruppen am Beispiel der TZI. In: „Themenzentrierte Interaktion" 6 (1992b), Heft 1

Raguse, Hartmut: Aggression und Destruktion in der Arbeit mit TZI-Gruppen. In: Hahn, Karin u.a. (Hg.): Aggression in Gruppen. Mainz 1994, 122-149

Rappe-Giesecke, Kornelia: Gruppen- und Teamsupervision. Berlin 1990

Ratsch, Sibylle und Helmut Reichert: Praxis und Theorie einer TZI-Supervision. In: „Themenzentrierte Interaktion" 5 (1991), Heft 2

Reiser,Helmut: Zur Praxis der psychoanalytischen Erziehung in der Sonderschule. In: Leber, Aloys und Helmut Reiser (Hg.): Sozialpädagogik, Psychoanalyse und Sozialkritik. Neuwied 1972, 53-85

255

Reiser, Helmut: Die Themenzentrierte Interaktion als pädagogisches System im Vergleich zur Gestaltpädagogik. In: Prengel, Annedore (Hg.): Gestaltpädagogik. Weinheim 1983, 253-277

Reiser, Helmut: Überlegungen zur TZI in der Universitätsausbildung von Pädagogen. In: Birlemin, Rolf. u.a. (Hg.): Erfahrungen lebendigen Lernens. Mainz 1986, 145-156

Reiser, Helmut: Beziehung und Technik in der psychoanalytisch orientierten themenzentrierten Gruppenarbeit. In: Reiser, Helmut und Hans-Georg Trescher (Hg.): Wer braucht Erziehung? Mainz 1987a, 181-196

Reiser,Helmut: Ruth Cohn und Martin Buber. In: Hahn, Karin u.a. (Hg.): Gruppenarbeit: themenzentriert, Mainz 1987b

Reiser, Helmut: Dialog im Gruppenprozeß. Zur Vermittlung dialogischer Philosophie und pädagogischer Praxis. In: Iben, Gerd (Hg.): Das Dialogische in der Heilpädagogik. Mainz 1988

Reiser, Helmut: Entwicklungsperspektiven der (Sonder-) Pädagogik. In: Die Sonderschule, 38 (1993), Heft 6, 329-339

Reiser, Helmut: Die TZI als pädagogisches System. In: „Themenzentrierte Interaktion" 7 (1993), Heft 2

Reiser, Helmut: TZI Großgruppenelemente in erziehungswissenschaftlichen Vorlesungen. In: Löhmer, Cornelia und Rüdiger Standhardt (Hg.): TZI. Pädagogisch-therapeutische Gruppenarbeit nach Ruth C. Cohn; Stuttgart 1995a (3)

Reiser, Helmut und Hiltrud Loeken: Die TZI in der Begleitforschung. In: Portele, Gerhard und Michal Heger (Hg.): Hochschule und Lebendiges Lernen. Beispiele für Themenzentrierte Interaktion. Weinheim 1995b

Riemann, Fritz: Grundformen der Angst. München und Basel 1982

Rietz, Ulrike: Lehrerinnen- und Lehrerfortbildung mit TZI. In: Löhmer, Cornelia und Rüdiger Standhardt (Hg.): TZI. Pädagogisch-therapeutische Gruppenarbeit nach Ruth C.Cohn; Stuttgart 1992

Rubner, Angelika: Über die Wechselwirkung zwischen der Rolle des einzelnen, der Gegenübertragung des Leiters und dem Prozeß der Gruppe. In: „Themenzentrierte Interaktion" 6 (1992), Heft 2

Rubner, Angelika und Eike Rubner: Entwicklungsphasen einer Gruppe. In: „Themenzentrierte Interaktion" 5 (1991), Heft 2

Rubner, Angelika und Eike Rubner: Die Entwicklungsphasen einer Gruppe – Grundkonflikte, Einstellungen dem Leiter gegenüber und Leiterinterventionen. In: Löhmer, Cornelia und Rüdiger Standhardt (Hg.): TZI. Pädagogisch-therapeutische Gruppenarbeit nach Ruth C. Cohn; Stuttgart 1992

Rubner, Angelika und Eike Rubner: Ein Modell von Entwicklungsphasen in Gruppen ? In: Themenzentrierte Interaktion, 7 (1993), Heft 1, 50-64

Rubner, Eike (Hg.): Störung als Beitrag zum Gruppengeschehen. Mainz 1992

Scarbath, Horst: Unser Wissen ist Stückwerk. Plädoyer für ein mehrperspektivisch-dialogisches Verständnis von Erziehungswissenschaft. In: Claußen, Bern-

hard und Horst Scarbath: Konzepte einer kritischen Erziehungswissenschaft.
München, Basel 1979

Scharer, Matthias: Thema, Symbol, Gestalt. Graz/ Wien/ Köln 1987

Schmidt-Hellerau, Cordelia: Überbau oder Fundament? Zur Metapsychologie und
Metapsychologiedebatte. In: „Psyche" 47 (1993), Heft 1

Schneider, Karl-Heinz und Katharina Suttner: Wenn das Dreieck noch nicht
gleichseitig ist. TZI – oder nur TZI-Orientierung und TZI-Elemente? In:
„Themenzentrierte Interaktion", 2 (1988), Heft 2

Schreyögg, Astrid: „Globe" – die unbekannte Größe. In: „Themenzentrierte
Interaktion" 7 (1993), Heft 1

Schütz, Klaus-Volker: Glossar zur TZI. In: Löhmer, Cornelia und Rüdiger
Standhardt: TZI. Pädagogisch-therapeutische Gruppenarbeit nach Ruth C.
Cohn. Stuttgart 1992

Schütze, Fritz: Sozialarbeit als „bescheidene" Profession. In: Dewe, Bernd u.a.
(Hg.): Erziehen als Profession. Opladen 1992

Schulz, Peter: Themenzentrierte Arbeit mit einer multikulturellen Gruppe von
Jugendlichen. In: „Themenzentrierte Interaktion" 7 (1993), Heft 1

Schulz, Wolfgang: Unterrichtsplanung. München 1980a

Schulz, Wolfgang: Die lehrtheoretische Didaktik. In: Gudjons, Herbert u.a.(Hrsg.):
Didaktische Theorien. Hamburg 1980b, 29-45

Schumacher, Michaela A.C.: TZI und Supervision. Versuch einer Verknüpfung.In:
Löhmer,Cornelia und Rüdiger Standhard (Hg.): TZI. Pädagogisch-therapeutische Gruppenarbeit nach Ruth C.Cohn. Stuttgart 1992, 353-367

Semmer, Else: Das Herzklopfen im Unterricht. In: „Themenzentrierte Interaktion"
1 (1987), Heft 1

Silomon, Enno: Selbsterfahrung als Hochschul-Lehrveranstaltung. In „Themenzentrierte Interaktion" 8 (1994), Heft 1

Speck, Otto: Chaos und Autonomie in der Erziehung. München und Basel 1991

Standhardt, Rüdiger und Cornelia Löhmer (Hg.): Zur Tat befreien. Gesellschaftspolitische Perspektiven der TZI-Gruppenarbeit. Mainz 1994

Stierlin, Helm: Delegation und Familie. Frankfurt 1978

Stierlin, Helm: Individuation und Familie. Frankfurt/Main 1989

Stollberg, Dietrich: Lernen, weil es Freude macht. München 1982

Stollberg, Dietrich: Vermeidungen in der themenzentrierten Interaktion. In: Hahn,
Karin u.a. (Hg.): Gruppenarbeit: themenzentriert. Mainz 1987

Stollberg, Dietrich: TZI zwischen humanistischen Idealen und psychosozialer
Wirklichkeit. In: „Themenzentrierte Interaktion" 5 (1991), Heft 2

Stollberg, Dietrich: Wo viel Licht ist, ist viel Schatten. Zum Begriff des Schattens in
der TZI. In: Löhmer, Cornelia und Rüdiger Standhardt (Hg.): TZI. Pädagogisch-
therapeutische Gruppenarbeit nach Ruth C. Cohn; Stuttgart 1992

Sturzenhecker, Benedikt: Wie studieren Diplom-Pädagogen? Weinheim 1993

Terhart, Ewald: Lehrerberuf und Professionalität. In: Dewe, Bernd u.a. (Hg.): Erziehen als Profession. Opladen 1992

Thomas, Konrad: Zur Verteidigung des Handwerks. In: „Themenzentrierte Interaktion" 4 (1990), Heft 1

Thomas, Konrad: Dürfen wir vielleicht doch aggressiv sein ? In: „Themenzentrierte Interaktion" 5 (1991), Heft 1

Tomberg, Friedrich: Mimetische Praxis und abstrakte Kunst. Neuwied und Berlin 1968

Trescher, Hans-Georg: Wer versteht kann (manchmal) zaubern. In: Leber, Aloys (Hg.): Reproduktion der frühen Erfahrung. Frankfurt/M. 1983, 197-210

Trescher, Hans- Georg: Theorie und Praxis der psychoanalytischen Pädagogik. Frankfurt/Main 1984

Trojer, Karl: Kann TZI einen Beitrag zu politischem Handeln bieten? In: „Themenzentrierte Interaktion" 3 (1989), Heft 2

Tugendhat, Ernst: Antike und moderne Ethik. In: R. Wiehl (Hg.): Die antike Philosophie in ihrer Bedeutung für die Gegenwart. Heidelberg 1981

Ulke, Karl-Dieter (Hg.): Ist Sozialarbeit lehrbar ? Freiburg 1988

Wagenschein, Martin: Verstehen lehren. Weinheim und Basel 1968

Warzecha, Birgit: Ausländische, verhaltensgestörte Mädchen im Grundschulalter. Eine Prozeßstudie über heilpädagogische Unterrichtsarbeit. Frankfurt/M. 1990

Wendt, Peter: Gruppenleiter werden. Frankfurt, Bern, New York, Paris 1988

Willi, Jürg: Die Zweierbeziehung. Reinbek 1975

Winkel, Rainer: Die kritisch-kommunikative Didaktik.In: Gudjons, Herbert u.a. (Hg.): Didaktische Theorien. Hamburg 1980, 79-93

Winnicott, David W.: Vom Spiel zur Kreativität. Stuttgart 1971

Wrage, Karl Horst: Themen finden – Themen einführen. In: Birmelin, Rolf u.a.: Erfahrungen lebendigen Lernens. Mainz 1985

Ziehe, Thomas: Zeitvergleiche. Jugend in kulturellen Modernisierungen. Weinheim/München 1991

Bücher für die Beratungsarbeit

Helmuth Figdor
Kinder aus geschiedenen Ehen: Zwischen Trauma und Hoffnung
Eine psychoanalytische Studie
Reihe Psychoanalytische Pädagogik, Band 6
4. Auflage. 246 Seiten. Kartoniert

In einer auf dem Gebiet der Scheidungsforschung bislang raren, überaus differenzierenden und abwägenden Betrachtungsweise des psychischen Scheidungsgeschehens ist es Helmuth Figdor gelungen, seine Erfahrungen festzuhalten und in ein theoretisches Konzept einzupassen, das eben gerade nicht theoretischen Ansprüchen dient, sondern von praktischer Relevanz ist. Figdors Buch hilft, kindliche Scheidungsreaktionen zu verstehen, zu verstehen im je konkreten Fall. Seine gesammelten Gedanken sind überaus anregend und in der beraterischen Praxis von hohem Nutzen.

Informationen für Erziehungsberatungsstellen

Monika Jonas
Trauer und Autonomie bei Müttern schwerstbehinderter Kinder
Ein feministischer Beitrag
Reihe Psychoanalytische Pädagogik, Band 3
4. Auflage. 160 Seiten. Kartoniert

„Immer stand die Förderung behinderter Kinder im Mittelpunkt des Interesses, ohne daß die einzelnen Personen einer Familie in ihrem Erleben wahrgenommen wurden, und wenn, dann nur unter dem Gesichtspunkt, wie sich ein bestimmtes Verhalten ändern läßt, um die Förderung noch erfolgreicher zu machen. Diese Ignoranz macht mich zornig, denn in meiner täglichen Arbeit in der Frühberatung erfuhr ich von einer anderen Realität, nämlich der Realität der Mütter." – Aufgrund dieser Erfahrung rückt die Autorin das subjektive Erleben der Mütter schwerstbehinderter Kinder in den Mittelpunkt, um die psychosoziale Situation dieser Frauen sichtbar und verstehbar zu machen. Um den Müttern Freiräume für ihre autonome Entwicklung und soziale Integration zu schaffen, fordert sie eine Neuorientierung der Frühförderung

Soziale Arbeit

Matthias-Grünewald-Verlag